초3보다 중요한 학년은 없습니다

해피이선생 (이상학)

(전) 대한민국 해군 교육사령부 교관 연수 과정 수석교관
(전) 서울 노량진 희소고시학원(쌤플러스) 초등교사 임용고시 대표강사
경인교대 사회교육과 졸업
경인교대 교육대학원 초등특수교육 석사
(현) 초등학교 교사

유튜브 채널: 해피이선생

초3보다 중요한 학년은 없습니다

초판 1쇄 발행 2020년 11월 5일
초판 14쇄 발행 2024년 6월 3일
지은이 해피이선생 (이상학)
발행인 박효상
편집장 김현
기획·편집 장경희, 이한경
본문·표지 디자인·조판 김혜림
디자인 임정현
마케팅 이태호 이전희
관리 김태옥

종이 월드페이퍼 **인쇄·제본** 예림인쇄·바인딩 | **출판등록** 제10-1835호
펴낸 곳 사람in | **주소** 04034 서울시 마포구 양화로11길 14-10(서교동) 3F
전화 02) 338-3555(代) **팩스** 02) 338-3545 | **E-mail** saramin@netsgo.com
Website www.saramin.com

ISBN 978-89-6049-867-9 13370

초3

보다 중요한
학년은 없습니다

학습 격차,
3학년에 시작되고
5학년에 심화된다

해피이선생 지음

사람in

초등학교 교실 현장을
알리고 싶습니다

저는 유튜브 채널 "해피이선생"을 운영하고 있습니다. 일주일에 2~3번 영상을 올리는데 교육에 관한 책의 리뷰도 정기적으로 올립니다. 사실 처음에는 유튜브에 매주 2~3편의 영상을 규칙적으로 올릴 만한 주제가 마땅치 않아서 책 리뷰를 시작했습니다. 그 덕분에 일주일에 교육 관련 책을 한 권씩 반강제적으로 읽게 되었죠. 시중에 교육에 관한 책이 정말 많다는 것과, 그 교육 책들 중에 초등교육에 관한 책이 어마어마하게 많다는 것을 유튜브 영상을 준비하며 새삼 느꼈습니다.

그 많은 책들이 있는 와중에 제가 책을 내는 것이 과연 올바른 선택인지 고민했습니다. 학부모님의 선택에 혼란을 가중시키는 것은 아닌지, 많은 분들에게 도움이 될 만한 내용인지 생각하고 또 생각했습니다. 그러다가 이 책을 내야겠다고 마음먹게 된 이유가 있습니다. 제가 평소에 학급 SNS나 휴대폰으로 학부모님과 자주 소통하는 편인데, 의외로 많은 분들이 학교 현장의 실제 모습과 아이들에 대해서 잘 모르고 계셨습니다. 학부모님들께 실제 현장을 알릴 필요가 있다고 생각했습니다.

요즘 초등학교에서는 일제고사를 보지 않습니다. 모든 초등학교에서 일률적으로 실시하던 일제고사가 아이들의 경쟁심을 지나치게 자극하고, 인성 교육과 정서 함양에 도움이 되지 않는다는 판단에서 그렇게 한 것입니다. 학교에서는 일제고사 대신 수시로 수행평가를 실시하고, 담임 선생님에 따라 자율적으로 과목마다 단원평가를 보는 정도입니다.

'시험도 안 보니 초등학교 공부가 교육적으로 크게 중요하지 않겠네?'라고 생각할 수도 있습니다. 얼핏 드는 생각과 달리, 절대 그렇지 않습니다. 초등학교 시기는 정말 중요합니다. 특히 3학년과 5학년이 중요합니다. 이 시기에 어떤 공부 습관과 태도를 형성하느냐가 아이의 평생을 좌우하죠. 좀 지나친 비약 같은가요? 이 책을 꼼꼼히 읽어 보시면 많은 분들이 제 얘기에 동의하실 것입니다.

초등학교 때부터 학생들의 학습 격차가 발생합니다. 3학년 때 학습 격차가 나타나기 시작하고, 5학년 때 심화되죠. 이때 학교 공부를 제대로 안 하고 중고등학교에 가서 마음먹고 공부를 시작하려면 이미 늦습니다. 하지만 대부분의 부모님들은 이런 현실을 잘 모릅니다. 초등학교에서 일제고사를 보지 않으니 아이 수준이 어떤지 정확히 모르는데다 성적표에는 좋은 말만 가득 쓰여 있기 때문입니다.

이 책을 통해 초등학교 교실의 적나라한 모습과 왜 학습 격차가 발생하는지, 부족한 학생들은 부모님이 어떻게 지도해야 하는지, 그리고 잘하는 아이에게는 어떻게 해 줘야 하는지를 상세히 알려 드리려고 합니다.

책을 출간하는 데 도움을 주신 사람in 출판사의 김현 편집장님과 동료 선생님들께 깊은 감사를 드립니다. 주말과 퇴근 이후에도 책 작업하는 것을 허락해 준 아내에게도 고마움을 전합니다. 아무쪼록 이 책이 초등학생 자녀를 둔 분들에게 조금이라도 도움이 되었으면 하는 바람입니다.

해피이선생

목차

머리말   5

PART 1
초등 3학년,
학습 격차가 시작된다

2학년 겨울방학을 절대 놓치지 말자   16

1장
초등 3학년, 마음 놓고 있다간 후회합니다

01 초등 3학년에 학습 격차가 드러나는 이유   22

평화로운 1~2학년   22

격동이 시작되는 3학년   24

무엇보다 중요한 3학년 부모님의 역할   31

02 격차가 가장 많이 드러나는 과목과 해당 분야   33

영어: 처음 맞는 멘붕 과목   34

수학: 점점 어려워지는 내용   36

해피 이선생의 현장 조언: **단원평가의 진실**   38

03 3학년 우리 아이, 격차 앞에 있을까 뒤에 있을까?   40

국어 체크 리스트   42

영어 체크 리스트   45

수학 체크 리스트   47

사회 체크 리스트   50

과학 체크 리스트   52

04 격차를 보이는 아이들의 특징   55

초격차 아이들   55

격차 끝에 있는 아이들   56

해피 이선생의 현장 조언: **우리 아이 스마트폰 중독의 문제점과 5가지 해결 방법**   58

05 초등 3학년 교실의 현실   63

국어 시간: 생각해서 쓰는 것을 어려워한다   63

영어 시간: 실력 차이가 확연히 드러난다   67

수학 시간: 집중력 부족이 학습 부진으로 이어진다   68

사회 시간: 재미없고 과제가 많아서 싫어한다   70

과학 시간: 적극 참여하지만 결과를 요약하지 못한다   73

해피 이선생의 현장 조언: **성적에 대한 3학년 아이들의 무한한 관심**   76

06 드러난 격차를 좁히지 못할 때 어떻게 되는가?   79

국어: 책을 읽어도 문해력이 떨어진다   79

영어: 자신감이 하락한다   81

수학: 낙서하는 시간이다   82

사회 & 과학: 수업 활동에 참여하기 힘들어진다   85

해피 이선생의 현장 조언: **학부모의 끝없는 고민, 수학과 영어 선행학습**   86

2장

부족한 초등 3학년, 아직 늦지 않았어요

01 학기 중에 과목별 격차 줄이기   92

국어: 예습이 중요하다   92

영어: 부모의 관심과 지도가 필요하다   95

수학: 올바른 문제풀이 습관을 갖춘다   97

사회: 독서로 배경지식을 갖춘다   101

과학: 용어를 익히고 실험관찰 책을 정리한다   104

해피 이선생의 현장 조언: **성적표의 진실?**   106

02 방학 중에 과목별 격차 줄이기   110

국어: 교과서를 정독하고 꾸준하게 책을 읽는다   110

영어: 좋아하는 콘텐츠를 반복해 본다   112

수학: 교과서와 익힘책으로 복습한다   113

3장

잘하는 초등 3학년, 그럼 더 발전시켜야죠

01 초격차 아이들을 위한 학습 제안   120

국어: 줄글 책을 읽힌다   120

영어: 다양한 공부 방법을 제시한다   124

수학: 반복 학습과 심화 문제풀이로 복습한다   126

사회: 주소가 있는 공부를 한다   130

과학: 학습 내용을 구조화한다   132

02 초격차 아이들을 위한 교과 외 활동 제안   138

독서 선행학습   138

영재원 준비   143

해피 이선생의 현장 조언: **반복독서 & 베껴 쓰기**   145

03 초격차 아이들을 대하는 부모님의 태도   150

04 채워 주면 자신감이 올라가는 예체능   152

해피 이선생의 현장 조언: **예체능 사교육, 꼭 필요한가요?**   154

PART 2

초등 5학년,
학습 격차가 심화된다

1장
벌써 5학년, 아직 시간 있습니다

01 아이가 변화하는 시기, 초등학교 5학년   160

해피 이선생의 현장 조언: **아이가 공부를 왜 해야 하는지 묻는다면?**   162

02 격차가 가장 많이 드러나는 과목과 해당 분야   168

영어: 더 어려워집니다   168

수학: 어려운 개념이 쏟아져요   170

사회: 한국사가 너무 낯설어요   172

03 5학년 우리 아이, 격차 앞에 있을까 뒤에 있을까?   175

국어 체크 리스트   175

영어 체크 리스트   177

수학 체크 리스트   181

사회 체크 리스트   183

과학 체크 리스트   186

04 격차를 보이는 아이들의 특징   189

상상을 초월하는 초격차 아이들   189

격차 끝에 있는 아이들   191

해피 이선생의 현장 조언: **공부 잘하는 아이들의 놀라운 5가지 공통점**   193

05 초등 5학년 교실의 현실   200

국어 시간: 학업 편차가 심하다   200

영어 시간: 침묵하는 아이들이 많다　203

수학 시간: 연산 실력이 제각각이다　204

사회 시간: 처음 접하는 한국사를 어려워한다　206

과학 시간: 공부를 잘하는 아이들이 모둠 활동을 주도한다　209

06 드러난 격차를 좁히지 못할 때 어떻게 되는가?　212

국어: 다른 과목에까지 부정적인 영향을 끼친다　212

영어: 영포자가 속출한다　213

수학: 중고등으로 이어지는 수학 체계가 붕괴된다　214

사회: 제시된 자료를 이해하지 못한다　218

과학: 오개념이 고착될 수 있다　220

해피 이선생의 현장 조언: **초등 5학년이 중등 수학을 공부하고 있다면**　223

2장

부족한 초등 5학년, 학습 격차를 줄일 마지막 골든 타임

01 학기 중에 과목별 격차 줄이기　232

국어: 아이 특성별 독서를 한다　232

해피 이선생의 현장 조언: **중학교 입학 전에 국어 문법을 한 번 정리하는 게 좋을까요?**　237

영어: 쉽고 짧은 동화책을 반복해서 읽는다　239

수학: 수학 교과서와 익힘책을 반복해 푼다　241

사회: 사회와 한국사 배경지식을 쌓는다　245

과학: 핵심 내용을 정리한다　248

해피 이선생의 현장 조언: **교사용 지도서 구입 방법, 알고 계신가요?**　250

02 방학 중에 과목별 격차 줄이기　255

국어: 국어사전 찾기와 독서를 생활화한다　255

영어: 지난 학기 단어와 핵심 문장을 암기한다　257

수학: 5학년까지의 수학을 총정리하고 복습한다　260

3장

잘하는 초등 5학년, 그럼 더 발전시켜야죠

01 초격차 아이들을 위한 학습 제안　　　　　　　　266

국어: 교과서 수록 작품의 원문을 찾아 읽는다　　　　　　269
영어: 영역별로 구분해 공부한다　　　　　　　　　　　272
수학: 수학 핵심 개념을 노트에 정리한다　　　　　　　277
사회: 세계사를 미리 공부한다　　　　　　　　　　　281
과학: 과학 잡지 및 프로그램을 활용한다　　　　　　　284
해피 이선생의 현장 조언: **스스로 공부하는 습관을 길러 주는 3가지 방법**　289

02 초격차 아이들을 위한 교과 외 활동 제안　　　　　294

3가지 쓰기 습관 갖기　　　　　　　　　　　　　　294
소프트웨어 교육　　　　　　　　　　　　　　　　300

03 초격차 아이들을 대하는 부모님의 태도　　　　　302

해피 이선생의 현장 조언: **공부 잘하는 아이들의 4가지 공부 습관**　304

맺음말　　　　　　　　　　　　　　　　　　　311
부록 3학년, 5학년 추천 도서 목록　　　　　　　　313

초등 3학년,
학습 격차가
시작된다

PART 1

2학년 겨울방학을
절대 놓치지 말자!

2학년 겨울방학은 아주 중요한 시기입니다. 아이들 대부분이 학기가 끝나고 방학이 시작되면 교과서를 학교에 두고 오거나 집에 가져와서 버리는 경우가 많습니다. 물론 저학년 교과서에는 특별히 다시 볼 만한 내용들이 많지 않습니다. 하지만 아이들에게 교과서가 가장 기본적인 텍스트이기 때문에 늘 중요하게 생각해야 한다는 인식은 심어 줘야 합니다.

특히 《봄》, 《여름》, 《가을》, 《겨울》 등의 통합 교과는 몰라도 국어와 수학에서는 교과서가 중요합니다. 2학년 겨울방학 기간 동안 국어 교과서를 3회 정독시키면 좋습니다. 처음에 읽을 때는 가볍게 처음부터 끝까지 전부 읽어 보도록 합니다. 아직 저학년이라 제시문이 길지 않아서 충분히 처음부터 끝까지 소리 내어 읽을 수 있습니다. 두 번째 읽을 때는 좀 더 꼼꼼하게 살펴봅니다. 제시문뿐만 아니라 문제, 활동 내용, 삽화 등도 살펴봅니다. 공책에 어떤 글인지 등을 직접 써 보는 것도 좋습니다. 마지막 세 번째에는 처음부터 끝까지 다시 한 번 읽어 봅니다. 이렇게 3회 정독을 하면 아이가 제시문을 파악하고 내용을 이해하는 데 큰 도움이 됩니다.

수학의 경우, 2학년 1학기와 2학기 교과서를 다시 한 번 풀도록 합니다. 특히 2학년 2학기 때 배우는 '곱셈구구(구구단)'를 정확하게 외우고 있는지 꼭 확인하셔야 합니다. 간혹 3~4학년 학생들 중에도 구구단을 완벽하게 외우지 못하는 아이들이 있습니다. 2학년 때 암기한 곱셈구구는 3학년 때 배우게 될 곱셈과 나눗셈의 기초 지식을 형성합니다. 다양한 방법으로 아이가 곱셈구구를 완벽하게 알고 있는지 꼭 확인해야 합니다.

2학년 겨울방학은 그림책에서 글밥이 있는 책으로 독서의 흐름이 넘어가는 시기입니다. 아이가 서서히 그림책보다는 글밥이 있는 책을 가까이 여기고 볼 수 있도록 해야 하는데, 2학년 겨울방학 때 보면 좋은 책 20권을 소개합니다.

《1, 2학년이 꼭 읽어야 할 교과서 과학 동화》(손수자, 효리원)

《1, 2학년이 꼭 읽어야 할 교과서 동시》(권오삼, 효리원)

《나도 투표했어!》(마크 슐먼, 토토북)

《학교가 즐거울 수밖에 없는 12가지 이유》(노은주, 단비어린이)

《시베리아 호랑이의 집은 어디일까?》(한라경, 씨드북)

《아홉 살 마음 사전》(박성우, 창비)

《역사를 바꾼 위대한 알갱이 씨앗》(서경석, 미래아이)

《내가 조금 불편하면 세상은 초록이 돼요》(김소희, 토토북)

《어린이 훈민정음》(성정일, 시서례)

《별똥별 아줌마가 들려주는 우주 이야기》(이지유, 창비)

《어린이를 위한 비폭력 대화》(김미경, 우리학교)

《존 아저씨의 꿈의 목록》(존 고다드, 글담어린이)

《초등 필수 백과》(레베카 L. 그램보, 삼성출판사)

《초등학생을 위한 과학실험 380》(E. 리처드 처칠, 뮤리엘 맨델, 루이스 V. 뢰슈니그, 바이킹)

《수학이 정말 우리 세상 곳곳에 있다고?》(후안 사비아, 찰리북)

《함께 사는 게 뭐예요?》(오스카 브르니피에, 상수리)

《어린이를 위한 무역의 모든 것》(서지원, 풀과바람)

《패션, 나를 표현하는 방법》(헬렌 행콕스, 키다리)

《명절 속에 숨은 우리 과학》(오주영, 시공주니어)

《난민》(박진숙, 풀빛)

3학년 때는 과목이 많아지기 때문에 사회나 과학 교과와 관

런 있는 책들을 미리 연계해서 읽도록 하면 아이가 수업 시간에 좀 더 자신감을 갖고 집중할 수 있습니다. 굳이 3학년 때 배우게 될 수학 개념들(나눗셈, 분수, 소수, 도형)을 선행학습 시키는 것은 오히려 부작용이 많다고 생각합니다.

끝으로 3학년 때는 영어를 정규 교과에서 처음 배우기 때문에 미리 알파벳 대소문자를 완벽하게 순서대로 쓸 수 있도록 준비해야 합니다. 기본적인 파닉스도 익혀서 아이가 간단한 단어나 문장은 읽을 수 있는 실력을 갖추는 것이 좋습니다. 결국 2학년 겨울방학은 3학년 내용의 선행학습보다 2학년까지 배웠던 내용들을 총정리하며 복습하는 기회로 삼아야 합니다. 3학년 선행학습으로 영어만 대비하면 충분합니다.

1장

초등 3학년,
마음 놓고 있다간
후회합니다

저는 3학년 담임 교사입니다. 아이들은 초등 저학년 티를 벗고 제법 의젓한 모습을 보입니다. 1학년과 2학년 동생을 둔 언니, 오빠, 형, 누나들이니까요. 이제부터 제가 예상한 대로 2학년 때까지는 드러나지 않던 학습 격차가 수업 시간에 뚜렷이 보이기 시작합니다.

부모님들은 "아직 3학년이니까 괜찮아요. 뒤늦게 머리가 트여서 공부 잘하는 경우도 주변에서 많이 봤어요"라고 대수롭지 않게 넘기실 수도 있지만, 많은 아이들을 봐 온 초등교사 입장에서는 그렇지 않습니다. 물론, 뒤늦게 머리가 트여 잘하는 경우도 있을 수 있죠. 하지만 3학년 때 공부에 흥미를 보이지 않고 기초가 부족한 아이들이 학년이 올라간다고 해서 갑자기 어느 순간 공부를 열심히 할 확률은 높지 않습니다. 요즘은 교육과정 자체가 누적적이고 점진적으로 확대되도록 치밀하게 구성되어 있어서, 예전처럼 부족한 부분을 한꺼번에 공부해서 보충하는 것이 더욱 어려워졌습니다.

모든 아이들이 수학 시험에서 100점을 맞을 수 없고 그럴 필요도 없습니다. 하지만 아직 3학년 10살인 아이들이 수업 시간에 고개를 숙이고, 기본적인 내용도 이해하지 못해서 교과서에 낙서를 하고, 적극적으로 손을 들어 발표하는 다른 친구들에게 주눅들어 있는 모습을 보면 안타깝고 가슴 아픕니다. 그 아이가 내 아이일 수도 있습니다. 공부가 아이들 삶의 전부는 아니지만 어느 정도는 따라가야 아이에게도 자신감이 생깁니다. 3학년은 바로 아이들의 학습 격차가 나타나기 시작하는 중요한 시기입니다.

초등 3학년에
학습 격차가 드러나는 이유

평화로운 1~2학년

아이들이 학교 생활을 하면서 가장 크게 멘붕을 겪는 시기가 세 번 있습니다. 바로 1학년 입학 즈음, 3학년 진학 후, 그리고 5학년 때입니다. 1학년 때는 아이들이 어린이집과 유치원을 다니며 마음대로 신나게 놀다가 학교라는 공간에 적응하기 쉽지 않아서 그렇습니다. 40분 동안 책상에 앉아 있는 것도 힘들고, 교과서를 펴고 시간표대로 공부하는 것도 어렵습니다. 부모님도 이런 어려움을 잘 알기에 아이에게 각별히 관심을 쏟지요. 입학식을 비롯해 공개 수업, 운동회, 학예회 등 각종 학교 행사에 1학년 부모님의 참여율이 가장 높습니다.

문제는 3학년 때입니다. 아이가 3학년 정도 되면 학교 생활에 잘 적응했을 거라고 믿고 어머니들이 새롭게 일을 시작하거나 아이에게 관심을 덜 쏟습니다. 하지만 초등학교에서 아이들의 학업 격차가 나타나는 시기가 바로 3학년입니다. "초등학교에서 무슨 학업 격차가 발생합니까?", "너무 지나친 비약 아닌가요?"라고 반문하실 수도 있습니다. 학교 현장에서 아이들을 지켜본 사람이라면 누구나 공감할 것입니다. 분명히 초등학생들에게도 학업 격차가 존재하며, 그 시작은 초등학교 3학년 때부터입니다.

가만히 생각해 보면 그럴 수밖에 없습니다. 초등 1~2학년 때는 학교에서 배우는 내용들이 많지 않습니다. 교과목도 '국어, 수학, 통합교과(《봄》,《여름》,《가을》,《겨울》)',《안전한 생활》,《창의적 체험활동》뿐이죠.《안전한 생활》과《창의적 체험활동》은 정식 교과목이 아니고 실습이나 체험 위주로 진행되는 활동이어서, 제대로 교과서로 배우는 교과목은 국어, 수학, 통합 교과뿐입니다. 그리고《봄》,《여름》,《가을》,《겨울》 등의 통합 교과도 대부분 활동 위주로 구성되어 있습니다.

1학년 아이들은 교과서로 하루 4시간씩 공부하는 것도 힘들어하고, 본인 마음대로 하지 못하니 좀이 쑤시고 따분해합니다. 그 사실을 교육부와 교육 관계자들도 잘 알고 있어서, 교육과정 자체가 1~2학년 때는 분량이 많지 않고 깊이도 깊지 않습니다. 아이들이 학교에 적응하는 시기여서 대부분 재미있는 활동 위주로 여유 있게 구성되어 있습니다. 1~2학년 담임 선생님은 생활지도 측면에서 신경 쓸 부분은 많지만, 수업 진도에 대한 부담은 별로 없습니다. 교과서 분량 자체가 많지 않기 때문입니다. 따라서 아이들의 학업 격차가 크게 벌어질 것도 없고, 국어 영역에서는 한글을 정확하게 아는지, 수학 영역에서는 2학년 때 구구단을 정확하게 외우는지가 관건입니다. 학교마다, 담임 선생님에 따라 다소 차이는 있지만, 1학년 2학기나 늦어도 2학년 때부터는 국어 시간에 받아쓰기 시험을 보는 경우가 많습니다. 아이들은 그 점수에 상당히 신경을 많이 쓰지만, 2학년 때까지는 대부분 다 한글을 익힙니다. 그러니까 1~2학년 때까지는 아이들 간에 서로 공부 스트레스 없이 다 잘 지내고 평화롭습니다.

격동이 시작되는 3학년

1~2학년 때처럼 평화로운 학교 생활이 지속되면 얼마나 좋겠습니까? 그런데 아이들이 3학년이 되는 순간 많은 것들이 변합니다.

수업 시수가 대폭 늘어납니다

연간 수업 시수와 수업일은 국가에서 결정되어 지침이 내려옵니다. 각 학교에서는 학년군별로 국가 기준 시수를 지키면서 학교 특성에 맞는 교육과정을 수립하게 됩니다. 대부분 교과보다는 창의적 체험 활동에서 각 학교의 특색이 드러나기 마련입니다.

1학년의 연간 시간 배당은 다음과 같습니다.

1학년 연간 시간배당 🔍

구분		국가 기준 시수	기준 배부 시수	
			1학년 (2019)	2학년 (2020)
교과	국어	448	206	242
	수학	256	128	128
	바른 생활	128	60	68
	슬기로운 생활	192	92	100
	즐거운 생활	384	186	198
	소계(A)	1408	672	736
창의적 체험 활동	자율 활동 자치			
	적응			
	행사			
	특색	336	200	136
	동아리 활동			
	봉사 활동			
	진로 활동			
	안전한 생활			
	소계(B)	336	200	136
연간 수업 시수(A+B)		**1,744**	**872**	**872**

다음은 3학년의 연간 시간 배당입니다.

3학년 연간 시간 배당

구분		국가 기준 시수	기본 배부 시수	
			3학년 (2019)	4학년 (2020)
교과	국어	408	204	204
	사회/도덕 사회	272	102	102
	사회/도덕 도덕		34	34
	수학	272	136	136
	과학	204	102	102
	체육	204	102	102
	예술 음악	272	68	68
	예술 미술		68	68
	영어	136	68	68
	소계(A)	1768	884	884
창의적 체험 활동	자율 활동 자치	204	102	102
	자율 활동 적응			
	자율 활동 행사			
	자율 활동 특색			
	동아리 활동			
	봉사 활동			
	진로 활동			
	소계(B)	204	102	102
연간 수업 시수(A+B)		1,972	986	986

3학년이 되면, 수업 시수가 1~2학년보다 대폭 늘어나고 배우는 교과목도 세부적으로 나뉘어져 국어, 사회, 도덕, 수학, 과학, 체육, 음악, 미술, 영어 등 9개가 됩니다. 다른 과목들은 이미 통합 교과에서 배웠던 내용들이 조금 심화될 뿐이지만 영어는 3학년 때 새롭게 배웁니다.

이미 배웠던 과목들도 내용이 어려워집니다

국어 교과서만 해도 1학년 1학기 교과서는 255쪽, 2학년 교과서는 273쪽, 3학년 교과서는 297쪽입니다. 분량도 학년이 높아질수록 늘어납니다. 2학년 국어 시간에 배우는 단원들은 「시를 즐겨요」, 「말놀이를 해요」, 「낱말을 바르고 정확하게 써요」, 「다른 사람을 생각해요」 등 쉬운 내용입니다. 반면, 3학년 국어 시간에는 「문단의 짜임」, 「알맞은 높임 표현」, 「반갑다 국어사전」, 「문학의 향기」 단원을 배웁니다. 1~2학년 국어에서는 일상생활에서 어떻게 말하고 글을 쓰는지 기초적이고 기본적인 내용을 다룬다면, 3학년부터는 국어 교육과 관련되는 보다 이론적인 내용들을 배우는 것입니다.

2학년 국어 교과서 각 단원 명칭

	1학기	2학기
1단원	시를 즐겨요	장면을 떠올리며
2단원	자신 있게 말해요	인상 깊었던 일을 써요
3단원	마음을 나누어요	말의 재미를 찾아서

4단원	말놀이를 해요	인물의 마음을 짐작해요
5단원	낱말을 바르고 정확하게 써요	간직하고 싶은 노래
6단원	차례대로 말해요	자세하게 소개해요
7단원	친구들에게 알려요	일이 일어난 차례를 살펴요
8단원	마음을 짐작해요	바르게 말해요
9단원	생각을 생생하게 나타내요	주요 내용을 찾아요
10단원	다른 사람을 생각해요	칭찬하는 말을 주고받아요
11단원	상상의 날개를 펴요	실감 나게 표현해유

3학년 국어 교과서 각 단원 명칭

	1학기	2학기
독서단원	책을 읽고 생각을 나누어요	책을 읽고 생각을 나누어요
1단원	재미가 톡톡톡	작품을 보고 느낌을 나누어요
2단원	문단의 짜임	중심 생각을 찾아요
3단원	알맞은 높임 표현	자신의 경험을 글로 써요
4단원	내 마음을 편지에 담아	감동을 나타내요
5단원	중요한 내용을 적어요	바르게 대화해요
6단원	일이 일어난 까닭	마음을 담아 글을 써요
7단원	반갑다, 국어사전	글을 읽고 소개해요
8단원	의견이 있어요	글의 흐름을 생각해요
9단원	어떤 내용일까	작품 속 인물이 되어
10단원	문학의 향기	

　　'2015 개정 교육과정'에서 처음 도입된 독서 단원 역시 초등학교 3학년부터 고등학교 3학년까지 '한 학기 한 권 읽기'를 국어 교과서에 반영한 것으로, 초등학교 저학년 때가 아니라 3학년부터 수록되어 있

습니다.

수학도 사실 1~2학년까지 배운 내용 중에서 가장 어려운 것은 2학년 2학기 2단원에서 배우는 '곱셈구구', 즉 구구단이 유일합니다. 3학년 때는 드디어 나눗셈이 나옵니다. 초등학생들이 특히 나눗셈을 많이 어려워합니다. 제가 4학년을 맡았을 때 아이들이 나눗셈 단원평가를 많이 틀리고 어려워해서 3학년 나눗셈으로 시험을 봤는데 결과가 놀라웠습니다. 다 맞은 아이는 한 명도 없었고, 절반 정도가 3학년 나눗셈 문제를 못 풀었습니다. 나눗셈 외에 아이들이 어려워하는 분수와 소수도 처음으로 등장합니다. 물론 2학년 때 배운 곱셈도 3학년 때 훨씬 어려워집니다.

1학년 수학 교과서 각 단원 명칭 🔍

	1학기	2학기
1단원	9까지의 수	100까지의 수
2단원	여러 가지 모양	덧셈과 뺄셈 (1)
3단원	덧셈과 뺄셈	여러 가지 모양
4단원	비교하기	덧셈과 뺄셈 (2)
5단원	50까지의 수	시계 보기와 규칙 찾기
6단원		덧셈과 뺄셈 (3)

2학년 수학 교과서 각 단원 명칭

	1학기	2학기
1단원	세 자리 수	네 자리 수
2단원	여러 가지 도형	곱셈구구
3단원	덧셈과 뺄셈	길이 재기
4단원	길이 재기	시각과 시간
5단원	분류하기	표와 그래프
6단원	곱셈	규칙 찾기

3학년 수학 교과서 각 단원 명칭

	1학기	2학기
1단원	덧셈과 뺄셈	곱셈
2단원	평면도형	나눗셈
3단원	나눗셈	원
4단원	곱셈	분수
5단원	길이와 시간	들이와 무게
6단원	분수와 소수	자료의 정리

사회는 기본 개념이 중요한 과목이어서 그 뜻을 정확하게 알고 이해해야 하는데, 아무래도 낯설고 생소한 개념들이 많이 나오니 사회를 싫어하고 어려워하는 아이들도 의외로 많습니다. 예를 들어, 3학년 1학기 수업 시간에 '고장, 장소, 위치, 옛이야기, 문화유산, 교통수단, 통신수단' 같은 개념들을 배우게 됩니다. 그 개념들을 어디선가 들어는 봤지만 정확하게 모르기 때문에 아이들이 어려워하는 거죠.

과학은 실험하거나 관찰하는 내용들이 대부분이어서 아이들이 흥미를 보이기는 하는데, 그 결과를 정리하는 것은 힘들어합니다.

영어도 아이들의 편차가 상당히 큰데, 1~2학년 때 안 배우다가 3학년 때 처음 정규 교과로 배우게 되니까 상당히 어려워합니다.

이처럼 3학년이 되면 과목도 많아지고 내용도 조금씩 깊이 들어가다 보니 아이들의 학력 격차가 나타나기 시작하는 것입니다. 3학년 때부터 어느 과목이든 발생하는 학업 격차를 따라잡지 못하고 상급 학년에 올라가면 내용이 더 어려워지고 분량도 많아지기 때문에, 그때는 진짜 따라가지 못할 수도 있습니다.

무엇보다 중요한 3학년 부모님의 역할

3학년 학부모님들은 우리 아이가 학교에서 수업 시간에 잘 따라가는지 면밀하게 살펴보셔야 합니다. 학교에서 단원평가를 본다면 우리 아이가 어느 과목에서 몇 개 정도 틀리는지, 단순 실수 때문에 틀린 것인지 이해를 못해서 틀린 것인지를 파악하셔야 합니다. 그리고 각 과목의 주요 내용을 이해하고 있는지도 점검하셔야 합니다. 초등학교 3학년에서 배우는 내용이 어려우면 얼마나 어렵겠습니까? 충분히 따라갈 수 있고 보충할 수 있습니다.

학교에서는 현실적으로 담임 선생님이 20명이 넘는 반 아이들을 한 명 한 명 붙잡고 모든 과목을 세심하게 봐줄 수 없습니다. 그런 현실을 감안하여 부모님들은 우리 아이가 3학년이 되어서 늘어난 과목에 스트레스를 받고 있지는 않은지, 어떤 과목을 어려워하는지, 특히 수학을 잘 이해하며 따라가는지 수시로 확인하셔야 합니다. 만약 나눗셈이나 분수 등 특정 내용을 어려워한다면, 수학 교과서와 수학 익힘책을 집에 가져오게 해서 방학이나 주말을 이용해 아이와 함께 고민하며 부족한 부분을 채워 주셔야 합니다. 학원에 의존하거나 형제자매에게 맡기지 마세요. 부모님이 충분히 초등 3학년 내용은 금방 이해하고 직접 지도할 수 있습니다. 그렇지 않으면 '호미로 막을 것을 가래로 막는다'는 속담처럼 될 것입니다. 급기야 아이가 아예 공부에 흥미를 잃고 학습된 무기력 상태에 빠져들어 나중에는 극복하지 못할 수도 있습니다.

격차가 가장 많이 드러나는
과목과 해당 분야

3학년 아이들의 학업 격차가 가장 많이 드러나는 과목은 영어와 수학입니다. 국어는 초등학교에 입학하면 "ㄱ ㄴ ㄷ, 아 야 어 여"부터 배우고 실제 국어 교과서도 그렇게 구성되어 있습니다. 학교에서 기초부터 차근차근 한글 교육을 시행해야 한다는 사회적 요구의 증대로 교육과정별 한글 교육 시수도 지속적으로 늘어나는 추세입니다. 2000년부터 적용된 '7차 교육과정' 시기에는 18시간, '2007 개정 교육과정'이 적용된 2009년부터는 24시간, '2009 개정 교육과정'의 2013년에는 한글 교육을 27시간 시켰습니다. 그리고 '2015 개정 교육과정'이 적용되는 2017년부터는 초등학교 1학년 단계에서 68시간을 한글 교육에 쏟고 있습니다.

현실적으로는 아이들 대부분이 초등학교에 입학할 때 한글을 떼고

오는 경우가 많지만, 한글을 모르더라도 국어 시간에 수업을 통해 충분히 한글을 익힐 수 있습니다.

영어: 처음 맞는 멘붕 과목

초등학교 3학년 1학기에 처음 배우는 영어는 1단원에서 바로 기본적인 인사와 본인 소개부터 나옵니다. 즉, 알파벳 대소문자를 학교에서 하나씩 차근차근 가르쳐 주지 않는다는 것입니다. 그러니까 아이들이 최소한 2학년 겨울방학 때 영어 알파벳 대소문자 정도는 순서대로 쓸 수 있어야 학교에서 영어 수업을 따라갈 수 있습니다. 물론 영어 시간에 전담 선생님이나 담임 선생님이 아이들의 알파벳 습득 정도를 미리 테스트하여 그에 따라 지도할 것입니다. 하지만 알파벳도 전혀 모르다가 3학년 영어 수업 시간에 1단원부터 자기 소개를 배우게 되면 아이들이 아예 영어에 손을 놓을 수도 있습니다.

영어는 현실적으로 사교육이나 선행학습의 영향이 가장 크고, 학습 격차가 심한 과목입니다. 3학년인데도 원어민 선생님과 자유롭게 대화할 정도의 실력을 갖춘 아이가 있는가 하면, 4학년인데도 알파벳 대소문자를 순서대로 못 쓰는 아이들도 있습니다.

4학년 담임을 맡았을 때 학기 초에 반 전체 아이들을 대상으로 알파벳 대소문자 순서대로 쓰기 평가를 해 본 적이 있는데, 그 결과가 아주 놀라웠습니다. 반 아이들의 1/3 정도가 틀렸습니다. 물론 실수로

M과 N의 순서를 바꿔 쓰거나 대소문자 일부를 틀릴 수는 있지요. 하지만 이미 1년 동안 학교에서 정규 교육과정을 통해 영어 교육을 받은 아이들이 영어의 가장 기초인 알파벳 대소문자를 이렇게 많이 틀릴 줄은 몰랐습니다. 물론 다수의 아이들은 5분 만에 알파벳을 다 쓰고, "너무 시시해요", "이건 저학년 때 이미 다 끝냈죠!"라고 말하는 아이들도 많았습니다.

3학년 영어 교과서 각 단원 명칭 🔍

	YBM 출판(김혜리 외)	동아출판(박기화 외)
1단원	Hello, I'm Tibo	Hello, I'm Jimin
2단원	What's This?	What's This?
3단원	Sit Down, Please	Sit Down, Please
4단원	Do You Like Pizza?	Is It a Bear?
5단원	How Are You?	I Like Pizza
6단원	Can You Swim?	How Many Carrots?
7단원	How Many Lions?	I Can Swim
8단원	What Color Is It?	Do You Have a Bike?
9단원	Let's Jump	I'm Happy
10단원	Do You Have Any Crayons?	She's My Mom
11단원	How Old Are You?	What Color Is It?
12단원	Don't Run, Please	How's the Weather?
13단원	How's the Weather?	

	YBM 출판(최희경 외)	대교출판(이재근 외)
1단원	Hi, I'm Sena	Hello, I'm Jinu
2단원	What's This?	What's This?
3단원	Open the Box, Please	Stand Up, Please
4단원	Do you Like Apples?	It's Big
5단원	How Many Dogs?	How Many Carrots?
6단원	Do you Have a Ruler?	I Like Chicken
7단원	Can You Swim?	I Have a Pencil
8단원	Don't Run, Please	I'm Ten Years Old
9단원	Who Is She?	What Color Is It?
10단원	What Color Is It?	Can You Swim?
11단원	How Old Are You?	It's Snowing
12단원	How's the Weather?	

수학: 점점 어려워지는 내용

수학 역시 학습 격차가 크게 나타나는 과목입니다. 1~2학년 때보다 3~4학년에서 배우는 내용이 훨씬 양도 많고 어렵습니다. 옆 페이지의 초등학교 수학과 내용 체계를 보면 쉽게 알 수 있을 것입니다.

아이들은 특히 〈수와 연산〉 영역의 내용들을 어려워합니다. 아이들이 어려워하는 분수와 소수가 3학년에 나오고, 곱셈과 나눗셈 역시 3학년 아이들이 골치 아파하는 부분입니다. 초등학교 수학에서는 기본적인 연산 능력이 중요한데, 기본적인 개념과 연산 능력이 부족한 아

영역	핵심 개념	학년(군)별 내용 요소	
		1~2학년	3~4학년
수와 연산	수의 체계	• 네 자리 이하의 수	• 다섯 자리 이상의 수 • 분수 • 소수
	수의 연산	• 두 자리 수 범위의 덧셈과 뺄셈 • 곱셈	• 세 자리 수의 덧셈과 뺄셈 • 자연수의 곱셈과 나눗셈 • 분모가 같은 분수의 덧셈과 뺄셈 • 소수의 덧셈과 뺄셈
도형	평면도형	• 평면도형의 모양 • 평면도형과 그 구성 요소	• 도형의 기초 • 원의 구성 요소 • 여러 가지 삼각형 • 여러 가지 사각형 • 다각형 • 평면도형의 이동
	입체도형	• 입체도형의 모양	
측정	양의 측정	• 양의 비교 • 시각과 시간 • 길이(cm, m)	• 시간, 길이(mm, km), 들이, 무게, 각도
규칙성	규칙성과 대응	• 규칙 찾기	• 규칙을 수나 식으로 나타내기
자료와 가능성	자료 처리	• 분류하기 • 표 • O, ×, /를 이용한 그래프	• 간단한 그림그래프 • 막대그래프 • 꺾은선그래프

이들은 계속 수학을 어려워하고 힘들어할 수밖에 없습니다. 하지만 수업 시간에 집중하며 꾸준히 복습을 한 아이들은 수학에서 또래보다 우수한 능력을 보이는 경우도 종종 있습니다. 이처럼 수학도 영어와 함께 아이들의 학습 격차가 크게 나타나는 과목이라고 할 수 있습니다.

단원평가의 진실

○
○

　　　　　　요즘 초등학교에서는 시험 대신 학기 중 수시로 수행평가나 담임교사 재량으로 과목별 단원평가를 실시합니다. 그런데 교사들은 이 단원평가 문제를 어떻게 출제할까요? 그 결과를 얼마나 신뢰할 수 있을까요?

　저를 포함해 대부분의 교사들은 초등교육 관련 자료 제공 사이트의 문제를 편집해서 출제합니다. I-Scream media에서 운영하는 '아이스크림 초등' 사이트를 가장 많이 활용하고, 천재교육에서 운영 중인 'T셀파' 사이트와 현직 교사들의 커뮤니티인 '인디스쿨'에도 평가 자료가 가득합니다. 학년별, 과목별, 단원별 평가 문제가 문제은행식으로 구축되어 있어서 편하게 불러와 편집하면 단원평가 문제를 손쉽게 출제할 수 있습니다. 난이도도 쉬움, 보통, 어려움으로 설정 가능하고요.

이 사이트들은 편리하기도 하지만 단점도 있습니다. 문제들을 철저하게 감수한 것이 아니라 급하게 데이터베이스화하다 보니 오탈자는 물론, 문제 자체가 틀린 경우도 많다는 것입니다. 그리고 많은 선생님들이 아이들의 성취 동기를 자극하고 공부 내용을 확인하는 데 치중해서 활용하다 보니, 쉬운 문제를 주로 출제합니다. 따라서 우리 아이가 단원평가에서 문제를 다 맞혔다는 것은 공부를 뛰어나게 잘하는 것이 아니라 학교 공부에 충실했다는 정도의 의미만 부여하는 것이 맞을 것입니다. 아이가 단원평가에서 80점 이하를 맞았다면, 틀린 문제를 꼭 확인해 보고 왜 틀렸는지 알아보시길 권합니다.

3학년 우리 아이,
격차 앞에 있을까 뒤에 있을까?

    많은 지역에서 학기 초에 기초학력 진단평가를 실시합니다. 초등학교의 경우 3학년부터 6학년까지 실시하고, 중학교는 전 학년, 고등학교는 1학년이 대상입니다. 기초학력 진단평가를 실시하는 목적은 다음과 같습니다.

    학생들의 선수학습(학습을 위해 미리 습득해 있어야 하는 학습) 능력 및 교과별 기초학력 부진 영역을 조기에 파악하고, 학기 초 선수학습의 결손을 신속하게 보정 지도할 기회를 제공하기 위해서입니다. 또한 진단평가 및 보충학습, 지도자료 제공으로 맞춤형 학생 지도 여건을 제공하며, 교수 학습 방법을 개선하기 위한 기초 자료를 제공해서 학교 교육력을 제고하기 위한 목적도 있습니다. 도교육청에서 평가 자료를 제공하면 학교장이 시행 시기와 방법을 자율 결정해서 실시합니다.

3학년에서 출제 교과는 3R's, 즉 읽기(Reading), 쓰기(Writing), 셈하기(Arithmetic)입니다. 4~6학년에서는 주요 과목인 국어, 사회, 수학, 과학, 영어의 평가를 실시합니다. 3학년의 3R's의 문항은 선다형, 단답형, 활동형의 유형으로 출제되며, 4~6학년의 문항은 4지선다형으로 출제됩니다. 3학년에서는 초등학교 1~2학년 교육과정을 출제 범위로 하며, 4~6학년에서는 전의 학년 교육과정을 출제 범위로 합니다.

기초학력 진단평가 결과는 개별 통보하거나 알려 주지 않고 교사가 수업 및 교육과정을 운영하는 데 참고로 활용합니다. 부모님들이 담임 교사에게 평가 결과를 요청할 경우, 구체적인 석차까지는 아니더라도 과목별 수준과 위치 정도는 보통 알려 줍니다. 따라서 기초학력 진단평가를 통해 우리 아이의 학력 수준을 대략적으로 알 수 있습니다.

기초학력 진단평가의 점수는 미리 도달 기준 점수를 산출해서 진행합니다. 즉, 학생들이 교과별로 정답으로 답한 문항 수가 기준 점수 이상인 경우 기초학력 도달로 판정을 내립니다. 만약 학생이 기초학력 진단검사 결과 미도달인 경우, 교육부 혹은 시도 교육청의 기초학력 향상 지원 계획에 따라 보충학습 및 지도자료 등이 보급되어 다시 학습할 수 있는 기회를 제공합니다.

보통 3학년의 경우 읽기, 쓰기, 셈하기가 25문항이면 영역별 도달 기준 점수는 15~16개입니다. 100점 만점으로 환산하면 최소한 60점 이상 받으면 기초학력 도달로 판정합니다.

아이들이 과목별로 얼마나 교육 내용을 이해하고 있는지 확인하는 가장 좋은 방법은 성취 기준을 확인하는 것입니다. 고등학교에서는 전국 단위 모의고사가 있어서 과목별 백분위 점수를 알 수 있지만, 초등학교에서는 그럴 수 없기에 과목마다 성취 기준을 파악해서 우리 아이가 스스로 공부한 내용을 아는지 자문자답하며 확인해야 합니다.

또한 담임 선생님에 따라 실시하는 단원평가 점수를 참고하거나 개인적으로 문제집이나 학원 평가 등을 통해 과목별 성취 정도를 확인할 수도 있습니다. 모든 평가에서 기준은 바로 성취 기준이 되어야 합니다. 여기에서 제시하는 과목별 체크 리스트는 성취 기준과 교사용 지도서에 나와 있는 "단원 학습 체계" 중 '학습 목표'를 참고해서 만들었습니다.

국어 체크 리스트

국어과에서는 단원별로 2개씩 질문을 제시했는데, 아이들이 2가지 질문에 모두 대답할 수 있어야 합니다. 대답하지 못하는 경우에는 교과서의 해당 단원으로 돌아가서 꼼꼼하게 복습을 해야 합니다. 예를 들어, 부모님이 "높임 표현을 사용하는 방법을 말해 보세요"라고 물으면 아이는 답을 할 수 있어야 합니다. 그 답은 '높임을 나타내는 -시-를 넣는다, 높임의 대상에게 께서(이)나 께를 사용한다, 높임의 뜻이 있는 특별한 낱말을 사용한다'입니다. 여기 나온 체크 리스트의 답은 아이가 수업 중에 필기해서 교과서에 적혀 있어야 합니다. 또는 부모님이 교사용 지도서를 구입해 "단원 학습 체계"를 보며 질문하고 아이의 답을 확인하시면 됩니다.

3학년 1학기 국어 체크 리스트 ✓

단원명	질문	O / X
1. 재미가 톡톡톡	이야기를 읽고 생각이나 느낌을 나눌 수 있다.	
	느낌을 살려 시를 낭송할 수 있다.	
2. 문단의 짜임	중심 문장과 뒷받침 문장을 파악하며 글을 읽을 수 있다.	
	중심 문장과 뒷받침 문장을 생각하며 문단을 쓸 수 있다.	
3. 알맞은 높임 표현	높임 표현을 사용하는 방법을 말할 수 있다.	
	높임 표현과 언어 예절을 생각하며 대화할 수 있다.	
4. 내 마음을 편지에 담아	글을 읽고 글쓴이의 마음을 짐작할 수 있다.	
	마음을 담아 편지를 쓸 수 있다.	
5. 중요한 내용을 적어요	글을 읽고 내용을 간추릴 수 있다.	
	책을 소개할 수 있다.	
6. 일이 일어난 까닭	원인과 결과에 따라 이야기하는 방법을 말할 수 있다.	
	원인과 결과를 생각하며 경험을 말할 수 있다.	
7. 반갑다, 국어사전	형태가 바뀌는 낱말을 국어사전에서 찾을 수 있다.	
	국어사전을 활용하며 글을 읽을 수 있다.	
8. 의견이 있어요	글을 읽고 인물의 의견과 그 까닭을 말할 수 있다.	
	의견을 파악하며 글을 읽을 수 있다.	
9. 어떤 내용일까	낱말의 뜻을 짐작하는 방법을 말할 수 있다.	
	생략된 내용을 짐작하며 글을 읽을 수 있다.	
10. 문학의 향기	재미있게 읽었거나 감동 받은 책을 소개할 수 있다.	
	만화 영화를 보고 재미와 감동을 표현할 수 있다.	

3학년 2학기 국어 체크 리스트 ✔️

단원명	질문	O / X
1. 작품을 보고 느낌을 나누어요	표정, 몸짓, 말투에 주의하며 말하면 좋은 점을 말할 수 있다.	
	인물에게 알맞은 표정, 몸짓, 말투를 생각하며 작품을 읽고 대화를 나눌 수 있다.	
2. 중심 생각을 찾아요	글을 읽고 중심 생각을 찾을 수 있다.	
	알고 싶은 내용이 담긴 글을 읽고 간추려 발표할 수 있다.	
3. 자신의 경험을 글로 써요	인상 깊은 일로 글을 쓸 수 있다.	
	자신이 쓴 글을 고쳐 쓸 수 있다.	
4. 감동을 나타내요	이야기를 읽고 생각이나 느낌을 표현할 수 있다.	
	느낌을 살려 시를 쓸 수 있다.	
5. 바르게 대화해요	대상에 따라 알맞은 높임 표현을 사용해 말할 수 있다.	
	상황에 어울리는 표정, 몸짓, 말투로 대화할 수 있다.	
6. 마음을 담아 글을 써요	이야기 속 인물의 마음을 헤아리며 글을 읽을 수 있다.	
	다른 사람에게 마음을 전하는 글을 쓸 수 있다.	
7. 글을 읽고 소개해요	여러 가지 방법으로 책을 소개할 수 있다.	
	독서 감상문에 대해 말할 수 있다.	
8. 글의 흐름을 생각해요	글의 흐름에 따라 내용을 간추려 쓸 수 있다.	
	우리 지역을 소개하는 글을 쓸 수 있다.	
9. 작품 속 인물이 되어	인물의 성격을 생각하며 극본을 소리 내어 읽을 수 있다.	
	알맞은 표정, 몸짓, 말투를 생각하며 극본을 읽을 수 있다.	

영어 체크 리스트

- - - - - - - - - - - - - - -

영어과는 교사용 지도서에 단원 목표로 〈듣기〉, 〈말하기〉, 〈읽기〉, 〈쓰기〉의 4가지 항목을 제시하는데, 체크 리스트에는 〈말하기〉에 해당하는 내용을 넣었습니다. 단원 목표에서 〈듣기〉는 '○○의 말을 듣고 이해할 수 있다'로, 〈읽기〉는 '~을 읽을 수 있다'로, 〈쓰기〉도 '~을 쓸 수 있다'로 서술하고 있어서 아이의 목표 도달 정도를 구체적으로 파악하기 곤란하기 때문입니다.

3학년 영어 교과 체크 리스트는 다음과 같습니다. 체크 리스트 질문에 아이가 영어 표현을 막힘없이 말할 수 있어야 하며, 대답하지 못할 경우 영어 책을 보면서 내용을 확인해야 합니다.

3학년 영어 체크 리스트 ✓

단원명	질문	O / X
1. Hello, I'm Tibo	만나서 인사하고, 자신을 소개하며 이에 답할 수 있다. Ex) Hello! Ex) I'm Tibo. / Nice to meet you.	
	헤어질 때 하는 인사말을 할 수 있다. Ex) Goodbye.	
2. What's This?	사물이 무엇인지 묻고 답하는 말을 할 수 있다. Ex) What's this? / It's a pencil.	
	사물의 크기를 묘사하는 표현을 말할 수 있다. Ex) It's big.	

3. Sit Down, Please	요청하는 말과 이에 답하는 말을 할 수 있다. Ex) Open the door, please. / Okay.	
	칭찬하는 말을 할 수 있다. Ex) Great!	
4. Do You Like Pizza?	좋아하거나 싫어하는 음식을 묻고 답하는 표현을 말할 수 있다. Ex) Do you like pizza? / Yes, I do. · No, I don't.	
	좋아하거나 싫어하는 음식을 나타내는 말을 할 수 있다. Ex) I like salad. / I don't like salad.	
5. How Are You?	안부를 묻고 답하는 말을 할 수 있다. Ex) How are you? / I'm good.	
	때에 맞는 인사말을 할 수 있다. Ex) Good morning.	
6. Can You Swim?	할 수 있는 것을 묻고 답하는 말을 할 수 있다. Ex) Can you swim? / Yes, I can. · No, I can't.	
	할 수 있는 것과 할 수 없는 것을 나타내는 말을 할 수 있다. Ex) I can swim. / I can't swim.	
7. How Many Lions?	동물의 수를 묻고 답하는 말을 할 수 있다. Ex) How many lions? / Four lions.	
	상대방의 주의를 끄는 말을 할 수 있다. Ex) Look!	
8. What Color Is It?	색깔을 묻고 답하는 말을 할 수 있다. Ex) What color is it? / It's red.	
	감사하고 이에 답하는 말을 할 수 있다. Ex) Thank you. / You're welcome.	
9. Let's Jump	제안하고 이에 답하는 말을 할 수 있다. Ex) Let's run. / Okay. · Sorry, I can't.	
	기원하는 말을 할 수 있다. Ex) Have a good time!	
10. Do You Have Any Crayons?	물건을 가지고 있는지 묻고 답하는 말을 할 수 있다. Ex) Do you have any crayons? / Yes, I do. · No, I don't.	
	물건을 건네면서 하는 표현을 말할 수 있다. Ex) Here you are.	

11. How Old Are You?	나이를 묻고 답하는 말을 할 수 있다. Ex) How old are you? / I'm ten years old.	
	생일을 축하하는 말을 할 수 있다. Ex) Happy Birthday!	
12. Don't Run, Please	금지하고 이에 답하는 말을 할 수 있다. Ex) Don't push, please. / Okay. Sorry.	
	경고하는 말을 할 수 있다. Ex) Watch out!	
13. How's The Weather?	날씨를 묻고 답하는 말을 할 수 있다. Ex) How's the weather? / It's sunny.	
	헤어질 때 하는 인사말을 할 수 있다. Ex) See you.	

수학 체크 리스트

수학과 체크 리스트에서는 각 단원의 학습 목표 중 3가지 사항을 엄선하여 제시합니다. 우리 아이들이 이 목표들 중에서 최소 두 가지는 자신 있게 이야기하고 풀 수 있어야 합니다. 예를 들어, 연산 영역의 「덧셈과 뺄셈」 단원에서는 아이가 교과서에 나와 있는 문제를 능숙하게 풀 수 있어야 합니다. 「평면도형」 단원의 '선분, 직선, 반직선을 알고 구별할 수 있니?'라는 체크 리스트의 질문에 그 개념을 구별해 말하거나 적어도 종이에 선분, 직선, 반직선을 구분해서 나타낼 수 있어야 합니다. 참고로 '선분'은 '두 점을 곧게 이은 선'을 말하며, '직선'은 '선분을 양쪽으로 끝없이 늘인 곧은 선', '반직선'은 '한 점에서 시작하여 한쪽으로 끝없이 늘인 곧은 선'을 뜻합니다.

3학년 1학기 수학 체크 리스트 ✓

단원명	질문	O / X
덧셈과 뺄셈	여러 가지 방법으로 세 자리 수의 덧셈과 뺄셈을 할 수 있다.	
	받아올림과 받아내림이 없는 세 자리 수의 덧셈과 뺄셈의 계산 원리를 이해하고 그 계산을 할 수 있다.	
	받아올림이 한 번, 두 번, 세 번 / 받아내림이 한 번, 두 번, 세 번 있는 세 자리 수의 덧셈과 뺄셈의 계산 원리를 이해하고 그 계산을 할 수 있다.	
평면도형	선분, 직선, 반직선을 알고 구별할 수 있다.	
	여러 가지 모양의 삼각형에 대한 분류 활동을 통하여 직각삼각형을 이해할 수 있다.	
	여러 가지 모양의 사각형에 대한 분류 활동을 통하여 직사각형과 정사각형을 이해할 수 있다.	
나눗셈	똑같이 나누는 활동을 통해 나눗셈을 이해하고 나눗셈식으로 나타낼 수 있다.	
	곱셈과 나눗셈의 관계를 알 수 있다.	
	나눗셈의 몫을 곱셈식과 곱셈구구로 구할 수 있다.	
곱셈	(몇십)×(몇)의 계산 원리와 계산 형식을 이해하고 계산할 수 있다.	
	십의 자리와 일의 자리 모두에서 올림이 있는 (두 자리 수)×(한 자리 수)의 계산 원리와 계산 형식을 이해하고 계산할 수 있다.	
	(두 자리 수)×(한 자리 수)의 결과를 어림할 수 있다.	
길이와 시간	1mm 단위를 이해하고 1cm=10mm의 관계를 통해 길이를 단명수와 복명수로 표현할 수 있다.	
	1km 단위를 이해하고 '1km=1000m'의 관계를 통해 길이를 단명수와 복명수로 표현할 수 있다.	
	1분은 60초임을 이해하고 초 단위까지 시각을 읽을 수 있다.	
분수와 소수	전체와 부분의 관계를 분수로 나타낼 수 있다.	
	분모가 같은 진분수의 크기를 비교할 수 있다.	
	소수를 쓰고 읽을 수 있다.	

3학년 2학기 수학 체크 리스트 ✓

단원명	질문	O / X
곱셈	(세 자리 수) × (한 자리 수)의 계산 원리를 이해하고 계산할 수 있다.	
	(몇) × (몇십몇)의 계산 원리와 계산 형식을 이해하고 계산할 수 있다.	
	올림이 한 번 있는 (몇십몇) × (몇십몇)의 계산 원리와 계산 형식을 이해하고 계산할 수 있다.	
나눗셈	내림이 있는 (몇십몇) ÷ (몇)의 몫과 나머지를 구할 수 있다.	
	나머지가 있는 (세 자리 수) ÷ (한 자리 수)의 몫과 나머지를 구할 수 있다.	
	나눗셈 계산이 맞는지 확인할 수 있다.	
원	원의 중심, 지름, 반지름을 알고 찾을 수 있다.	
	원의 지름과 반지름의 관계를 말할 수 있다.	
	원을 이용한 모양을 보고 그리는 방법을 말하고 그릴 수 있다.	
분수	진분수, 가분수, 대분수의 의미를 알고 분류할 수 있다.	
	대분수를 가분수로, 가분수를 대분수로 나타낼 수 있다.	
	분모가 같은 여러 가지 분수의 크기를 비교할 수 있다.	
들이와 무게	L와 mL 단위를 이해하고 '1L = 1000mL'의 관계를 단명수와 복명수로 표현할 수 있다.	
	kg, g, t 단위를 이해하고 '1kg = 1000g', '1t = 1000kg'의 관계를 단명수와 복명수로 표현할 수 있다.	
	들이와 무게의 덧셈과 뺄셈을 할 수 있다.	
자료의 정리	표에 나타난 여러 가지 통계적 사실을 말할 수 있다.	
	자료를 정리하고 표로 나타낼 수 있다.	
	주어진 자료를 분류, 정리하여 그림그래프로 나타낼 수 있다.	

사회 체크 리스트

사회과는 교사용 지도서에 〈지식〉, 〈기능〉, 〈가치 및 태도〉를 구분하여 단원 목표를 제시합니다. 체크 리스트는 이 중 각 단원의 〈지식〉 영역 목표를 중점적으로 만들었습니다. 아이들이 여섯 가지 질문 중 최소한 네 가지 이상 능숙하게 대답할 수 있어야 합니다.

예를 들어, 2단원의 체크 리스트 중 "고장에 전해 내려오는 옛이야기로 알 수 있는 것은 무엇이니?"라는 질문에 아이가 "옛이야기에는 고장의 고유한 특징이 담겨 있습니다", "옛이야기에는 당시의 자연환경이나 조상들의 생활 모습을 알려 주는 단서가 들어 있습니다"라는 답을 말할 수 있어야 합니다. 물론 여기 나와 있는 체크 리스트 질문들은 각 단원의 학습 목표들로 수업 시간에 중점적으로 반복해서 배운 내용들입니다.

3학년 1학기 사회 체크 리스트 ✓

단원명	질문	O / X
1. 우리 고장의 모습	우리 고장의 여러 장소를 이야기할 수 있다.	
	머릿속에 떠오르는 우리 고장의 모습을 그려볼 수 있다.	
	우리 고장의 모습을 그린 그림을 비교해 볼 수 있다.	
	디지털 영상 지도를 이용해 우리 고장을 살펴볼 수 있다.	
	우리 고장의 주요 장소를 백지도에 나타낼 수 있다.	
	우리 고장에서 자랑할 만한 장소를 소개할 수 있다.	

단원명	질문	
2. 우리가 알아보는 고장 이야기	고장에 전해 내려오는 옛이야기로 알 수 있는 것이 무엇인지 말할 수 있다.	
	오늘날 고장의 옛이야기가 중요한 까닭을 말할 수 있다.	
	우리 고장의 옛이야기를 다양한 방법으로 소개할 수 있다.	
	우리 고장의 문화유산이 소중한 까닭을 말할 수 있다.	
	우리 고장의 문화유산을 조사하는 방법을 말할 수 있다.	
	우리 고장의 문화유산을 소개할 수 있다.	
3. 교통과 통신 수단의 변화	옛날과 오늘날 사람들이 교통수단을 이용했던 모습을 말할 수 있다.	
	고장의 환경에 따라 사람들이 교통수단을 이용하는 모습을 말할 수 있다.	
	교통수단의 발달로 달라질 미래의 생활 모습을 예상할 수 있다.	
	옛날과 오늘날 사람들이 통신 수단을 이용했던 모습을 말할 수 있다.	
	장소나 하는 일에 따라 달라지는 통신 수단의 이용 모습을 말할 수 있다.	
	통신 수단의 발달로 달라질 미래의 생활 모습을 말할 수 있다.	

3학년 2학기 사회 체크 리스트 ✓

단원명	질문	O / X
1. 환경에 따라 다른 삶의 모습	고장의 자연환경과 인문환경이 무엇인지 말할 수 있다.	
	고장 사람들이 하는 일을 비교하여 말할 수 있다.	
	땅의 생김새와 계절에 따른 고장 사람들의 생활 모습을 말할 수 있다.	
	의식주가 무엇인지 말할 수 있다.	
	우리 고장과 다른 고장 사람들의 의식주 생활 모습을 비교해 설명할 수 있다.	
	자연환경과 사람들의 의식주 생활 모습의 관련성을 이해할 수 있다.	

2. 시대마다 다른 삶의 모습	자연에서 얻은 도구와 새로운 도구를 만들어 사용하던 옛날의 생활 모습을 설명할 수 있다.	
	농사 도구의 변화로 달라진 사람들의 생활 모습을 말할 수 있다.	
	음식과 옷을 만드는 도구의 변화로 달라진 사람들의 생활 모습을 말할 수 있다.	
	집의 변화로 달라진 사람들의 생활 모습을 설명할 수 있다.	
	세시풍속의 의미와 옛날의 세시풍속을 설명할 수 있다.	
	옛날과 오늘날의 세시 풍속을 비교할 수 있다.	
3. 가족의 형태와 역할 변화	옛날과 오늘날의 결혼 풍습, 옛날과 오늘날의 가족 형태를 비교하여 설명할 수 있다.	
	가족 구성원의 역할이 변화한 까닭을 말할 수 있다.	
	가족 구성원의 바람직한 역할을 말할 수 있다.	
	오늘날의 다양한 가족 형태를 설명할 수 있다.	
	다양한 가족의 생활 모습을 설명할 수 있다.	
	가족의 의미를 정리해 말할 수 있다.	

과학 체크 리스트

과학과는 각 학기마다 다섯 개 대단원으로 구성되어 있습니다. 과학과 각 단원의 〈지식〉, 〈탐구〉, 〈태도〉 목표 중 〈지식〉과 〈탐구〉 영역의 목표를 주로 참고하여 체크 리스트를 3개씩 만들었습니다. 우리 아이들은 이 중 두 가지 이상 능숙하게 대답할 수 있어야 합니다. 예를 들어, 3단원 「동물의 한살이」 체크 리스트 중 "배추흰나비의 한살이를 설명할 수 있니?"라는 물음에 아이는 "알, 애벌레, 번데기, 어른벌레"의 단계를 정확하게 이야기할 수 있어야 합니다.

3학년 1학기 과학 체크 리스트 ✓

단원명	질문	O / X
1. 과학자는 어떻게 탐구할까요?	과학적인 관찰 · 측정 방법을 설명할 수 있다.	
	과학적인 예상 · 분류 방법을 설명할 수 있다.	
	과학적인 추리 · 의사소통 방법을 설명할 수 있다.	
2. 물질의 성질	물체가 어떤 물질로 만들어졌는지 설명할 수 있다.	
	물질의 성질과 물체의 기능을 관련지어 설명할 수 있다.	
	서로 다른 물질을 섞었을 때 나타나는 변화를 설명할 수 있다.	
3. 동물의 한살이	배추흰나비의 한살이를 설명할 수 있다.	
	곤충의 한살이에는 완전 탈바꿈과 불완전 탈바꿈이 있음을 설명할 수 있다.	
	여러 가지 동물의 한살이를 알고 동물에 따라 한살이의 유형이 다양함을 설명할 수 있다.	
4. 자석의 이용	자석과 철로 된 물체 사이에는 끌어당기는 힘이 작용함을 설명할 수 있다.	
	자석의 N극과 S극이 가리키는 방향을 설명할 수 있다.	
	자석의 같은 극과 다른 극 사이에 작용하는 힘을 설명할 수 있다.	
5. 지구의 모습	육지의 물과 바닷물의 특성을 비교하여 설명할 수 있다.	
	지구를 둘러싼 공기의 역할을 설명할 수 있다.	
	지구와 달의 공통점과 차이점을 설명할 수 있다.	

3학년 2학기 과학 체크리스트 ✔️

단원명	질문	O / X
1. 재미있는 나의 탐구	탐구 문제를 정하고 탐구 계획을 세울 수 있다.	
	탐구를 실행하고 결과를 발표할 수 있다.	
	새로운 탐구 문제를 정할 수 있다.	
2. 동물의 생활	주변에서 다양한 동물이 살아가고 있음을 설명할 수 있다.	
	생활환경에 따른 동물의 특징을 설명할 수 있다.	
	동물의 특징을 실생활에서 활용한 사례를 설명할 수 있다.	
3. 지표의 변화	흙이 만들어지는 과정을 설명할 수 있다.	
	흐르는 물의 작용에 따른 지표의 변화를 설명할 수 있다.	
	바닷가 지형의 특징을 바닷물의 작용과 관련지어 설명할 수 있다.	
4. 물질의 상태	고체와 액체의 성질을 용기에 따른 모양과 부피 변화를 관찰하여 설명할 수 있다.	
	기체가 다른 곳으로 이동하는 성질을 설명할 수 있다.	
	기체가 공간을 차지하며, 무게가 있음을 말할 수 있다.	
5. 소리의 성질	소리가 나는 물체는 떨림이 있음을 말할 수 있다.	
	소리의 크고 작은 정도를 소리의 세기, 소리의 높고 낮은 정도를 소리의 높낮이라고 말할 수 있다.	
	소리가 나아가다가 물체에 부딪쳐 되돌아오는 성질을 소리의 반사라고 말할 수 있다.	

04

격차를 보이는
아이들의 특징

초격차 아이들

학교에는 다양한 아이들이 존재합니다. 이들 중 소위 공부를 압도적으로 잘하는 초격차 아이들의 비율은 약 10퍼센트 정도입니다. 그러니까 한 반에 학생이 25명이면 그중 초격차 아이들은 2~3명 정도입니다.

이 초격차 아이들의 특징은 다 잘한다는 것입니다. 일단 교과목 학업 성취가 우수합니다. 국어, 영어, 수학, 과학, 사회 등 교과 성적이 뛰어나며, 예체능도 잘하는 경우가 많습니다. 예전에는 운동은 못해도 공부는 잘하거나 책을 많이 보는 아이들이 다수였다면, 요즘에는 공부를 잘하는 초격차 아이들이 운동도 잘하고 예체능에도 능합니다.

제가 맡았던 아이들을 봐도 공부 잘하는 아이가 운동도 예체능도 잘하는 경우가 많고, 아이들에게도 인기가 많았습니다. 이렇게 다재

다능한 아이들은 매사에 자신감이 넘치고 리더십도 뛰어난 편입니다. 항상 또래 관계를 주도하며, 주변에 친구들이 많습니다.

격차 끝에 있는 아이들

초격차 아이들의 비율은 약 10퍼센트 정도라고 했는데, 학업 성취가 부족한, 소위 격차 끝에 있는 아이들의 비율은 어느 정도일까요? 그 비율은 지역마다, 학교마다, 학급마다 차이가 있습니다. 하지만 제가 봤을 때 약 20퍼센트 정도의 아이들은 격차 끝에 존재합니다. 한 반에서 10퍼센트 정도는 학업 성취가 압도적으로 높은 초격차 아이들, 20퍼센트는 상위권 아이들, 50퍼센트는 보통이면서 약간 부족한 아이들, 20퍼센트가 바로 격차 끝에 있으며 학업 성취가 부족한 아이들입니다. 한 반에 학생이 25명이라면 그중 격차 끝에 있는 아이들은 5명 정도입니다.

이렇게 격차 끝에 있는 아이들은 수업 시간과 쉬는 시간의 모습이 정말 다릅니다. 수업 시간에는 무기력한데다 배우는 내용을 잘 몰라서 그런지 흥미도 없고 의욕도 없습니다. 이 아이들은 수업 시간에 교과서나 공책에 낙서를 하거나 그림을 그리고, 다른 친구들이 수업에 참여하는 모습을 관찰합니다. 아직 초등학생이어서 엎드려 잠을 자는 경우는 없지만, 수업에 집중하지도 않고 참여하지도 않습니다. 간혹 교과서 밑에 학습만화를 놓고 읽는 경우도 있습니다.

이 아이들은 주의가 산만한 경우가 많습니다. 집중력도 부족하고 늘 분주하며 주변 정리정돈도 안 되어 있는 경우가 많죠. 반면, 쉬는 시간에는 활동적입니다. 수업 시간 동안 참고 억눌렀던 본능을 깨우는 시간인 거죠. 교사 입장에서는 조금만 더 집중하고 노력하면 충분히 잘할 수 있는 아이인데 딴짓하는 모습을 보고 있으면 답답한 마음이 듭니다.

우리 아이 스마트폰 중독의
문제점과 5가지 해결 방법

요즘에는 어른이든 아이든 스마트폰을 참 많이 이용합니다. 특히 초등학교 3학년 때 아이에게 스마트폰을 사 주시는 부모님들이 많고요. 여성가족부가 2019년 초등(4학년)·중등(1학년)·고등(1학년) 청소년 128만 6567명을 설문조사한 결과, 이 중 20만 6102명(16.0퍼센트)이 인터넷·스마트폰 과의존 위험군에 있는 것으로 파악되었습니다. 20만 명을 넘어선 것은 2019년이 처음입니다. 일상생활이 힘들 정도로 의존이 심해 전문가의 도움이 필요한 학생도 3만 명 가까이 됩니다. 아마 실제로는 이 조사보다 훨씬 많을 것입니다. 스마트폰 중독은 인터넷 과몰입 증상을 보이며 스마트폰으로 유튜브, 게임 등을 하루에 4시간 이상 지속적으로 이어가는 특징을 보입니다. 스마트폰 중독의 폐해, 그 문제점은 뭘까요?

바로 좌우 뇌의 불균형입니다. 사람의 두뇌는 좌반구와 우반구로 나뉘어져 있습니다. 좌뇌는 언어, 글자, 수 등을 관리하고 우뇌는 공간, 그림, 창의성 등을 담당합니다. 아이가 스마트폰의 일방적인 자극에 지속적으로 노출될 경우, 우뇌의 발달이 뒤처지는 '우뇌증후군'이 생길 수 있습니다. 또한 좌뇌만 과도하게 발달되면 ADHD 같은 질환으로 이어질 수도 있습니다.

학습이 이루어지려면 입력, 정리, 출력의 3단계를 거쳐야 하는데, 이를 관장하는 부위가 두뇌의 전두엽입니다. 아이가 스마트폰에서 강한 자극을 지속적으로 접하게 되면, 전두엽이 발달하지 못해 심각한 장애가 나타날 수 있습니다. 실제로 스마트 기기에 빠진 아이들의 뇌파를 측정해 보면 정상적인 아이와 다른 양상을 보인다고 합니다.

혹시 '팝콘 브레인'이라는 말을 들어보셨나요? 2011년 미국의 학술지 〈플로스 원(PLOS ONE)〉에서 아이들이 스마트 기기에 지나치게 중독되면 뇌구조가 현실에 무감각해지는 팝콘 브레인으로 바뀐다는 연구 결과를 발표했습니다. 팝콘 브레인은 화려한 스마트폰 영상에 계속 노출되면 빠르고 자극적인 정보에 익숙해져서, 현실에서의 약하고 느린 자극에는 반응을 보이지 않는 현상을 말합니다. 스마트 기기에 익숙해진 요즘 아이들이 종이책을 멀리 하고 책을 읽지 않는 것도 이런 이유 때문입니다.

스마트폰 중독인 아이들 대부분이 혼자서 오래 스마트폰을 하기 때문에 사회성이 부족할 수 있습니다. 이런 아이들은 학교에서도 다른 친구들과 어울려 놀거나 친구 사귀는 법을 모르는 경우가 의외로 많습니다. 남의 의견을 끈기 있게 경청하지 못하고, 자기 주장만 하는 경우가 많습니다. 참지 못하고, 기다려 주지 못하는 것입니다. 거기에 잘못된 자세로 스마트폰을 보는 경우가 많아서 체형이 비뚤어지고, 시력 저하와 안구건조증 등이 생길 수도 있습니다. 이런 스마트폰 중독에서 벗어날 수 있는 5가지 해결책을 알려 드립니다!

첫째, 처음부터 스마트폰을 주지 마세요

불가피한 경우가 아니면 사실 스마트폰이 그렇게 필요하지 않습니다. 아이들이 카카오톡에서 단톡방을 만들어 대화하고 거기 참여하지 못하면 왕따가 된다고 하는데 의미 없습니다. 그러니 스마트폰을 사 주지 말고, 중고등학생이 되어 사 주더라도 2G폰을 사 주세요.

둘째, 부모님이 솔선수범하세요

부모님은 손에서 스마트폰을 놓지 않으면서 아이에게 사용하지 말라고 할 수는 없는 법입니다. 부모님이 먼저 솔선수범해서 스마트폰을 멀리 하고 책을 읽는 모습을 보이면 아이도 자연스럽게 그 영향을 받을 것입니다. 책을 읽는 부모의 모습이 가장 아름답고 이상적인 모습이라고 생각합니다.

셋째, 사용 시간을 제한하세요

아이가 스마트폰을 사용 중이라면, 협의하여 스마트폰 사용 시간을 정하세요. 지금 사용하는 시간의 평균을 내서 그 시간보다 점진적으로 조금씩 줄여 가는 것이죠. 아이가 약속을 잘 지킬 때는 보상도 필요합니다. 특히 잠자리 사용을 제한하고, 스마트폰 보관함을 만들어서 잘 때는 가족의 스마트폰을 보관함에 보관하는 것도 좋은 방법입니다.

넷째, 스마트폰 관리 앱을 사용하세요

구글 플레이 스토어의 자녀 보호 기능과, 아이폰의 스크린 타임, 통신 3사의 자녀 휴대폰 관리 앱이 있으니 그런 것을 활용하는 것도 좋습니다. 일방적으로 스마트폰 사용만 통제하는 것보다, 공부 시간 측정도 할 수 있는 유익한 앱이 많으니 그런 앱을 병행해서 사용하면 괜찮습니다.

다섯째, 아이와 함께 운동을 해 보세요

사실 너무 뻔한 해결법이어서 넣을지 고민했습니다. 왜냐하면 뻔하고 일반적인 답이지만 이렇게 할 경우 정말 효과가 좋기 때문입니다. 예를 들어, 아이와 함께 자전거 타기, 주말마다 등산하기, 배드민턴이나 탁구 등 운동을 함께 할 수 있겠죠. 이렇게 몸으로 하는 운동을 아이와 함께하면서 아이에게 스마트폰 사용만큼 재미있는 다른 취미를 갖게 하는 것이 좋습니다.

스마트폰 중독은 비단 우리나라만의 문제는 아닙니다. 프랑스는 초등학교와 중학교에서 스마트폰 사용을 법적으로 금지하고 있고, 대만은 18세 이하 청소년이 스마트폰에 중독될 경우 보호자에게 벌금을 부과한다고 합니다. 아이들이 스마트폰보다 책을 더 가까이 할 수 있도록 부모님들이 각별한 관심과 노력을 기울여야 하며, 아이의 스마트폰을 어떻게 관리하고 통제하느냐에 따라 학업 성적이 좌우된다는 것을 꼭 명심하시면 좋겠습니다.

05

초등 3학년 교실의 현실

국어 시간: 생각해서 쓰는 것을 어려워한다

아이들은 국어 시간을 참 싫어합니다. 부모님들은 국어 시간에 재미있는 동화와 시를 배우면서 우리말을 익히는 것이니 좋아할 것이라고 생각하지만 현실은 그렇지 않습니다. 국어를 싫어하는 가장 큰 이유는 교과서가 아이들의 활동 중심으로 구성되어 있어서 그렇습니다. 국어 교사용 지도서에 보면, 국어 교과서의 개발 방향으로 9가지 상을 제시하고 있습니다.

① 교과 역량을 함양할 수 있는 교과서
② 자기 주도 학습 능력을 증진하는 교과서
③ 독서 교육을 강조하는 교과서
④ 창의성과 인성을 함양하는 교과서
⑤ 통합적 언어 활동을 강조한 교과서

ⓒ 실제 언어 생활을 반영한 교과서

ⓓ 텍스트의 생산과 수용을 강조한 교과서

ⓔ 과정 중심 언어 학습을 강조한 교과서

ⓕ 학습량을 적정화한 교과서

아이들이 국어 시간을 싫어하는 이유는 앞의 9가지 개발 방향 중 두 번째 '자기 주도 학습 능력을 증진하는 교과서'에 해당합니다. 이 방향에 대해 교사용 지도서에는 세부 내용으로 이렇게 설명합니다. "일련의 단원 교수 학습 과정에서 학습자의 자기 주도성을 증진할 수 있는 지식, 개념, 방법을 제공합니다. 단원 준비 학습에서 자신의 배경지식이나 경험을 점검하고 스스로 학습 계획을 세울 수 있도록 합니다." 즉, 교과서가 학습자가 주도적으로 참여해서 활동하며, 그 내용을 기록하고, 친구들과 이야기해 보는 식으로 구성되어 있어서 아이들이 어려워하고 싫어합니다.

예를 들어, 국어 3학년 1학기 1단원「재미가 톡톡톡」단원의 5차시와 6차시는 '이야기에 나타난 감각적 표현 알기'라고 해서 '바삭바삭 갈매기'라는 제시 글을 읽고 아이들이 활동하는 내용으로 구성되어 있습니다.

그 활동들 모두 아이들이 직접 해야 하는 것들입니다. 활동 2에서는 제시문 '바삭바삭 갈매기'를 읽고, 그 내용을 잘 파악했는지 묻는 질문에 답해야 합니다. 활동 3에서는 제시문에서 '감각적 표현'을 찾아 써야 합니다. 활동 4에서는 상상해서 직접 글을 써야 합니다. 아이

2. 「바삭바삭 갈매기」를 읽고 물음에 답해 봅시다.

(1) 갈매기들이 큰 배를 따라간 까닭은 무엇인가요?

(2) '나'는 '바삭바삭'을 물어뜯으려다가 어떤 장면을 보았나요?

(3) 고양이를 만난 '내'가 하늘을 잘 날 수 없었던 까닭은 무엇인가요?

3. 「바삭바삭 갈매기」에 나타난 감각적 표현을 찾아봅시다.

- 툭툭! 바스락!
- 쿵쾅쿵쾅 심장이 뛰더니 점점 작아져서 콩알만 하게 되는 것 같았어.
- _____
- _____
- _____

4. 만일 '내'가 계속 '바삭바삭'을 찾아다녔다면 어떻게 되었을지 상상해 봅시다.

5. 「바삭바삭 갈매기」를 읽고 떠오른 생각이나 느낌을 친구들과 이야기해 봅시다.

주인공 갈매기가 과자를 먹고 감탄하는 장면이 재미있었어.

내가 무심코 준 과자 때문에 동물들이 힘들 수 있다는 것을 알았어.

6. 「바삭바삭 갈매기」에 나오는 인물 가운데에서 하나를 골라 ○표를 하고, 그 인물에게 하고 싶은 말을 편지로 써 봅시다.

나오는 인물	주인공 갈매기('나') 배에 탄 아이들	배 주변을 나는 갈매기들 마을에 있는 새들

_____ 에게

_____
_____
_____
_____

들은 본인이 상상하고 생각해서 쓰는 것을 어려워하고 싫어합니다. 활동 5에서는 제시문을 읽고 떠오른 생각이나 느낌을 친구들과 이야기해 보는 것입니다. 아이들은 아마 "떠오르는 생각이 없어요", "아무 느낌 없어요"라고 반응할 것입니다. 마지막 활동 6은 제시글에 나오는 인물 중 하나를 골라 그 인물에게 하고 싶은 말을 편지로 써 보는 활동입니다. 이 활동에서도 역시 아이들 대부분이 주어진 시간 동안 아무 것도 쓰지 못하고 있을 것입니다.

꼭 이 내용뿐만 아니라 국어 교과의 다른 단원 활동도 다 이런 방식입니다. 교과서 활동 자체가 상당히 짜임새 있고 아이들의 자기 주도 학습 능력을 키워 주도록 구성되어 있지만, 정작 학교 현장에서 아이들은 활동에 소극적이고 무기력한 모습을 보이는 경우가 대부분입니다. 결국 아이들은 수업 시간에 교과서에 낙서를 하거나 전혀 엉뚱한 내용을 쓰며 딴청을 피웁니다. 물론 활동 내용을 잘 이해하며 자기주도적으로 수업에 참여하는 아이들도 있지만, 그런 아이들은 극소수입니다. 대부분의 아이들은 국어 수업 시간을 어려워하고 지루해하며, 참여에도 소극적인 것이 현실입니다.

영어 시간: 실력 차이가 확연히 드러난다

영어는 아이들의 실력 편차가 가장 큰 과목입니다. 영어 유치원을 나오고 방학 때마다 외국에 나가서 1~2달씩 어학연수를 다녀와 교사보다 발음이 좋고 원어민과 자유롭게 대화하는 아이도 있습니다. 반면, 쉬운 단어조차 제대로 읽지 못하는 아이들도 많습니다. 아무래도 사교육의 영향을 크게 받는 과목이어서 아이들이 초등학교 때부터 영어를 어려워하고 포기하는 경우도 종종 있죠.

초등학교 3학년 때부터 일주일에 2시간씩 영어를 배웁니다. 대부분의 초등학교에는 원어민 영어 보조교사가 배치되어 있습니다. 서울 지역의 경우, 전체 공립초등학교 561개교에 모두 원어민 영어 보조 교사가 배치되었습니다. 영어 공교육 활성화 방안으로 학생 간, 지역 간 영어 교육 격차를 해소하고, 학생들의 글로벌 역량을 강화한다는 취지에서 취해진 조치입니다. 이들 원어민 영어 보조교사는 영어 수업과 방과후 학교, 방학 중 영어 캠프 등에 참여합니다. 실제 영어 수업 시간에는 담임교사 혹은 영어 전담교사와 원어민 영어 보조교사가 협력 수업을 진행하는 경우가 많습니다. 초등 영어 수업은 게임이나 노래, 챈트, 역할 놀이 등의 활동 중심으로 구성되어 있어서 영어를 잘 못하는 아이들도 그런 활동에는 적극적으로 참여하는 편입니다. 하지만 낱말을 듣고 따라 읽는 Listen and Read, 배운 낱말을 써 보는 Read and Write 등의 활동에는 참여가 부진하고, 대충 얼버무리거나 따라 하지 못합니다. 영어 실력이 부족한 아이들은 잘하는 친구들을 부러워하며 선망의 눈으로 바라봅니다. 실력이 뛰어난 아이들에게 3학년 수준의 영어는 너무 쉽고 우스워서인지 친구들에게 선심 쓰듯 답을 알려 주며 잘난 척하는 경우도 많습니다.

수학 시간: 집중력 부족이 학습 부진으로 이어진다

사실 수학은 초등학교에서 영어를 제외하고 아이들의 수준 편차가 가장 큰 과목입니다. 내용이 어렵거나 아이들이 이해하지 못할 부분들이 별로 없는데 단원평가를 보면 극명하게 격차가 드러납니다. 40분 시험 시간 중 5분 만에 다 풀고 쉬는 아이가 있는가 하면, 아예 손도 못 대는 아이들도 있습니다. 수학은 계열성이 철저한 과목이라서 2학년 때 배운 곱셈구구(구구단)를 잘 모르면 3학년 때 배우는 곱셈을 잘할 수 없습니다. 곱셈을 모르니 나눗셈도 어려워하지요. 3학년 때 공부한 내용을 이해하지 못하고 4학년이 되면 더 심화된 내용을 따라갈 수 없는 것은 명약관화한 일입니다.

3학년 수학에서는 아이들이 가장 어려워하는 '나눗셈'이 나옵니다. 분수와 소수도 처음 배웁니다. 이때 집중해서 수업을 잘 듣고, 이해가 안 가거나 모르는 내용이 있으면 선생님께 물어봐서 알고 넘어가야 하는데 그렇지 않은 아이들이 많습니다. 그런 상태가 누적되다 보면 아이들은 수학 시간에 집중하지 못하고 딴짓을 합니다. 교사의 설명을

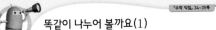

똑같이 나누어 볼까요(1)

수학 익힘: 34~35쪽

■ 과자 8개를 2명이 똑같이 나누어 먹으려고 합니다. 한 명이 과자를 몇 개씩 먹을 수 있는지 생각해 봅시다.

- 한 명이 몇 개씩 먹을 수 있을까요?
- 왜 그렇게 생각하는지 말해 보세요.

■ 바둑돌 8개를 접시 2개에 똑같이 나누어 놓아 봅시다.

- 한 접시에 몇 개씩 놓을 수 있을까요?
- 어떻게 구했는지 말해 보세요.

> 8을 2로 나누면 4가 됩니다.
>
> $$8 \div 2 = 4$$
>
> $8 \div 2 = 4$와 같은 식을 나눗셈식이라 하고 8 나누기 2는 4와 같습니다라고 읽습니다. 이때 4는 8을 2로 나눈 몫, 8은 나누어지는 수, 2는 나누는 수 라고 합니다.

수학 3-1 52

■ 바둑돌 12개를 3명이 똑같이 나누면 한 명이 몇 개씩 가질 수 있는지 알아봅시다.

- 바둑돌 12개를 접시 3개에 똑같이 나누어 놓아 보세요.

- 한 명이 몇 개씩 가질 수 있을까요? 어떻게 구했는지 말해 보세요.

- 한 명이 몇 개씩 가질 수 있는지 나눗셈식으로 나타내어 보세요.

$$\boxed{} \div \boxed{} = \boxed{}$$

■ 나눗셈식으로 구해 봅시다.

- 사과 15개를 5명이 똑같이 나누면 한 명이 몇 개씩 먹을 수 있을까요?

  식 _____ 한 명이 ☐ 개씩 먹을 수 있습니다.

- 강낭콩 21개를 화분 3개에 똑같이 나누면 화분 한 개에 몇 개씩 심을 수 있을까요?

  식 _____ 화분 한 개에 ☐ 개씩 심을 수 있습니다.

3. 나눗셈 **53**

듣지 않고 낙서를 하며 문제를 풀지 않습니다.

앞에서 예시로 든 교과서 페이지는 아이들이 가장 어려워하고 싫어하는 3학년 1학기 나눗셈의 2차시 내용입니다. 구체물 조작 활동을 통하여 수를 똑같이 나누어 한 부분의 크기를 알아보는 방식으로 나눗셈의 개념을 설명하고 있습니다. 실제 과자와 바둑돌을 학교에 가지고 와서 활동하는 경우도 많습니다. 아이들은 그 개념을 이해하기보다는 활동 자체를 즐거워할 뿐입니다. 교과서 두 장을 한 차시, 즉 40분 안에 배워서 분량이 그렇게 많지 않습니다. 공부를 잘하는 아이들에게는 너무 쉽고 시시한 내용인데, 그렇지 않은 다수의 아이들은 수업에 잘 참여하지 않으며 내용을 어려워합니다.

사회 시간: 재미없고 과제가 많아서 싫어한다

아이들 대부분이 사회 시간을 싫어합니다. 가장 큰 이유는 사회 교과서가 재미없기 때문입니다. '공공기관, 촌락, 도시' 등의 개념을 조사해 오거나 모둠별로 토의하는 방식이어서 내용 자체가 어렵고 지루하게 구성되어 있습니다. 활동들도 흥미롭지 않고 재미가 없고요. 이 점은 교과서를 집필하는 분들과 현장 교사들이 보다 재미있는 수업을 위해 노력해야 할 부분입니다.

초등학교 사회는 나선형 교육과정의 원리와 환경확대법에 따라 구성되어 있습니다. 3학년에서는 내가 살고 있는 '우리 고장'에 대한 내용을 주로 배웁니다. 4학년 때는 환경을 조금 확대해서 '지역'을, 5학년 때는 '한국사'를, 6학년 때는 '우리나라'를 배우게 됩니다. 예를 들어, 사회 3학년 1학기 2단원 「우리가 알아보는 고장 이야기」는 총 15차시로 구성되어 있습니다. 교사용 지도서에 나온 단원의 지도 계획은 다음과 같습니다.

단원명	2단원 「우리가 알아보는 고장 이야기」	
주제	차시	차시별 학습 활동
단원 도입	1	단원 학습 내용 예상하기
(1) 우리 고장의 옛이야기	2	오늘날 고장의 옛이야기가 중요한 까닭 알아보기
	3~4	옛이야기에 담겨 있는 고장의 모습 알아보기
	5	우리 고장의 옛이야기 조사하기
	6~7	우리 고장의 옛이야기를 다양한 방법으로 소개하기
(2) 우리 고장의 문화유산	8~9	우리 고장의 문화유산이 소중한 까닭 알아보기
	10	우리 고장의 문화유산을 조사하는 방법 알아보기
	11	우리 고장의 문화유산을 조사하는 계획 세우기
	12~13	우리 고장의 문화유산 소개해 보기
단원 정리	14~15	단원 학습 내용 정리 및 사고력 학습

차시별 학습 활동을 보면, "예상하기, 조사하기, 소개하기, 계획 세우기" 등의 내용들이 대부분입니다. 학생들이 주도적으로 활동을 해야 하는데, 아이들은 자신이 직접 생각해서 실행하는 것을 어려워하고, 대부분 무기력한 모습을 보입니다.

사회 교사용 지도서에서는 초등 사회 교과서의 개발 방향으로

6가지 상을 제시합니다.

① 지식 정보 사회가 요구하는 핵심 역량을 기를 수 있는 사회 교과서
② 바른 인성을 갖춘 창의 융합형 인재 양성에 적합한 사회 교과서
③ 현장 적합성이 높은 사회 교과서(학생, 학부모, 교사의 요구 충족)
④ 학습자의 자기 주도적 학습이 가능한 사회 교과서
⑤ 학습자의 흥미와 능력을 고려해 수준별 학습이 가능한 사회 교과서
⑥ 정보화, 디지털 사회에 적합한 사회 교과서

앞서 설명한 학습 활동은 위의 사회 교과서상 중 네 번째 "학습자의 자기 주도적 학습이 가능한 사회 교과서"에 해당합니다. 교사용 지도서에는 세부 내용으로 이렇게 설명합니다.

자기 주도적 학습은 구성주의 교육관에 입각해 교사와 학생이 함께 만들어 가는 학습을 의미한다. 따라서 수업은 단순히 지식을 전달하고 암기만 하는 것이 아니라 교사와 학생이 함께 학습 과제를 찾고 문제를 해결하며, 학생의 지식을 쌓아가는 데 초점을 맞추어야 한다. 이러한 열린 학습을 뒷받침하려면 교과서는 문제 해결형, 활동 중심으로 구성해야 한다.

교과서는 교사와 학생, 학부모 모두에게 가장 중요한 교수 학습 자료이다. 따라서 교과서는 교사가 학생들을 가르칠 기본 교육 내용을 알 수 있고, 학생은 교육 내용과 방법을 알고 스스로 계획을 세워 학습할 수 있고, 학부모는 자녀가 무엇을 배웠는지 알 수 있도록 구성되어야 한다.

즉, 학습자가 주도적으로 참여하는 문제 해결형과 활동 중심으로 교과서를 구성했으며, 그 과정에서 학생들이 지식을 쌓아갈 수 있다는 것입니다. 하지만 아이들은 본인들에게 시키기만 하는데다 재미없는 내용과 많은 과제 때문에 사회를 싫어하고 어려워하는 실정입니다.

과학 시간: 적극 참여하지만 결과를 요약하지 못한다

초등학교 과학은 중고등학교 과학과 달리 활동 위주로 쉽게 구성되어 있습니다. 과학 교사용 지도서에서는 과학 교과서의 구성 방향에 대해 4가지 상을 제시하고 있습니다.

① 자연 현상에 대한 호기심과 흥미를 가지고 문제를 해결할 수 있도록 학생 수준에서 친숙하고 재미있는 소재를 선택하고, 다양한 탐구 활동 및 융합인재교육(STEAM) 활동을 통해 실생활 문제를 과학적으로 탐구하는 능력을 기를 수 있도록 구성했다.

② 탐구 활동을 통해 과학의 핵심 개념을 이해하고 과학과 교과 역량을 함양할 수 있도록 구성했다. 다섯 가지 과학과 교과 역량 중에서 과학적 사고력은 초등학교 수준에 맞게 '과학의 지식과 방법, 과학적인 증거와 이론을 바탕으로 추리하고 논리적으로 추론하는 능력, 창의적인 아이디어를 산출하는 능력'으로 보고 이를 교과서에 적용하여 개발했다.

③ 교육과정 성취 기준의 내용 및 기능을 충실히 구현하고 학습 내용을 짜임새 있게 조직하여 학습량의 적정화를 추구했다.

④ 학생들이 과학의 유용성과 즐거움을 알 수 있도록 동기 유발을 위한 도입 차시, 융합인재교육(STEAM) 차시, 과학과 관련된 진로 직업 최신 자료 등을 다양하게 포함했다.

* STEAM은 과학(Science), 기술(Technology), 공학(Engineering), 인문·예술(Arts), 수학(Mathematics)의 머리글자를 합하여 만든 용어로, 과학기술 분야인 STEM에 인문학적 소양과 예술적 감성 등을 고려하여 인문·예술(Arts)을 추가하여 만들어졌다.

매 단원 도입 부분에 〈재미있는 과학〉이라고 해서 단원의 전체 내용과 관련된 '재미있는 활동'을 소개하는 내용이 나옵니다. 단원에 대한 흥미와 관심을 불러일으키기 위한 내용으로, 실생활과 관련된 과학 이야기나 실생활 예시에 대한 소개와 간단한 조작 활동으로 구성됩니다. 단원 후반에는 〈과학과 생활〉, 〈과학 이야기〉 내용이 있습니다.

〈과학과 생활〉에서는 실생활 문제를 과학적으로 탐구하는 융합인재교육(STEAM) 활동으로 구성되어 함께 생각하며 해결하는 내용들이 있습니다. 예를 들어, 3학년 1학기 과학 2단원 「물질의 성질」 단원에서 〈과학과 생활〉 차시에 '물질의 성질을 이용해 연필꽂이 설계하기'가 나옵니다. 즉, 여러 가지 물질을 선택해 물질의 성질을 이용한 창의적인 연필꽂이를 설계해 보는 것입니다. 아직 3학년이기 때문에 실제 연필꽂이를 만드는 것은 고학년 실과 시간에 가능합니다. 하지만 3학년 아이들 수준에서도 설계를 충분히 할 수 있고, 설계만 하는 것이어서 아이들은 과학 시간에 배운 물질의 성질을 활용해 창의적이고 기발한 연필꽂이를 구상하게 됩니다.

〈과학 이야기〉는 단원의 핵심 개념과 관련된 진로 활동과 첨단 과학 내용으로 구성되어 있습니다. 단원 마무리 단계 학습 전에 함께 읽어 보며 〈과학 탐구〉에서 학습한 개념이 실생활 및 직업과 어떻게 연결되는지 확인할 수 있도록 했습니다. 3학년 1학기 2단원 「물질의 성질」의 〈과학 이야기〉는 "야구용품 속에 숨겨진 과학"입니다. 아이들에게 친숙한 야구를 활용해 생활에서 사용하는 모든 물체는 물질의 성질을 이용해 만들어졌음을 소개하는 것입니다.

그 외에 과학 수업의 대부분을 차지하는 〈과학 탐구〉는 거의 실험이나 관찰입니다. 그래서 과학은 아이들이 가장 기다리고 흥미 있어 하며, 수업 참여도 활발한 과목입니다. 교사 입장에서는 '실험하다 안전사고가 발생하면 어떻게 하나?' 싶어 긴장하는 시간이기도 합니다. 다만 아이들이 과학 수업 자체에는 흥미를 보이고 적극 참여하는데, 그 결과를 요약하고 정리하는 것은 힘들어합니다. 하지만 이 점은 과학 교과뿐 아니라 다른 과목에서도 공통적으로 보이는 요즘 아이들의 특성입니다.

성적에 대한
3학년 아이들의 무한한 관심

전국의 모든 초등학교에서 중간고사, 기말고사 등의 일제고사가 폐지되었고, 학교에서 수행평가 중심의 평가를 합니다. 하지만 초등학교에서는 중고등학교처럼 학생들의 생활기록부가 중요하거나 수행평가 점수에 신경 쓰는 분위기는 아닙니다. 물론 담임 교사 재량으로 주요 과목 단원평가를 보는 곳도 많습니다.

부모님들은 대체로 단원평가를 환영합니다. 일제고사가 폐지되고, 창의 교육을 강조하느라 학력 저하에 대한 우려가 큰데, 담임 선생님이 과목별 단원평가를 본다고 하면 부모님들이 좋은 반응을 보내고, 심지어 단원평가를 안 보는 교사들에게 제발 평가를 보게 하라는 민원이 들어오기도 합니다.

담임 선생님에 따라 다르지만 보통 단원평가는 3학년 때부터 보는 경우가 많습니다. 1~2학년 때는 저학년이고, 배우는 내용들도 특별히 어렵거나 반드시 확인해야 할 것들이 많지 않아서 그렇습니다. 단원평가를 볼 때는 국어, 영어, 수학, 사회, 과학 등의 과목을 위주로 하고, 영어와 수학의 단원평가만 하는 경우도 있습니다. 단원평가는 말 그대로 각 과목 해당 단원의 공부가 끝나면 그 내용들을 얼마나 이해하고 있는지 평가를 하는 것입니다. 단원평가 결과 처리도 담임 선생님 재량에 따라 다릅니다. 학생 본인이 스스로 채점을 하는 경우가 있고, 담임 선생님이 일괄 채점 후 부모님의 확인(서명이나 도장)을 받아 오게 하는 경우도 있습니다. 혹은 아이들이 많이 틀린 문제를 모아 다함께 풀어 보는 경우도 있습니다. 예전처럼 단원평가 점수를 가지고 아이들을 혼내거나 석차를 매기는 경우는 없습니다.

점수를 공개하지 않기 때문에 공식적으로는 다른 친구들의 점수를 알 수 없습니다. 하지만 아이들은 단원평가 점수에 관심이 많습니다. 공부를 잘하는 아이든 못하는 아이든 그 나름대로 본인 점수뿐 아니라 다른 친구들의 점수에 지대한 관심을 갖습니다.

아이들이 2학년 때까지 시험이라곤 기껏해야 받아쓰기인 경우가 대부분이어서 많이 틀려도 그냥 웃어넘기며 그러려니 합니다. 그런데 3학년이 되면 본인 점수뿐만 아니라 친구들 점수에도 관심이 많고 점수를 비교하기 시작하죠. 단원평가 후 채점한 시험지를 각자에게 나눠 주지만, 결국 다른 아이의 점수까지 모두 알게 됩니다. 어떻게 해서든 서로 점수를 교환하고 물어봐서 아는 것입니다. 3학년 때 아이들은 이미 단원평가 점수로 '공부 잘하는 아이'와 '공부 못하는 아이'를 구분 짓기 시작합니다. 어른들 기준으로 볼 때, 단원평가 점수가 낮으면 더 열심히 해서 점수를 올릴 생각을 해야 하는데, 아이들은 오직 점수 그 자체에만 관심이 많습니다. '공부 못하는 아이'로 인식되는 아이가 열심히 노력해서 점수를 올리는 경우는 별로 없습니다. 본인 점수에 안주하고, 스스로 '못하는 아이'라는 인식에 익숙해져서 다음 학년에 올라갑니다. 교사가 봤을 때 참 안타까운 일이지만 이것이 현실입니다.

06

드러난 격차를 좁히지 못할 때
어떻게 되는가?

국어: 책을 읽어도 문해력이 떨어진다

국어의 경우 드러난 격차를 좁히지 못했을 때 당장 눈에 띄는 심각한 문제는 없습니다. 왜냐하면 아이가 책 자체는 읽을 수 있기 때문이죠. 간혹 초등학교 2학년 때까지 한글을 깨치지 못한 아이들이 있지만, 3학년이 되면 대부분 어느 정도 한글은 읽을 수 있습니다.

초등학교 저학년 국어 시간에는 지금도 예전처럼 아이들에게 돌아가면서 교과서를 소리 내어 읽도록 시킵니다. 아이들마다 읽는 속도와 발음 등에서 약간의 차이가 발생하기는 하지만 심각한 정도는 아닙니다. 문제는 문해력에서 엄청난 차이가 발생한다는 것입니다. 문해력(文解力)이란 '글을 읽고 이해하는 능력'을 뜻합니다. 학습 부진의 정도가 심한 아이들은 문해력이 떨어집니다. 교과서와 책을 소리 내어 읽을 수는 있지만 그 내용을 파악하지 못하는 경우가 많습니다. 요즘 초등학교 국어 교과서에서는 다음 예시처럼 대부분 아이들에게 자기 주도적인 다양한 활동을 요구합니다.

> **2.** 「지구를 깨끗이 가꾸자」를 읽고 물음에 답해 봅시다.
>
> (1) 일회용품을 많이 쓰면 지구가 어떻게 된다고 했나요?
>
> (2) 지구를 깨끗이 가꾸어야 하는 까닭은 무엇이라고 했나요?
>
> (3) 지구를 가꾸는 것은 누가 해야 할 일이라고 했나요?
>
> **3.** 「지구를 깨끗이 가꾸자」를 다시 읽고 글쓴이의 의견을 파악하는 방법을 알아봅시다.
>
> (1) 글쓴이가 글 제목을 이렇게 지은 까닭은 무엇일까요?
>
> (2) 문단의 중심 문장을 정리해 보세요.
>
> | 문단 | 중심 문장 |
> |---|---|
> | 1 | 우리는 지구를 깨끗이 하려고 노력해야 합니다. |
> | 2 | |
> | 3 | |
> | 4 | |
> | 5 | 우리는 일회용품을 덜 써서 깨끗한 지구를 만들어야 합니다. |
>
> (3) 글쓴이가 이 글을 쓴 목적을 말해 보세요.
>
> 228

　　3학년 때부터 학습 부진의 모습을 보이는 아이들은 국어 시간에 수업 내용을 제대로 이해하지 못합니다. 물론 수학처럼 바로 눈에 띄지는 않지만 국어 활동 중 엉뚱한 소리를 하게 되고, 갈수록 그 정도가 심해집니다. 이 상태로 학년이 올라간다면 당연히 심각한 문제가 초래될 수 있습니다.

영어: 자신감이 하락한다

드러난 격차를 해소하지 못하면 아이는 영어 수업 시간 40분 내내 계속 눈치를 보게 됩니다. 특히 원어민 보조교사에게 더욱 그렇습니다. 원어민 보조교사가 한국어를 어느 정도 구사하느냐에 따라 다를 수는 있습니다. 하지만 기본적으로 영어를 주로 사용하고, 우리말은 거의 쓰지 않기 때문에 아이들은 의사소통이 안 되는 상황에 답답해하고, 잘하는 친구에게 도와달라고 말하거나 간절한 도움의 눈빛을 보냅니다.

사실 초등학교 정규 교육과정에서 3학년 영어 수준은 그렇게 높거나 어렵지 않습니다. 초등학교 영어 교육과정에서도 영어 교과의 목표를 다음과 같이 설정하고 있습니다.

① 영어 학습에 대한 흥미와 자신감을 기른다.
② 자기 주변의 일상생활 주제에 관하여 영어로 기초적인 의사소통을 할 수 있다.
③ 영어 학습을 통해 외국의 문화를 이해한다.

영어가 익숙하지 않은 아이들은 기본적인 인사와 소개, 간단한 의사소통도 어려워합니다. 원어민 보조교사가 진행하는 게임이나 활동에는 적극적으로 웃고 참여하다가도 교과서를 가지고 진도를 나가는 내용을 다루면 입을 다물고 눈을 피합니다. 3학년 때부터 영어에 자신감을 잃고 기피하는 아이들이 고학년이 되었을 때 어떻게 될지는 안 봐도 훤합니다.

수학: 낙서하는 시간이다

사실 초등학교 수학은 그렇게 어렵지 않습니다. '2015 개정 초등 수학과 교육과정'의 개정 방향에도 다음과 같이 나옵니다.

> 2015 개정 초등 수학과 교육과정의 개정 방향은 유치원 누리과정과의 연계성 확보, 학습 부담 경감, 교수 학습 방법의 성격을 띤 성취 기준에 대한 재고, 성취 기준 및 학년군별 학습량의 고려 등이다.

특히 앞의 내용 중 "학습 부담 경감, 학년군별 학습량의 고려"와 관련하여 실제로 다음과 같은 주요 변화가 있었습니다.

2015 개정 초등 수학과 교육과정 영역별 주요 변화 및 강조 사항

영역	변화 및 강조 사항
수와 연산	① 자연수의 혼합 계산 이동(3~4학년군 → 5~6학년군) ② 분수와 소수의 혼합 계산 삭제(5~6학년군)
도형	① 쌓기나무 활동에서 물체의 위치와 방향 추가(1~2학년군) ② 도형의 이름 짓기를 교수 학습 방법 및 유의 사항으로 진술 (1~2학년군, 3~4학년군)

측정	① 원기둥의 겉넓이와 부피의 삭제(5~6학년군)
	② 수의 범위와 어림하기 이동(3~4학년군 → 5~6학년군)
	③ 넓이 단위(a, ha) 삭제 및 무게 단위(t) 이동(5~6학년군 → 3~4학년군)
규칙성	① 정비례와 반비례의 이동(5~6학년군 → 중학교)
	② 규칙과 대응의 이동(3~4학년군 → 5~6학년군)
자료와 가능성	① 영역명을 〈자료와 가능성〉으로 변경
	② 자료의 수집, 분류, 정리, 해석 활동 강조
	③ 실생활과 연계를 강화한 가능성 경험 강조(5~6학년군)

표처럼 3~4학년군에서 어려운 내용은 5~6학년군으로 이동하고, 5~6학년군에서 어려운 내용은 중학교로 이동하거나 삭제됐습니다. 기본적으로 초등학교 수학에서 아이들이 수학에 흥미를 갖고 즐거움을 느끼게 하려는 목표가 있기 때문입니다. 2015 개정 초등학교 수학과 교육과정의 목표는 다음과 같습니다.

① 생활 주변 현상을 수학적으로 관찰하고 표현하는 경험을 통하여 수학의 기초적인 개념, 원리, 법칙을 이해하고 수학의 기능을 습득한다.
② 수학적으로 추론하고 의사소통하며, 창의 융합적 사고와 정보 처리 능력을 바탕으로 생활 주변 현상을 수학적으로 이해하고 문제를 합리적이고 창의적으로 해결한다.
③ 수학 학습의 즐거움을 느끼고 수학의 유용성을 인식하며 수학 학습자로서 바람직한 태도와 실천 능력을 기른다.

이런 목표와 달리, 실제 학교 현장에서는 아이들이 수학을 어려워하고, 학습 편차 역시 가장 크게 드러납니다. 소수의 초격차 아이들을 제외하고 많은 아이들이 수학 시간에 낙서를 하거나 그림을 그리는 등 시간을 허비하는 경우가 많습니다. 대부분 3학년 수학 교과서에서 1차시 분량(수업 시간 40분)은 교과서 2쪽입니다. 4~5개 활동으로 구성되어 있지만 결코 분량이 많지 않고, 초격차 아이들은 10분이면 끝낼 수 있는 양입니다. 실제 일부 아이들은 "선생님, 오늘 진도 어디까지 할 거예요?"라고 묻고는 교사가 활동 1을 설명할 때 벌써 오늘 배울 활동 5까지 끝내는 경우도 있습니다. 그 학생들이 수학 선행학습을 해서 진도가 빠른 것이 아니라, 3학년 수학 내용 자체가 쉽고 반복해서 친절하게 설명되어 있어서 누구나 집중해서 살펴보면 금방 이해할 수 있습니다.

하지만 초격차 아이들과 달리, 많은 아이들이 수학 수업 시간에 집중하지 않다 보니 중요한 개념과 방법, 원리를 모르게 됩니다. 수학은 계열성이 있는 과목이어서 앞에서 배운 내용을 정확하게 모르면 뒤에서 배우는 내용들을 이해할 수 없게 됩니다. 일부 아이들은 수학 시간을 교과서에 낙서하거나 그림 그리는 시간쯤으로 생각하는 경우도 있습니다. 앞으로 학년이 올라가면서 닥쳐올 수학의 어려움을 예감하지 못하고, 지금 당장 급하지 않으니 넘어가는 것입니다. 물론 교사가 그런 아이들을 발견하면 혼을 내고 보충학습을 시키지만, 25명 정도 되는 아이들을 한 명씩 개별 교육을 시키고 확인하는 것은 현실적으로 불가능합니다.

사회 & 과학: 수업 활동에 참여하기 힘들어진다

사회의 경우 3학년 때 더 폭넓고 다채로운 활동을 합니다. 단원 학습 내용을 예상하며 마인드맵을 그려 보기도 하고, 그림을 그리기도 하고, 자기가 그린 그림을 보며 서로 이야기를 나누고 자신의 느낌도 말해야 합니다. 아이들이 학습 격차를 보이고 그 격차를 좁히지 못할 경우 사회 시간에 다양한 수업 활동에 참여하지 못하게 됩니다.

과학도 사회와 비슷합니다. 대부분 초등학교 과학 수업은 관찰이나 실험 활동으로 구성되어 있습니다. 그런 활동들을 할 때 학교의 현실적 여건 때문에 모둠별로 관찰이나 실험 활동을 진행하는 경우가 대부분입니다. 이러한 모둠 활동에서 학습 격차가 심한 아이들의 경우 제대로 참여하지 못합니다. 아이 스스로 자신감이 부족해서 모둠 활동에 소극적인 경우가 있고, 아예 모둠원들이 특정 아이를 배제하는 경우도 있습니다.

초등학교 과학 시간은 아이들이 특히 좋아하는 시간입니다. 성인들이 봤을 때는 너무 단순하고 간단한 관찰이나 실험이지만 아이들은 참 신기해하며 좋아하죠. 아무래도 다른 친구들과 함께하기 때문에 그럴 것입니다. 그런데 학습이 부진한 아이의 경우 3학년 모둠 활동 때부터 벌써 자의든 타의든 소외되고 겉도는 경우가 많습니다. 당연히 그런 아이들이 그대로 고학년이 되면 그 상황이 개선되기보다는 더욱 심화될 것입니다.

학부모의 끝없는 고민,
수학과 영어 선행학습

○
○

　　　　　　　　수학과 영어 선행학습은 필요할까
요, 필요하지 않을까요? 필요하다면 언제부터 하는 것이 좋을까요? 많
은 부모님들의 공통된 고민일 것입니다. 저 역시 초등교사 입장과 학
부모 입장에서 많이 고민스럽고 갈등을 겪고 있는데, 이 질문에 명확
한 정답은 없습니다.

수학: 선행학습보다는 수업에 집중해야 합니다

　우선 수학에 대해 말씀드리겠습니다. 적어도 초등학교 단계에서는
수학 선행학습이 필요하지 않습니다. 초등학교 수학 선행학습이 불필
요한 이유는 대부분의 아이들이 친구들과 경쟁의식을 가지고 있기 때
문입니다. 즉, 아직 어린아이들이기 때문에 문제를 다 풀면 다음 내용

을 미리 살펴보는 것이 아니라, 친구에게 자랑하며 놀리는 경우가 많습니다. 혹은 선행학습을 해서 수업 내용이 다 아는 경우, 수업 집중력이 흐트러지고 장난치거나 딴짓을 하는 경우도 있습니다.

대입을 앞둔 고등학생의 경우에는 선행학습을 통해 학습 내용을 익힌 경우 다른 부족한 과목을 공부한다거나 보다 심화된 문제집을 푸는 등 나름대로 시간을 활용할 수 있습니다. 하지만 초등학생은 시간표에 해당하는 과목의 교과서를 펴고 선생님 수업에 집중해야 합니다. 아이들 나름대로 융통성을 발휘해 시간을 활용할 수 있는 재량이 주어지지 않는 것입니다.

자칫 수학 선행학습을 지나치게 할 경우, 아이가 오히려 수업 시간에 딴짓하며 놀고 사교육을 통해 수학 공부를 하는 부작용이 생길 수도 있습니다. 그런 경우 아이는 학교 수업을 소홀하게 생각하게 되며, 잘못된 습관이 형성되면 나중에 더욱 큰 문제가 생길 수도 있게 됩니다. 그런 점에서 적어도 초등학교 단계에서의 수학 선행학습은 장점보다는 단점이 훨씬 많고, 그러한 문제를 현장에서 너무 많이 봤습니다. 부모님께서는 아이들이 학교 수업에 집중할 수 있도록 해 주시고, 아이가 내용을 안다고 해도 학교 수업을 충실하게 들을 수 있도록 지도해 주셔야 합니다.

간혹 선행학습이 필요한 경우도 있습니다. 올림피아드 입상이나 국제 인증 시험 대비 등의 특수한 목적이 있다면 부득이하게 선행학습을 해야겠지요. 그런 경우가 아니라면, 선행학습은 1~2학기 정도 앞의 내용을 하고, 학교 공부를 보조하기 위한 수단으로 활용해야 합니다. 선행학습 자체가 공부의 목적이 되면 실패할 확률이 높습니다.

영어:규칙적인 공부가 필요합니다

영어는 수학과는 이야기가 조금 다릅니다. 현재 초등학교 교육과정의 영어에서 3~4학년은 주당 2시간, 5~6학년은 주당 3시간이 배정되어 있습니다. 특히 '2015 개정 교육과정'에서는 초등학교 영어 교육에서 학생들이 달성해야 할 성취 기준의 수를 대폭 줄이고, 어휘 학습 부담을 줄이는 등의 방법으로 '선행교육을 예방한다'는 방침을 분명하게 나타내고 있습니다. 하지만 영어의 경우 선행학습의 효과가 어느 정도는 있습니다. 초등교사로서 선행학습의 효과를 부정하고 싶지만, 현실적으로 영어는 아이들의 격차가 가장 크고 선행학습의 효과도 무시할 수 없는 과목입니다. 학교에서 영어 시간에 적극적으로 참여하고 발표를 잘하는 아이들은 대부분 영어 학원을 다니며 선행학습을 하는 경우가 많습니다. 물론 집에서 엄마표 영어로 꾸준하게 공부하는 경우도 있고요. 꼭 선행학습이 아니더라도 어느 정도 규칙적인 영어 공부는 반드시 필요합니다.

결국 수학과 영어의 선행학습에 정답은 없습니다. 부모님의 교육관, 철학, 가치관, 아이의 능력과 수용 정도 등에 따라 선행학습 여부가 결정될 것입니다. 중요한 것은 선행학습의 주체가 부모님이 아니라 아이라는 것을 꼭 명심하고, 아이가 잘 받아들이며 따라가고 있는지를 면밀하게 살펴봐야 한다는 것입니다. 자칫 부모님의 욕심 때문에 지나친 선행학습을 하다가 아이가 공부에 아예 흥미를 잃는 경우도 비일비재하기 때문입니다. 그래서 선행학습에 대한 부모님의 고민은 계속될 수밖에 없습니다.

2장

부족한 초등 3학년,
아직 늦지 않았어요

교실에서 3학년 아이들을 찬찬히 살펴보면 학습 격차가 나타나는 게 바로 눈에 보입니다. 국어 받아쓰기, 영어 단어 시험, 수학 단원평가, 사회와 과학 단원평가 등을 실시하면 잘하는 아이들은 모든 과목에서 다 잘합니다. 어떤 아이들은 일부 과목에서 부족한 점이 눈에 띄기도 하고, 전반적으로 모든 과목에서 취약한 아이들도 보입니다.

제가 말씀드리고 싶은 것은 현실 인식에 관한 당부입니다. 일단 부모님이 우리 아이의 현실을 있는 그대로 받아들이고 인정하는 것이 필요합니다. 아이가 국어 받아쓰기를 다 틀렸다고 해서, 수학 단원평가 20문제 중 15개를 틀렸다고 해서 아이를 윽박지르면 안 됩니다. 우리 아이에게 부족한 부분이 무엇인지 냉철하게 파악해서 보충해 주면 됩니다. 아직 10살, 3학년일 뿐입니다.

초등 1~2학년이 초등 생활의 워밍업(warming up) 시기라면 3학년은 각 과목별로 본격적으로 공부를 하는 시기입니다. 다시 말해, 3학년부터 제대로 공부하면 됩니다. 부모님이 아이를 잘못 가르쳐서, 혹은 신경을 쓰지 못해서 우리 아이가 부족한 거라고 생각하며 죄책감을 가지실 필요도 없습니다. 오히려 아이의 상황을 정확하게 알게 된 점에 감사하며, 지금부터 다시 하면 됩니다. 하지만, '나중에 크면 잘하겠지' 하며 초등학교 3학년 때부터 나타나는 격차를 모른 척해서 시간을 허비하게 되면, 나중에 4학년과 5학년에 가서는 결코 따라잡을 수 없게 됩니다. 3학년 시기를 절대 놓치지 마세요.

학기 중에
과목별 격차 줄이기

국어: 예습이 중요하다

초등학교 공부는 예습보다 복습이 훨씬 중요합니다. 아이들이 학습 내용을 미리 알면 수업에 집중하지 않고 장난치는 경우가 많기 때문에 복습을 더 강조하는 것입니다. 하지만 학습 능력이 부족한 아이들은 국어 공부에서 예습, 즉 교과서 지문을 미리 읽어 보는 것이 중요합니다. 국어 수업에서는 교과서 지문을 읽고 그 내용을 파악하는 데 주안점을 둡니다.

다음은 3학년 1학기 국어 교과서 9단원 「어떤 내용일까」 중 '반딧불이' 일부입니다.

우리나라에서는 사라져 가는 반딧불이 *서식지를 천연기념물로 정하고 있습니다. 수십, 수백 마리의 반딧불이가 반짝거리는 모습을 보면 말로는 설명이 안 될 정도로 황홀하답니다. (중략) 암수가 서로 짝을 찾을 때 그 불빛이 큰 역할을 해요. (중략) 어른이 된 반딧불이는 이슬을 먹고, 반딧불이의 애벌레는 다슬기나 달팽이를 먹고 삽니다. 반딧불이 애벌레는 달팽이 전문 사냥꾼이라고 불릴 정도로 먹성이 대단해요. 입에서 나오는 독으로 달팽이를 마비시킨 다음, 달팽이가 움직이지 못하면 그때부터 살살 녹여서 먹는답니다.

* 서식지 : 생물이 일정한 곳에 자리를 잡아 사는 곳

국어 교과서에는 어려운 낱말에 앞의 예시처럼 그 뜻을 밝혀 줍니다. 하지만 '서식지' 외에도 아이들이 어려워할 만한 낱말들이 보입니다. '황홀', '먹성', '마비' 등도 3학년 수준에서 쉽지 않은 말들입니다.

학습 능력이 부족한 아이들은 수업 시간에 지문을 읽는 데 시간이 오래 걸립니다. 특히 처음 읽어 보는 낯선 제시문의 의미를 잘 파악하지 못해 내용을 다 이해하지 못하는 경우가 많습니다. 그런 점에서 국어 교과서 내용을 미리 읽어 보면 도움이 됩니다. 그리고 교과서를 읽을 때 소리 내서 읽도록 해야 합니다. 소리 내지 않고 읽는 묵독(默讀)보다는 소리 내서 읽는 음독(音讀)이나 낭독(朗讀)이 교육적 효과가 훨씬 더 큽니다.

국어에서 예습을 강조한다고 해서 복습을 하지 말라는 의미는 아닙니다. 아이들에게 교과서를 학교 사물함에 두지 않고 집으로 가져오게 해서 아이 스스로 교과서를 다시 살펴보며 수업 시간에 배웠던 내용을 제대로 알고 있는지 확인해야 합니다.

평소에 모르는 단어를 보게 되면, 국어사전을 찾아보는 습관을 갖도록 지도해 주셔야 합니다. 아이들은 국어사전을 찾아보면서 본인이 모르는 단어의 뜻만 단편적으로 파악하는 것이 아니라, 낱말의 형태가 바뀜에 따른 기본형과 활용형을 구분하게 됩니다. 국어사전을 활용해 낱말의 의미를 파악하는 과정으로 한 편의 글을 온전히 이해하며 감상할 수 있습니다.

국어사전을 활용할 때도 가급적 어린이용 국어사전보다는 일반 성인용 국어사전을 보는 것을 권합니다. 초등학교 때만 사용하고 마는 것이 아니라, 중학교에 진학하고 그 이후에도 계속 활용해야 하기 때문에 어릴 때부터 일반 국어사전에 익숙해질 필요가 있습니다.

아이들이 책을 읽을 때 빨리 읽기보다는 천천히 읽더라도 제대로 읽는 습관을 갖도록 유도해야 합니다. 학습 능력이 부족한 아이들은 놀고 싶은 마음에 책을 대충 읽는 경향이 있습니다. 부모님은 아이가 읽은 책에 대한 적절한 독후 활동으로 평소 책을 꼼꼼하게 읽는 습관을 갖도록 도와주셔야 합니다.

평소에 일기를 쓰는 것도 국어 능력 향상에 도움이 됩니다. 학교에서도 3~4학년 정도까지는 일기를 쓰고, 선생님이 확인하는 경우도 많습니다. 담임 선생님에 따라 일기쓰기를 안 하더라도 집에서 아이가 일기를 쓰도록 강력히 권해 주세요. 물론 부모님이 아이 일기 검사를 따로 하지 않더라도 일기쓰기의 효용은 아주 많습니다. 기본적인 어휘력과 표현력, 창의력, 상상력, 글 쓰는 능력의 향상을 도모할 수 있으므로 학습 능력이 부족한 아이들에게는 꼭 일기쓰기를 강조합니다.

사실 3학년 때 배우는 국어에는 암기할 것이 많거나 특별히 어려운 내용이 없습니다. 다만, 국어 시간에 중요한 것은 아이들의 "생각 머리"입니다. 아이가 본인 스스로 생각해서 제시된 자료를 보고 그 내용을 파악할 수 있어야 하는데, 저는 이것을 "생각 머리"라고 부르고 싶습니다. 요즘 많은 아이들이 생각 머리가 부족합니다. 특히 국어 학습 능력이 부족한 아이들의 경우, 생각하기를 더 싫어하고, 단순하고 자극적인 것에 익숙합니다. 그대로 방치할 경우 아이들은 더욱 생각하기 싫어하며 감각적인 쾌락만 좇게 될 것입니다. 따라서 꼼꼼한 독서와 일기쓰기를 통해 아이들의 "생각 머리"를 키워 주고 발달시켜야 합니다. 5학년이 되어 시도하려면 이미 늦습니다. 3학년 때야말로 교과 학습 부담이 크지 않기 때문에 반드시 교사와 학부모의 노력으로 아이가 스스로 생각하며 사고할 수 있는 "생각 머리"를 제대로 만들어 주어야 합니다. "생각 머리"가 발달된다면 국어 능력이 부족한 아이들도 충분히 학습 격차를 극복할 수 있습니다.

영어: 부모의 관심과 지도가 필요하다

영어는 검정 교과서 체제여서 학교마다 배우는 구체적인 단원과 활동 내용은 다르지만, 국가 수준의 교육과정 성취 기준과 가이드라인을 준수해 교과서가 만들어지기 때문에 핵심적인 주제는 동일합니다.

영어는 3학년 때 처음 배우는 정규 과목이어서, 기본 인사와 의사소통 정도만 배우게 됩니다. 하지만 아이가 다른 언어를 배우는 것에 낯설어하고 거부감을 느낄 수 있기에 학습 능력이 부족한 아이들의 경우, 영어는 쉽고 재미있는 것이라는 인식을 심어 줘야 합니다. 노래, 챈트, 역할 놀이, 이야기, 게임 등을 통해 영어에 대한 두려움을 낮춰 주고 흥미를 유발해야 하는 것이죠.

다른 과목은 교과서가 중요하지만, 영어의 경우 학기 중 부족한 부분을 채우기 위해 교과서로 공부하는 것은 바람직하지 않습니다. 교과서 자체가 지나치게 활동 위주로 구성되어 있어서 학습 능력이 우수한 아이들은 상관없지만, 부족한 아이들의 경우에는 볼 만한 텍스트가 전무하기 때문입니다. 그런 이유에서 많은 부모님들이 아이를 영어 학원에 보내거나 엄마표 영어를 시키는 것입니다. 두 가지 방법 모두 괜찮습니다만, 영어 학습 능력이 떨어지는 아이의 영어 실력 향상을 위해 제가 추천하는 방법은 EBS 방송의 활용입니다. 〈EBS English〉(www.ebse.co.kr)라는 별도의 방송 및 사이트가 있어서 아이들 수준에 맞는 영어 교육이 가능합니다. 방송 항목이 "파닉스, 어휘, 문법, 듣기, 읽기, 쓰기, 말하기, 공통"으로 이루어져 있고, 초급, 중급, 고급 단계로 구분되어 있어서 아이들이 부담 없이 영어에 접근할 수 있습니다. 아이 스스로 여러 프로그램을 보고 마음에 드는 것을 선택해서 꾸준하게 학습하도록 하고, 부모님이 옆에서 격려와 칭찬을 해 주면서 영어 교과서 활동과 연계해 봐주시면 됩니다.

영어는 학교에서 진행되는 정규 교육 2시간으로는 한계가 있기에 가정에서 부모님의 관심과 지도가 필수입니다. 우리 아이가 영어를 힘들어한다는 생각이 들면 아이와 함께 〈EBS English〉를 살펴보시고, 지금 당장 시작하시기 바랍니다. 영어에서 어떤 책과 강의를 보느냐보다 훨씬 더 중요한 것은 꾸준하게 반복하는 것입니다.

수학: 올바른 문제풀이 습관을 갖춘다

학습 능력이 부족한 아이들의 경우 우선 수학 문제를 풀 때 올바른 습관을 갖도록 하는 것이 중요합니다. 크게 3가지 습관을 강조합니다.

첫째, 줄이 있는 공책 사용하기

의외로 아이들이 수학 문제를 풀거나 계산할 때 암산을 합니다. 아예 공책이 없는 경우도 많습니다. 요즘 학교에서는 예전처럼 칠판에 필기를 하며 받아 적는 수업이 사라졌습니다. 대형 TV와 컴퓨터를 연결하여 화면으로 참고 영상을 보여 주고, 수업 중에 유튜브를 많이 활용합니다. 그 결과 공책에 필기할 일이 거의 없어서, 아이들에게 공책 자체가 없거나 모든 과목에서 공통적으로 사용하는 연습장 개념의 공책이 한 권 있는 정도입니다. 그나마 그 공책도 줄이 없는 공책인 경우가 많습니다. 줄이 없는 공책은 문제를 풀 때 정확하게 계산하기 어렵습니다. 꼭 줄이 있는 공책을 준비해 주세요.

둘째, 순서대로 계산하기

너무 당연한 이야기인데 아이들이 문제에서 요구하는 순서대로 풀지 않는 경우가 있습니다. 그렇게 하면 당연히 답이 틀릴 수밖에 없습니다. 문제를 순서대로 차근차근 푸는 습관을 가져야 합니다.

셋째, 글씨 깨끗하게 쓰기

요즘 아이들은 글씨를 참 못 씁니다. 학교 수업 시간에 교사가 칠판에 판서하는 경우가 없으니 필기할 일이 없고, 손 글씨로 편지 쓰는 경우도 아예 없습니다. 자연스럽게 숫자도 엉망으로 쓰는 경우가 많습니다. 본인이 쓴 계산식의 숫자를 못 알아봐서 처음부터 다시 문제를 풀기도 합니다. 글씨와 숫자를 깨끗하고 예쁘게, 신경 써서 쓰도록 시켜야 합니다.

학습 능력이 부족한 아이들에게는 수학 문제를 빨리 풀도록 강요하지 않고 기다려 줘야 합니다. 성인들이 봤을 때는 너무 단순하고 쉬운 문제라도 아이 입장에서는 복잡하고 어려울 수 있습니다. 아이 스스로 문제에 접근해서 생각하고 풀 수 있게 충분한 시간적인 여유를 줘야 합니다. 또한 문제를 풀 때 오답이 많다면 그 원인을 먼저 찾아야 합니다. 예를 들어, 3학년 곱셈 문제를 많이 틀리는 경우라면 혹시 2학년 2학기 때 배운 구구단을 완벽하게 외우지 못했을 수도 있습니다. 틀린 문제에 주목해서 그 원인을 찾아 하나씩 해결해 줘야 합니다.

요즘은 수학 교과서에도 문장제 문제가 많이 나옵니다. 3학년 1학기 4단원 「곱셈」에서는 (두 자리 수) × (한 자리 수)를 배웁니다. 예전 같으면 "39 × 3을 계산하시오" 같은 문제가 나오겠지만 요즘 문제들은 그렇지 않습니다.

다음은 교과서 83쪽의 4번 문제입니다.

마을 청년회에서 한 상자에 39개씩 들어 있는 딸기 3상자를 경로당에 선물했습니다. 딸기는 모두 몇 개인지 두 가지 방법으로 구해 보세요.

다음은 교과서 83쪽의 5번 문제입니다.

숫자 카드 2, 3, 5를 한 번씩만 사용하여 곱이 가장 큰 곱셈식을 만들어 계산하고, 어떻게 만들었는지 설명해 보세요.

4번 같은 문장제 문제는 아예 포기하는 아이들도 많습니다. 그럴 때는 문제를 끊어서 읽도록 해야 합니다. 4번 문제는 39를 3번 더하여 구하거나 39 × 3으로 구할 수 있는 문제입니다. 5번 문제는 아이들의 추론 능력이 필요한 사고력을 요하는 문제입니다. (두 자리 수) × (한 자리 수)에서 두 번 곱해지는 곱셈의 자리에 가장 큰 수를 사용해야 하며, 다음 큰 수를 두 자리 수의 십의 자리에 사용하고 나머지 수를 두 자리 수의 일의 자리에 사용한다는 것을 알아야 합니다.

요즘은 "어떻게 만들었는지 설명해 보세요"처럼 수학적 의사소통 능력을 요구하는 문제들도 많습니다. 이유를 설명하는 과정에서 발표한 내용에 대해 서로의 의견을 공유하며 원리를 발견할 수 있도록 유도하는 것입니다. 물론 학습 능력이 부족한 아이들은 이처럼 사고력을 요구하는 문제, 수학적 의사소통 능력을 평가하는 문제를 싫어하고 어려워합니다. 그래도 아이들이 고민하며 문제를 풀고 생각하도록 계속 이끌어 줘야 합니다.

끝으로 수학 학습 능력이 부족한 아이들은 수학 공부를 할 때 복습과 예습의 비율을 9 : 1 정도로 정해서 복습을 압도적으로 많이 해야 합니다. 다른 과목과 달리 수학은 반드시 복습을 해야 합니다. 3학년 1학기 4단원 「곱셈」에서 배우는 (두 자리 수) × (한 자리 수)를 못하는 아이는 3학년 2학기 1단원 「곱셈」에서 배우는 (세 자리 수) × (한 자리 수)를 결코 할 수 없기 때문입니다. 수학은 반드시 아이가 집에 와서 수학 교과서와 익힘책을 보며 복습을 해야 하고, 아이의 평소 수업 태도를 가늠해 볼 수 있게 교과서를 정기적으로 확인해 보셔야 합니다. 수학 학습 능력이 부족한 아이들은 수업 시간에 낙서를 하거나 그림을 그리며 시간을 허비하는 경우가 많기 때문입니다. 최소한 아이에게 부모님이 수학 공부에 관심을 가지고 있다는 경각심을 심어 줄 필요가 있는데, 가장 손쉬운 방법이 아이의 수학 교과서와 익힘책 확인입니다.

사회: 독서로 배경지식을 갖춘다

학습 능력이 부족한 아이들은 학습 격차를 줄이기 위해 책을 많이 읽는 것이 좋습니다. 초등학교에서 배우는 사회와 과학 과목에서는 배경지식이 중요합니다. 평소 꾸준한 독서를 통해 배경지식을 쌓은 아이들은 수업 시간에 적극적으로 참여하고, 학업 성취도 역시 높습니다. 하지만 평소에 책을 전혀 읽지 않는 아이들은 사회 수업 시간에 나오는 낯선 개념과 내용들을 이해하지 못하고 어려워합니다. 장기적인 관점에서 사회 실력을 향상시키는 가장 좋은 방법은 꾸준한 독서입니다. 3학년 아이들이 읽으면 좋은 사회 관련 책 10권을 소개합니다.

《경제의 핏줄 화폐》(김성호, 미래아이)

《놀면서 배우는 세계 축제》(유경숙, 봄볕)

《함께 사는 다문화 왜 중요할까요?》(홍명진, 어린이나무생각)

《자유가 뭐예요?》(오스카 브르니피에, 상수리)

《세상에서 가장 유명한 위인들의 편지》(오주영, 채우리)

《초등학생이 꼭 읽어야 할 WOW 5000년 한국여성 위인전》
(신현배, 형설아이)

《우리나라 지도책》(최설희, 상상의집)

《옛사람들의 교통과 통신》(우리누리, 주니어중앙)

《알려줘 우리 고장 위인 찾기 세트》(강로사 외, 아르볼)

《도시야, 안녕!》(디디에 코르니유, 놀궁리)

사회는 "개념"이 중요한 과목인데 교과서를 보다가 모르는 개념이
나오면 바로 사전을 찾아가며 정확한 뜻을 확인하고 넘어가는 자세가
필요합니다.

다음은 3학년 2학기 2단원 「시대마다 다른 삶의 모습」 중 57~59쪽
내용 중 일부입니다.

새로운 도구를 만들어 사용하던 옛날의 생활 모습을 알아봅시다

점차 우리 조상들은 청동과 같은 금속으로 도구를 만들어 사용하기 시작했습
니다. 그러나 청동은 귀하고 다루기 어려워서 무기나 장신구, 제사를 지내는
도구를 만드는 데 주로 쓰였습니다. 농사를 지을 때나 일상생활에서는 여전히
돌과 나무로 만든 도구를 사용했습니다.

농사짓는 모습이 새겨진 농경문 청동기와 청동 검, 청동 거울 등 그때의 생활
모습을 알 수 있는 물건들이 지금까지 전해지고 있습니다.

사람들은 점차 청동보다 훨씬 단단한 철로 도구를 만들기 시작했습니다. 그
이전까지 장식용 도구로 주로 사용하던 청동과 달리 철은 생활 도구와 무기로
널리 사용되었습니다. 철로 만든 농사 도구를 사용하면서 농업은 크게 발달했
고, 철로 만든 무기를 가진 사람들은 전쟁에서 쉽게 이길 수 있었습니다.

사회 교과서에서는 '청동'처럼 어려운 낱말의 경우 별도로 뜻을 풀이해 줍니다. 하지만 그 단어 외에도 3학년 수준의 아이들이 이해하기 어려운 개념이 눈에 띕니다. 금속, 장신구, 제사, 농경문, 도구 등 그 의미를 모르는 아이들이 많을 것입니다. 그렇지만 아이들 대부분은 모르는 뜻을 사전에서 찾거나 교사에게 물어보지 않고 그냥 넘어갑니다. 그렇기 때문에 부모님이 교과서를 집에 가지고 오게 해서 소리 내서 읽도록 시키고, 아이 스스로 중요한 내용은 밑줄, 별 표시 등의 방법으로 요약하며 읽도록 지도해 주셔야 합니다.

사회는 국어처럼 교과서 지문이 길지 않고, 각종 자료가 함께 제시되는 경우가 많습니다. 지도, 표, 사진 등의 자료를 주의해서 보며, 본문의 내용과 연결해서 자료를 꼼꼼하게 볼 수 있도록 강조해야 합니다. 또한 3학년 사회에서는 우리 고장에 대해서 배우게 됩니다. 가족과 함께 동네 탐험하기, 우리 고장 살펴보기 등을 하면 자연스럽게 사회 교과에 흥미를 느낄 수 있을 것입니다.

과학: 용어를 익히고 실험관찰 책을 정리한다

과학 역시 사회 과목과 동일하게 학습 격차를 줄이기 위해 책을 많이 읽는 것을 추천합니다. 초등학교에서 배우는 과학과 사회 과목은 배경지식이 중요하기 때문입니다. 평소 꾸준한 독서를 통해 배경지식을 쌓은 아이들은 수업 시간에 적극적으로 참여하고, 학업 성취도 역시 높습니다. 3학년 아이들이 읽으면 좋은 과학 관련 책 10권을 소개합니다.

《과학은 쉽다》(최영준, 비룡소)

《개구쟁이 수달은 무얼 하며 놀까요?》(왕입분, 재능교육)

《플랑크톤의 비밀》(김종문, 예림당)

《생명 알면 사랑하게 되지요》(최재천, 더큰아이)

《알고 보니 내 생활이 다 과학》(김해보, 예림당)

《가자 달팽이 과학관》(윤구병 외, 보리)

《여기는 맑은섬 환경을 배웁니다》(김은의, 천개의바람)

《북극곰을 구해줘》(김바다, 창비)

《선생님 과학이 뭐예요?》(신나미, 철수와영희)

《몹시도 수상쩍은 과학교실》(서지원, 와이즈만북스)

추천도서들 외에도 시중에 괜찮은 과학 관련 도서들이 많이 나와 있으므로 아이 수준에 맞는 책을 선택해서 읽게 하면 됩니다.《Why?》시리즈도 좋고, 초등학생을 위한 과학 시리즈 책도 괜찮습니다. 과학 교과 역시 수학처럼 나선형 교육과정의 원리로 이루어져 있어서 전 학기에 배운 내용을 정확하게 알고 있어야 다음 내용을 이해할 수 있습니다. 따라서 과학에 관한 다양한 책을 읽을 수 있도록 유도해 주셔야 합니다.

초등학교 과학은 실험이나 관찰의 비중이 압도적으로 높아서 집에서 가능한 실험이나 관찰은 직접 해 보는 것도 좋은 방법입니다. 아무래도 학교에서는 많은 인원과 시간 제약 때문에 각 단원에서 1~2개 정도의 실험이나 관찰만 하고, 나머지 활동들을 영상으로 보고 넘어가는 경우가 많습니다. 아이의 과학적 사고력을 발달시키고 흥미를 유발하기 위해 집에서 간단한 실험들을 직접 해 본다면 아이의 과학 학습 격차를 해소하는 데 큰 도움이 될 것입니다.

아이의 과학 실력 격차를 해소하기 위해 교과서와 실험관찰 책을 집에 가지고 오게 해서 학습 용어를 익히고, 주요한 실험과 관찰 장면을 정리하도록 해야 합니다. 특히 과학은 교과서의 단원 정리가 잘 되어 있으니 그것을 활용해도 좋습니다. 실험관찰 책을 정리하며 그 과정을 통하여 아이가 공부한 것을 스스로 구조화할 수 있게 한다면, 아이의 과학 실력 향상에 분명 도움이 됩니다.

성적표의 진실?

○
○

　　　　　　부모님께서는 매 학기 방학식 날 아이들이 가져오는 성적표를 100퍼센트 믿으시나요? 예전에는 "수, 우, 미, 양, 가" 혹은 "잘함, 보통, 부족" 등으로 과목마다 성취 정도가 표시되었지만 지금은 그렇게 나오지 않습니다. 요즘 성적표는 과목마다 평가 준거 성취 기준에 근거해 평가를 합니다. 교사가 손으로 작성하는 것이 아니라, 교육부 나이스(NEIS) 시스템에서 각 항목을 클릭하면 바로 평가 기준 "상, 중, 하"가 자동으로 입력되고, 그 결과를 종합해 만듭니다. 예를 들어, 3학년 1학기 국어 〈읽기〉 영역의 성취 기준 중 '글에서 낱말의 의미나 생략된 내용을 짐작한다'라는 내용이 있습니다. 이에 해당하는 구체적인 평가 내용은 다음과 같습니다.

수준	내용
상	글에 드러난 단서나 배경지식을 적극적으로 활용하여, 글에서 낱말의 의미나 생략된 내용을 맥락에 맞게 짐작하며 읽을 수 있다.
중	글에서 낱말의 의미나 생략된 내용을 짐작하며 읽을 수 있다.
하	글에서 낱말의 의미나 생략된 내용의 일부를 짐작하며 읽을 수 있다.

교사는 아이의 평소 수업 태도, 관찰이나 체크 리스트 결과, 수행평가 및 단원평가 결과 등을 종합해 아이가 어느 수준에 해당하는지 클릭합니다. 성적표에는 각 과목마다 교사가 입력한 성취 기준의 도달 여부가 기록됩니다. 그런데 위의 표에서 보신 것처럼 "하"에도 그렇게 부정적이거나 나쁜 말이 없습니다. 기껏해야 '일부', '부분적으로' 등으로 표현될 뿐입니다.

수학도 마찬가지입니다. 3학년 1학기 수학 〈측정〉 영역의 성취 기준 중 '초 단위까지의 시간의 덧셈과 뺄셈을 할 수 있다'는 내용이 있습니다. 그에 해당하는 구체적인 평가 내용은 다음과 같습니다.

수준	내용
상	초 단위까지의 시간의 덧셈과 뺄셈을 이용하여 실생활 문제를 해결할 수 있다.
중	여러 가지 초 단위까지의 시간의 덧셈과 뺄셈을 할 수 있다.
하	안내된 절차에 따라 초 단위까지의 간단한 시간의 덧셈과 뺄셈을 할 수 있다.

설사 우리 아이가 어느 과목의 성취 기준에서 "하" 수준으로 평가 되더라도 지극히 긍정적으로 서술될 뿐입니다. 성적표에 아이들의 석차 및 구체적인 성적이 기록되지 않기 때문에 부모님들이 교과 평가 내용만 보고 아이의 수준을 파악하는 것은 힘듭니다. 평가 내용 역시 나이스에 나와 있는 것을 그대로 옮겨 적을 뿐입니다.

그나마 아이에 대해 알 수 있는 부분이 아이를 한 학기 동안 지켜보며 선생님이 직접 적은 "행동특성 및 종합의견"입니다. 하지만 이 항목도 믿을 게 못 됩니다. 부정적인 의견은 기록하지 말고 최대한 발전 가능성을 언급하라는 이야기를 듣는 데다, 교사들끼리 서로 점검해서 너무 부정적으로 쓴 내용은 수정하도록 권하기 때문입니다. 교사 역시 기록으로 남는 것이어서 최대한 긍정적으로 서술하는 편입니다. 장난을 많이 치는 아이에게는 "적극적인 성향으로 ……", 친구들과 다툼이 많은 아이에게는 "친구들과 활발하게 소통하며 잘 지내고 ……", 수업 시간에 발표도 안 하고 내성적인 아이에게는 "차분하고 조용한 성품으로 ……" 등으로 최대한 긍정적으로 기술합니다.

다음은 제가 장난도 심하고 말썽도 많이 부리며 학습 부진을 보이던 아이에 대해 평가한 "행동특성 및 종합의견"입니다.

밝고 명랑하며 활동하는 시간을 좋아하고 성실히 행동함. 기본적인 학급 규칙을 잘 지키며, 모둠 활동에도 적극적으로 참여함. 맡은 일에 책임감을 가지고 잘하며, 행동이 민첩함. 학기 초에 비해 친구들을 배려할 줄 아는 마음과 학급

을 위해 봉사하는 태도가 눈에 띄게 좋아짐. 방학 기간 기초 학습을 꾸준하게

한다면 실력 향상이 기대됨.

이 평가를 보면 아이 성적표를 곧이곧대로 믿고 아이의 실력을 과대평가해서는 곤란하다는 것을 알 수 있습니다. 그렇지만 아이의 "행동특성 및 종합의견"에 부정적인 표현이 있다면, 그것은 학교 생활에 정말 심각한 문제가 있다는 의미이므로 그냥 지나치지 말고 담임 선생님과 면담을 통해 아이의 문제점을 고치셔야 합니다.

방학 중에
과목별 격차 줄이기

국어: 교과서를 정독하고 꾸준하게 책을 읽는다

여름방학

여름방학 때 국어 학습 격차를 줄이기 위해서는 3학년 1학기 국어 교과서와 국어 활동을 꼼꼼하게 정독하는 것이 좋습니다. 국어 공부에서 가장 기본으로 해야 할 것은 교과서 지문을 읽고 내용을 파악하며 이해하는 것입니다. 국어 학습 능력이 부족한 아이들은 대부분 텍스트를 읽고 바로 이해하는 능력이 낮습니다. 학기 중 한 번 읽어 봤던 교과서의 제시문들을 다시 살펴보면서 복습의 의미로 훑는 것이 필요합니다.

3학년 수업에서는 대부분 받아쓰기를 하지 않습니다. 일부 아이를 제외하고, 맞춤법이나 띄어쓰기 수준이 2학년 실력에 정체되어 있는 아이들이 많습니다. 초등 고학년에서도 기본적인 맞춤법과 띄어쓰기를 어려워하고 못하는 아이들이 부지기수입니다. 학기 중에는 따로 시간을 내서 맞춤법 공부를 하기 어렵기 때문에, 여름방학을 이용해 집에서 맞춤법이나 띄어쓰기 공부를 시켜야 합니다.

국어 실력을 향상시키기 위해서 가장 중요한 것은 매일 꾸준하게 독서를 하는 것입니다. 미리 책 읽기 목록을 작성해 아이 스스로 책 읽는 습관을 가질 수 있게 이끌어 주셔야 합니다. 가급적 교과서에 일부 내용이 수록된 책의 원문을 보는 것이 좋습니다. 풍부한 독서는 아이들의 배경지식을 넓혀 줄 뿐만 아니라 국어 과목에 대한 자신감도 키울 수 있는 지름길입니다.

겨울방학

겨울방학에도 기본적으로 여름방학과 공부 방법은 동일합니다. 3학년 2학기 국어 교과서와 국어 활동을 집에서 꼼꼼하게 소리 내어 읽도록 합니다. 겨울방학은 여름방학보다 일반적으로 기간이 더 길기 때문에 조금 더 글밥이 긴 책을 읽도록 하면 좋습니다. 또한 책을 많이 읽는 것에 치중하지 말고, 한 번 읽었던 책을 다시 읽는 것도 권합니다. 국어 학습 능력이 부족한 아이들의 경우 어휘력이나 독해력이 부족해서 책을 한 번 다 읽어도 그 의미를 완벽하게 이해하지 못할 수도 있습니다. 한 번 더 읽으면서 처음 볼 때는 모르고 지나갔던 내용을 이해할 수 있고 새로운 의미를 발견하는 기쁨을 맛볼 수 있습니다. "반복 읽기"의 재미와 맛을 경험하면 나중에는 아이가 처음 읽을 때부터 보다 꼼꼼하게 신경 써서 독서하는 습관을 자연스럽게 갖출 수 있을 것입니다.

영어: 좋아하는 콘텐츠를 반복해 본다

3학년 여름방학은 학교에서 영어를 정규 교과로 배운 지 한 학기밖에 지나지 않은 시점입니다. 따라서 부족한 부분이 있다면 얼마든지 보충할 수 있으며, 비약적으로 실력이 성장할 수도 있습니다. 중요한 것은 아이의 흥미와 자발성이죠.

아이와 함께 쉽고 재미있는 영어 애니메이션을 하나 골라서 반복해 보도록 하면 좋습니다. 너무 어렵거나 길지 않은 분량이어야 하고, 아이가 스스로 선택해야 합니다. 그 애니메이션을 한 번만 보고 끝내는 것이 아니라 여러 번 부모님과 함께 보면서 자연스럽게 자주 노출시켜 줘야 합니다. 그리고 인상 깊은 장면에 대해 이야기를 나누고, 재미있었던 장면을 직접 말해 보면서 아이의 듣기와 말하기 능력을 키워 줘야 합니다. 굳이 3학년 영어 교과서를 복습하거나 2학기 내용을 예습할 필요는 없습니다. 아이가 영어 동요에 관심이 있으면 영어 동요를 반복해서 틀어 주고 가벼운 율동을 곁들어 흥미를 돋우고, 나중에 외워서 함께 불러보는 방법도 좋습니다.

3학년 여름방학에서 가장 중요한 점은 아이가 영어가 재미있고 즐겁다는 생각의 전환을 갖게 하는 것입니다. 그러기 위해서는 부모님이 아이가 좋아하는 영어 콘텐츠를 찾아서 그 콘텐츠에 자꾸 노출시켜 주며, 영어를 익숙하게 받아들이도록 해야 합니다. 아이가 영어에 흥미를 갖고 자발적으로 관심을 보인다면 그것으로 충분합니다.

학습 능력이 부족한 아이들은 수준별 영어 동화책 읽기를 하는 것이 좋습니다. 시중에 수준별로 다양한 동화책이 아주 많이 나와 있고, 동네 도서관이나 인터넷, 휴대폰 애플리케이션, 듣기 자료 등을 활용할 수 있습니다. 아이 수준에 맞는 쉬운 단계의 짧은 동화책부터 시작해서 하나씩 하나씩 아이가 스스로 성취감을 맛보도록 해야 합니다. 그리고 영어는 읽기뿐만 아니라 말하기, 듣기, 쓰기 등도 골고루 발달시켜야 하므로, 영어 동화책을 소리 내어 읽고, 원어민의 소리로 들어보며 따라 쓰기를 하는 방법도 좋습니다. 영어의 경우에는 겨울방학에도 마찬가지로 학습하면 됩니다.

수학: 교과서와 익힘책으로 복습한다

여름방학

3학년 여름방학 때는 1학기에 공부한 내용들을 철저하고 꼼꼼하게 복습해야 합니다. 복습할 때 가장 기본적인 텍스트는 수학 교과서와 익힘책이 되어야 합니다. 가장 핵심적이고 중요한 교재이기 때문에 그렇습니다. 수학 익힘책은 한 권을 따로 미리 구매해 놓는 것도 좋습니다.

아이와 함께 3학년 1학기 수학 6개 단원의 공부 계획을 세워서 차근차근 한 단원씩 풀어 보도록 합니다. 수학은 모든 과목을 통틀어 문제집도 가장 다양하게 수준별로 많이 나와 있습니다. 아이가 본인의 여름방학 공부 계획에 맞춰 수학 교과서와 익힘책을 풀었다면, 아이 수준에 맞는 쉬운 문제집을 선택하여 해당 단원을 병행해서 풀어 보도록 합니다. 아이들이 부담 없이 풀기에 적당한 문제집으로는《EBS 초등 만점왕》(한국교육방송공사),《빅데이터 우등생》(해법수학),《디딤돌 초등 수학 기본편》(디딤돌) 등이 있습니다.

초등 수학에서 〈연산〉 영역의 비중이 절대적으로 높기 때문에 방학 기간 중 연산을 확실하게 잡아야 합니다. 수학에서 학습 능력이 부족한 아이들은 문장제 문제를 어려워하는 경향이 많습니다. 이런 아이들을 위해 수학 동화책을 읽도록 해서 수학적 사고력을 키우고 수학에 대한 흥미를 유발할 수도 있습니다. 굳이 학습 능력이 부족한 아이들이 2학기 내용을 예습할 필요는 없습니다. 1학기 내용을 철저히 복습하며 꾸준한 독서를 통해 수학에 자신감을 갖는 것이 우선순위가 되어야 합니다.

겨울방학

수학 공부의 기본은 역시 교과서와 익힘책입니다. 겨울방학에는 3학년 1학기와 2학기 교과서를 함께 놓고 수학의 5가지 영역(수와 연산, 도형, 측정, 규칙성, 자료와 가능성)별로 해당 단원을 연결해서 살펴보는 것이 좋습니다. 예를 들어, 초등 수학에서 〈수와 연산〉 영역의 비중이나 중요성이 압도적으로 높기 때문에, 1학기 1단원 「덧셈과 뺄셈」을 먼저 공부하고 3단원 「나눗셈」을 공부합니다. 그리고 2학기 2단원 「나눗셈」을 이어서 공부하는 것입니다. 그 후 1학기 4단원 「곱셈」을 공부하고, 2학기 1단원 「곱셈」을 공부합니다. 1학기 6단원 「분수와 소수」를 공부한 후에 2학기 4단원 「분수」를 공부합니다. 〈도형〉 영역에서는 1학기 2단원 「평면도형」을 먼저 공부하고, 이어서 2학기 3단원 「원」을 공부합니다.

〈수학 연산〉 연계 학습 방법 🔍

단계	학습 내용	해당 단원
Step 1	덧셈과 뺄셈	1학기 1단원
Step 2	나눗셈 ①	1학기 3단원
Step 3	나눗셈 ②	2학기 2단원
Step 4	곱셈 ①	1학기 4단원
Step 5	곱셈 ②	2학기 1단원
Step 6	분수와 소수	1학기 6단원
Step 7	분수	2학기 4단원

수학 교과서에서는 각 영역을 골고루 다뤄야 하기 때문에 각 학기마다 수학의 5개 영역을 균형 있게 배치합니다. 하지만 겨울방학 때 수학을 복습할 때 이렇게 각 영역별로 공부하게 되면 아이들 눈에도 계열성이 보이게 되며, 공부의 흐름을 잡는 데 탁월한 효과가 있습니다.

1학기와 2학기 수학 교과서와 익힘책 공부를 모두 끝냈으면 각 단원의 중요한 내용을 부모님이나 형제자매에게 설명해 보도록 하는 것도 좋습니다. 문제를 출제하게 해서 가족들이 시험을 보는 것도 좋은 경험입니다. 남에게 설명하는 경험을 통해 아이는 보다 정확하게 의미를 이해할 수 있고, 본인의 부족한 점을 새삼 느낄 수 있습니다. 그 후에 종합 복습 차원에서 문제집을 한 권 정도 풀면 됩니다. 초등 교과서와 함께 하는 문제집으로는《더올림 교과수학 3학년》(더올림)을 추천합니다. 교과서 내용이 100퍼센트 연계되어 아이가 공부하는 데도 익숙하고, 교과서와 병행해서 봐도 무리가 없습니다.

3장

잘하는 초등 3학년,
그럼 더 발전시켜야죠

초등교사는 중고등학교 선생님들과 달리 아침에 출근해서 저녁 퇴근하기 전까지 대부분의 시간을 교실에서 지냅니다. 저는 수업 시간뿐만 아니라 쉬는 시간에도 아이들을 지켜봅니다. 아이들은 어디로 튈지 모르는 공과 같아서 긴장의 끈을 놓으면 안 되거든요. 쉬는 시간에 화장실 가는 것도 참았다가 아이들이 하교하면 가는 편입니다.

아이들과 하루만 수업하며 생활하면 그 아이가 어떤지 눈에 보입니다. 공부를 잘하고 못하는 것뿐만 아니라 평소 생활태도와 습관 등도 알 수 있습니다. 아이들의 모습은 집과 학교가 다른 경우가 많아서, 집에서는 못 보던 모습이 학교에서 나타나는 경우가 있고, 반대로 학교에서 보이는 모습을 집에서는 찾아볼 수 없는 경우도 있습니다.

요즘은 공부 잘하는 초등 3학년 아이들이 다른 것도 다 잘하는 경우가 많습니다. 즉, 영어와 수학을 잘하는 아이가 체육이나 미술, 음악도 잘하고 책도 많이 읽습니다. 수업 태도도 바르고 발표도 잘합니다. 반대로 학업 능력이 부족한 아이들은 학교 생활에 무기력하고 발표도 안하고 미술이나 음악 시간에도 소극적입니다. 예전에는 중간 정도 수준의 아이들이 많았다면 갈수록 잘하는 아이와 부족한 아이로 양분되는 추세입니다. 중간 수준의 아이들이 갈수록 줄어드는 것입니다. 우리 아이는 학교에서 어떤 모습일까요? 무기력하고 소극적인 아이보다는 이왕이면 뭐든 잘하고 적극적인 아이가 좋지 않을까요? 이렇게 잘하는 아이라면 좀 더 발전할 수 있도록 계속 격려하고 지원해 주셔야 합니다.

초격차 아이들을 위한
학습 제안

국어: 줄글 책을 읽힌다

공부를 잘하는 초격차 아이들의 국어 실력을 심화시키는 가장 확실한 방법은 역시 "독서"입니다. 3학년 초격차 아이들의 경우, 그림책보다는 줄글로 된 책을 보도록 하는 것이 좋습니다. 아무래도 그림책이나 학습만화는 글보다는 그림이 중심이어서 아이들이 책을 볼 때 내용보다는 이미지에 빠져서 글은 부수적으로 이해하는 경향이 있습니다. 반면, 그림이 적은 책을 볼 때는 글을 읽으며 그 장면을 스스로 생각하며 읽게 됩니다. 당연히 아이들의 상상력이나 창의력을 키우는 데는 줄글로 된 책이 훨씬 좋습니다. 대부분 두께가 얇은 책을 보기 때문에 초격차 아이들의 경우 하루 1권씩 읽는 것도 가능합니다. 주말에는 읽지 않는다고 해도 일주일에 적어도 다섯 권은 읽을 수 있습니다. 책이 두껍지 않기 때문에 충분히 가능한 숫자입니다. 하지만 초격차 아이들이라 해도 3학년생이 너무 두꺼운 책을 읽는 것은 무리입니다.

책을 읽고 독서 기록장에 자세하게 기입할 필요는 없습니다. 아이들에게 책 읽는 것 자체를 권장하고 지지해 줘야지, 그것을 기록하고 확인하는 것에 치중하다 보면 자칫 독서에 흥미를 잃고 기록하는 부수적인 행위에 매몰되어 부담을 느낄 수도 있습니다. 간단하게 책 읽은 날짜와 책 제목, 책의 내용과 본인의 생각이나 느낌을 1줄 정도만 간단히 기록하는 것이 좋습니다. 오히려 짧게 1줄로 요약하고 기록하는 것이 더 어려울 수도 있지만, 반복하다 보면 아이들이 책의 핵심을 파악하고, 본인의 소감을 간단하게 표현하는 능력도 향상됩니다.

가능하다면 2학기 교과서를 미리 구해서 훑어보는 것도 좋습니다. 3학년 2학기 때는 4학년 1학기 교과서를 미리 구해서 보는 것이죠. 아무래도 국어에서는 가장 기본이 되고 중요한 텍스트가 교과서이기 때문에 교과서 읽기를 통해 먼저 제시 글을 접하고 생각해 볼 수 있습니다. 또한 교과서에 실린 작품들이 중요합니다. 교과서에는 분량 제한 때문에 대부분의 작품이 일부분만 소개되어 있습니다. 초격차 아이들의 경우 교과서에 실린 작품의 원문을 찾아서 전부 읽어 보는 것도 도움이 많이 됩니다. 교과서에 실린 작품은 친절하게 교과서 제일 뒷부분에 자세히 소개되어 있습니다. 대부분 유명한 작품들로, 교과서에 발췌 인용된 도서가 도서관에 비치되어 있으니 동네 도서관에서 대출해 보여 주시면 좋습니다.

3학년 1학기 교과서에 실린 작품

실린 단원(쪽)	제재 이름	지은이	제목 및 출판사
독서 단원(21쪽)	밤송이 형님	박민호	《소똥 밟은 호랑이》 (영림카디널)
1단원 (31쪽)	봄의 길목에서	우남희	《너라면 가만있겠니?》 (청개구리)
1단원 (36쪽)	소나기	오순택	《꽃 발걸음 소리》 (아침마중)
1단원 (38~39쪽)	공 튀는 소리	신형건	《아! 깜짝 놀라는 소리》 (푸른책들)
1단원 (40~47쪽)	바삭바삭 갈매기	전민걸	《바삭바삭 갈매기》 (한림출판사)
1단원 (50~57쪽)	으악, 도깨비다!	손정원	《으악, 도깨비다!》 (느림보)
1단원 (62쪽)	강아지풀	강현호	《바람의 보물찾기》 (청개구리)
1단원 (64쪽)	아기 고래	김륭	《삐뽀삐뽀 눈물이 달려온다》 (문학동네)
4단원 (126쪽)	리디아의 정원	세라 스튜어트	《리디아의 정원》 (시공주니어)
5단원 (146~147쪽)	민화와 불화의 매력	장세현	《한눈에 반한 우리 미술관》 (사계절)
5단원 (152~153쪽)	플랑크톤이란?	김종문	《플랑크톤의 비밀》 (예림당)
6단원 (170~171쪽)	쓰레기 정거장	영등포구청	<꿈나무 영등포> 제16호(봄호) (영등포구청)
6단원 (174쪽)	행복한 짹짹콩콩이	박성배	《행복한 비밀 하나》 (푸른책들)
7단원 (203~204쪽)	먹을 수 있는 꽃 요리	오주영	《명절 속에 숨은 우리 과학》 (시공주니어)
8단원 (220~223쪽)	아씨방 일곱 나무	이영경	《아씨방 일곱 동무》 (비룡소)

9단원 (242쪽)	다람쥐는 왜 쉬지 않고 딱딱한 걸 갉아 댈까요?	왕입분	《개구쟁이 수달은 무얼 하며 놀까요?》(JEI재능교육)
9단원 (246~247쪽)	프린들 주세요	앤드루 클레먼츠	《프린들 주세요》 (사계절)
9단원 (250~251쪽)	반딧불이	함윤미, 김태우	《알고 보면 더 재미있는 곤충 이야기》(뜨인돌어린이)
10단원 (267쪽)	구름	이일숙	《짝 바꾸는 날》 (도토리숲)
10단원 (272~273쪽)	빗길	성명진	《축구부에 들고 싶다》 (창비)
10단원 (276쪽)	그냥 놔두세요	이준관	《쥐눈이콩은 기죽지 않아》 (문학동네)
10단원 (279~283쪽)	만복이네 떡집	김리리	《만복이네 떡집》 (비룡소)

3학년 2학기 교과서에 실린 작품 🔍

실린 단원(쪽)	제재 이름	지은이	제목 및 출판사
1단원 (48~57쪽)	거인 부벨라와 지렁이 친구	조 프리드먼	《거인 부벨라와 지렁이 친구》 (주니어RHK)
2단원 (69쪽)	꼬마야, 꼬마야, 줄넘기	서해경	《들썩들썩 우리 놀이 한마당》 (현암사)
4단원 (121쪽)	공을 차다가	이정환	《어쩌면 저기 저 나무에만 둥지 를 틀었을까》(푸른책들)
4단원 (126~127쪽)	감기	정유경	《까불고 싶은 날》 (창비)
4단원 (131쪽)	지구도 대답해 주는구나	박행신	《눈코귀입손!》 (위즈덤북)
4단원 (134~136쪽)	진짜 투명 인간	레미 쿠르종	《진짜 투명 인간》 (씨드북)
4단원 (150쪽)	천둥소리	유강희	《지렁이 일기 예보》 (비룡소)

4단원 (155쪽)	팝콘	신유진(학생)	《내 입은 불량 입》 (크레용하우스)
6단원 (196~201쪽)	꼴찌라도 괜찮아!	유계영	《꼴찌라도 괜찮아!》 (휴이넘)
7단원 (218~221쪽)	온 세상 국기가 펄럭펄럭	서정훈	《온 세상 국기가 펄럭펄럭》 (웅진주니어)
8단원 (240~243쪽)	베짱베짱 베 짜는 베짱이	임혜령	《이야기 할아버지의 이상한 밤》 (한림출판사)
9단원 (272~275쪽)	대단한 줄다리기	베벌리 나이두	《무툴라는 못 말려!》 (국민서관)
9단원 (278~281쪽)	토끼의 재판	방정환	<어린이> 제1권 제10호

영어: 다양한 공부 방법을 제시한다

사실 초격차 아이들은 학교에서 진행되는 영어 수업을 이해하는데 전혀 문제가 없습니다. 오히려 너무 쉽다고 느낍니다. 대부분의 교육청이 "단 한 명의 아이도 포기하지 않는 책임 교육"을 구호로 내걸고 있어서 중간 수준의 아이들이나 잘 따라오지 못하는 아이들에 맞추어 수업을 진행합니다. 게임, 역할 놀이, 노래, 챈트 등 다양한 활동 중심으로 진행되어 누구나 재미있게 참여하는 수업이 가능하지만 깊이 있게 영어를 배우기는 어려운 현실입니다. 그래서 초격차 아이들은 개인적으로 매일 영어 공부를 해서 본인의 실력을 향상시키도록 노력해야 합니다.

다행히 교과서 외에 다양하게 영어를 공부할 수 있는 방법이 많습니다. 다만, 아이 스스로 그 방법을 찾을 수는 없고, 부모님이 아이 영어 교육에 관심을 갖고 다양한 길을 제시해 줘야 합니다. 여러 가지 구체적인 방법이 있는데, 우선 EBS 잉글리시 방송을 규칙적으로 보는 것이 도움이 됩니다. 각 지역 도서관에서 영어 동화책을 대출해서 봐도 좋습니다. 오디오북을 활용해도 되며, 유튜브에 있는 다양한 무료 영어 애니메이션을 활용할 수 있습니다. 아이의 선호에 따라 적절한 자료를 선택해 제공해 주면 됩니다.

영어 동화는 우선 본인이 소리 내어 읽어 본 후 듣기를 병행하면 좋습니다. 흘려듣기를 먼저 하고, 나중에 집중해서 듣기를 합니다. 그리고 차로 이동할 때 아이가 평소 즐겨 보는 애니메이션이나 영화 OST를 반복해서 들려 주는 것도 듣기 능력 향상에 도움이 됩니다.

교과서나 영어 동화책을 보며 처음 보거나 모르는 단어들이 나오면 따로 "나만의 단어장"을 만들어서 정리하는 습관을 갖도록 해야 합니다. 영어 실력을 늘리기 위해서는 풍부한 어휘가 중요한데, 초등학교 때부터 단어장을 구입해서 암기하도록 하는 것보다는 아이가 스스로 단어를 정리하는 습관을 갖도록 하면 보다 애착이 생기고, 성취감도 느끼며 자연스럽게 어휘를 암기할 수 있게 됩니다.

결국 영어 공부는 습관입니다. 아이들이 매일 매일 규칙적으로 꾸준하게 영어 공부를 할 수 있도록 부모님이 다양한 방법을 제시해 줘야 합니다. 사실 영어는 부모님의 노력으로 어느 정도 성취가 가능한 과목이거든요. 부모님이 미리 여러 자료를 찾아서 검토해 우리 아이에게 효과적이고 적절한 자료를 적시에 제시해 줘야 합니다. 이렇게 하면 분명 초격차 아이들은 영어에서 더욱 성장할 수 있을 것입니다.

수학: 반복 학습과 심화 문제풀이로 복습한다

초격차 아이들의 수학 공부에서 가장 중요한 점은 '어설픈 예습'보다 '제대로 된 복습'입니다. 사실 2학년까지 수학 내용 중에서 중요한 것은 구구단, 즉 곱셈구구가 유일합니다. 그 외에는 기본적인 덧셈과 뺄셈 정도입니다. 그런데 3학년 수학에서는 2학년 때와는 비교가 안 되는 수학의 핵심 개념들이 쏟아집니다. 아이들이 나머지 학년 내내 힘들어하는 나눗셈, 곱셈, 분수, 소수 등이 나옵니다. 이러한 핵심 개념을 정확하게 이해하고, 관련 문제들도 실수 없이 풀어낼 수 있어야 합니다. 그러기 위해서는 꼼꼼하게 복습하고 정확하게 알고 있는지 확인해야 합니다. 굳이 3학년 때 4, 5학년 내용을 선행학습 해 봤자 큰 실익이 없다는 뜻입니다. 오히려 반복 학습과 관련 심화 문제풀이 등을 통해 수학의 핵심 개념을 완벽하게 이해하는 것이 더욱 중요합니다.

초등 수학에서는 수학의 5가지 영역인 〈수와 연산〉, 〈도형〉, 〈측정〉, 〈규칙성〉, 〈자료와 가능성〉 중 압도적으로 〈연산〉이 중요합니다. 〈연산〉은 비단 수학적 능력에만 국한되는 것이 아니라 인성적인 측면과도 관련이 있습니다. 연산 능력이 뛰어난 아이들이 보통 집중력이 우수하고 인내심도 좋은 편입니다. 문장제 문제에서 묻는 내용을 정확하게 이해하여 실수 없이 풀기 위해서는 수학적 능력만 뛰어나서는 안되기 때문입니다. 따라서 초격차 아이들은 수학 교과서와 수학 익힘책뿐만 아니라 연산 능력 향상을 위해 별도로 연산 문제집을 푸는 것이 좋습니다. 시중에 연산 문제집은 무궁무진합니다.《기탄 수학》(기탄교육),《기적의 계산법》(길벗스쿨),《메가 계산력》(메가스터디북스),《최상위 연산》(디딤돌),《빅터 연산》(천재교육),《한 권으로 계산 끝》,《쎈연산》(넥서스에듀),《사고셈》(NE능률) 말이죠. 이런 연산 문제집을 선택해서 아이에게 풀게 하고, 다 풀었을 경우에는 좀 더 심화된 연산 문제집을 풀어서 아이의 수학적 사고력과 창의력, 문제 해결력을 함양하도록 유도하면 좋습니다.

수학의 각 영역별로 핵심 어휘의 뜻을 정확하게 아는 것도 중요합니다. 3학년 때부터 6학년 졸업할 때까지 별도의 수학 핵심 개념 노트를 각자 만들도록 합니다. 3학년 수학에서는 많은 개념들이 나오는데, 수학 교과서에서는 이러한 핵심 개념의 뜻이 무엇인지 box로 정리해서 설명하고 있습니다.

수학 개념들을 따로 노트에 정리하여 직접 쓰고 암기하는 습관을 들이면, 초등학교 졸업할 때는 한 권의 초등 수학 핵심 어휘집이 만들어질 것입니다. 아이들 중에 수학 3학년 2학기 3단원 「원」에 나오는 '원의 중심', '지름', '반지름'의 개념을 직접 설명할 수 있는 아이들은 많지 않습니다. 초격차 아이들 중에도 관련 문제는 능숙하게 푸는데, 그 개념을 본인 말로 구체적으로 표현할 수 있는 아이들은 드뭅니다.

3학년 1학기 수학 교과서 핵심 어휘

단원	개념	뜻	페이지
2. 평면 도형	선분	두 점을 곧게 이은 선	31
	반직선	한 점에서 시작하여 한쪽으로 끝없이 늘인 곧은 선	32
	직선	선분을 양쪽으로 끝없이 늘인 곧은 선	33
	각	한 점에서 그은 두 반직선으로 이루어진 도형	34
	직각	그림과 같이 종이를 반듯하게 두 번 접었을 때 생기는 각	37
	직각삼각형	한 각이 직각인 삼각형	38
	직사각형	네 각이 모두 직각인 사각형	41
	정사각형	네 각이 모두 직각이고 네 변의 길이가 모두 같은 사각형	43
3. 나눗셈	나눗셈식	$8 \div 2 = 4$와 같은 식	52
5. 길이와 시간	1mm	1cm를 10칸으로 똑같이 나누었을 때 작은 눈금 한 칸의 길이	88
	1초	초바늘이 작은 눈금 한 칸을 가는 동안 걸리는 시간	96
	60초	초바늘이 시계를 한 바퀴 도는 데 걸리는 시간	96
6. 분수와 소수	$\frac{1}{2}$	전체를 똑같이 2로 나눈 것 중의 1	115
	$\frac{2}{3}$	전체를 똑같이 3으로 나눈 것 중의 2	115
	분수	$\frac{1}{2}, \frac{2}{3}$ 와 같은 수	115
	단위분수	분수 중에서 $\frac{1}{2}, \frac{1}{3}, \frac{1}{4}, \frac{1}{5}$ 과 같이 분자가 1인 분수	120
	소수	0.1, 0.2, 0.3과 같은 수	123

그런데 여기서 나오는 '지름', '반지름' 등의 핵심 어휘는 4학년 1학기 때 배우는 「삼각형」, 「사각형」 단원에서 또 나옵니다. 「삼각형」 단원에서 '삼각형을 분류'하게 되는데, '이등변삼각형', '정삼각형', '예각삼

3학년 2학기 수학 교과서 핵심 어휘

단원	개념	뜻	페이지
3. 원	원의 중심	원을 그릴 때에 누름 못이 꽂혔던 점 o	62
	반지름	원의 중심 o과 원 위의 한 점을 이은 선분	62
	지름	원 위의 두 점을 이은 선분이 원의 중심 o을 지날 때, 이 선분	62
4. 분수	진분수	$\frac{1}{4}, \frac{2}{4}, \frac{3}{4}$과 같이 분자가 분모보다 작은 분수	85
	가분수	$\frac{4}{4}, \frac{5}{4}$와 같이 분자가 분모와 같거나 분모보다 큰 분수	85
	자연수	$\frac{4}{4}$는 1과 같다. 1, 2, 3과 같은 수	85
	대분수	$1\frac{1}{4}$과 같이 자연수와 진분수로 이루어진 분수	86
6. 자료의 정리	그림그래프	알려고 하는 수(조사한 수)를 그림으로 나타낸 그래프	130

각형', '둔각삼각형', '직각삼각형'도 분류 기준에 따라 정확하게 알아야 합니다. 아이들이 반복된 풀이로 문제는 풀 수 있지만 핵심 개념을 말로 설명해 보라고 하면 말문이 막히는 경우가 많습니다. 그런 점에서 아이들이 스스로 3학년 때부터 수학 핵심 어휘를 정리하도록 해서, 그 어휘들을 반복해 암기하도록 하면 큰 도움이 될 것입니다. 또한 난이도별로 초등 수학 관련 도서들도 시중에 많이 나와 있습니다. 그런 책을 읽으면 아이들이 자연스럽게 수학에 흥미와 자신감을 갖고, 수학 핵심 어휘를 익힐 수 있을 것입니다.

사회: 주소가 있는 공부를 한다

사회는 개념이 중요해서 교과서에 중요한 개념들은 굵은 글씨로 나와 있습니다. 수학의 핵심 어휘 노트처럼 사회 역시 3학년 때부터 초등 사회 핵심 개념 노트를 정리하면 도움이 됩니다. 그리고 사회는 과학과 더불어 "주소가 있는 공부"를 해야 합니다. 지금 내가 공부하는 개념이 어느 대단원에서 어떤 중단원의 내용인지를 스스로 구조화하는 공부인 것이죠. 예를 들어, 3학년 1학기 사회 교과서를 살펴보면, 3단원은 「교통과 통신 수단의 변화」입니다. 여기서 2차시에는 가마, 뗏목, 돛단배, 소달구지가 나오고, 3차시에는 비행기, 기차, 승용차, 버스, 자전거 등이 나옵니다. 각각의 개별적인 교통수단의 개념을 아는 것도 필요하지만, 그보다 더 중요한 것은 2차시에 배운 교통수단은 옛날 사람들이 이용했던 것이며, 3차시에 배운 것은 오늘날 사람들이 이용하는 교통수단이라는 점을 구분해서 알아두는 것이 중요합니다. 즉, 사회에서 중요한 것은 구체적인 사실적 지식을 아는 것도 필요하지만 개별 사실에서 공통적인 성질을 추출한 개념적 지식이 더 중요하며, 개념간의 상호 관계를 표현한 지식인 일반화도 알아야 한다는 점입니다.

사회는 교과서 각 단원 끝 부분에 '주제 마무리'와 '단원 마무리'가 별도로 제시되어 있습니다. 초격차 아이들이 그 부분을 보면서 앞서 배운 내용들을 기억하고 스스로 설명할 수 있어야 합니다. 물론 설명할 때 유념해야 하는 부분은 "주소가 있는 공부"입니다. 사회는 그렇게 체계적인 공부를 해야 사회 교육과정이 구성된 원리인 환경확대법과 나선형 교육과정의 원리를 이해할 수 있습니다. 초등학교 때부터 체계적으로 공부해야 향후 중고등학교에 진학해서도 머릿속에 핵심 개념들이 깔끔하게 정리될 수 있습니다.

사회는 특히 아이들의 상식 및 배경지식 형성에 결정적인 영향을 미치는 과목이기에 교과 내용을 이해하기 위해 폭넓은 독서를 권장합니다. 독서를 통해 핵심 어휘나 개념 등을 익힐 수 있으니까요. 워낙 다양한 관련 책들이 많아서 얼마든지 아이 수준에 맞는 책을 선택해서 적절하게 제공해 줄 수 있습니다. 하지만 "학습만화"라는 이름의 만화책은 보지 않도록 해야 합니다. 아이들의 상상력을 저해하며 읽기 능력에도 부정적인 영향을 끼치기에, 아예 보지 못하도록 강력하게 지도해 주세요.

끝으로, 다양한 체험을 하는 것도 좋습니다. 가족과 함께하는 현장 체험학습, 박물관 견학, 역사 유적지 방문 등은 아이들이 책에서 배운 내용을 실제 눈으로 확인하고, 견문을 넓히는 데 큰 도움이 될 것입니다. 실제 3학년 사회에서는 주로 우리 고장에 대해 배우게 되는데, 아이와 함께 우리 고장을 꼼꼼히 답사하며 답사해서 알게 된 것을 교과 내용과 연계해서 아이가 설명하도록 하는 게 좋습니다. 그렇게 하면 정확한 개념을 이해할 수 있고 개념을 실제 적용해 보는 경험도 하게 되니 많은 도움이 될 것입니다.

과학: 학습 내용을 구조화한다

초등 3학년 때 배우는 과학 내용은 간단하고 쉬운 실험과 관찰이 대부분이라고 해도 과언이 아닙니다. 하지만 핵심 개념과 각 실험과 관찰 과정을 정확하게 이해해야 하며, 그 결과 역시 알고 있어야 합니다. 과학은 아이들의 사고를 요하도록 각 차시의 내용들이 상당히 짜임새 있게 모두 의문문의 형태로 이루어져 있습니다.

3학년 1학기 과학 교과서 차례

단원	단계	차시 제목
1. 과학자는 어떻게 탐구할까요?	과학 탐구	과학자는 어떻게 관찰할까요?
		과학자는 어떻게 측정할까요?
		과학자는 어떻게 예상할까요?
		과학자는 어떻게 분류할까요?
		과학자는 어떻게 추리할까요?
		과학자는 어떻게 의사소통할까요?
2. 물질의 성질	재미있는 과학	비밀 상자 속 물체 알아맞히기
	과학 탐구	물체는 어떤 재료로 만들어졌을까요?
		여러 가지 물질에는 어떤 성질이 있을까요?
		물질의 성질은 우리 생활에서 어떻게 이용될까요?
		종류가 같은 물체를 서로 다른 물질로 만드는 까닭은 무엇일까요?
		서로 다른 물질을 섞으면 물질의 성질은 어떻게 될까요?
	과학과 생활	물질의 성질을 이용해 연필꽂이 설계하기
	단원 마무리	물질의 성질을 정리해 볼까요?

	재미있는 과학	신비한 알에서 나올 동물 상상하기
3. 동물의 한살이	과학 탐구	동물의 암수는 생김새와 하는 일이 어떻게 다를까요?
		배추흰나비를 기르면서 한살이를 알아보려면 어떻게 해야 할까요?
		배추흰나비알과 애벌레에는 어떤 특징이 있을까요?
		배추흰나비 번데기와 어른벌레에는 어떤 특징이 있을까요?
		여러 가지 곤충의 한살이에는 어떤 특징이 있을까요?
		알을 낳는 동물의 한살이를 알아볼까요?
		새끼를 낳는 동물의 한살이를 알아볼까요?
	과학과 생활	여러 가지 동물의 한살이를 만화로 표현하기
	단원 마무리	동물의 한살이를 정리해 볼까요?
4. 자석의 이용	재미있는 과학	재미있는 자석 인형
	과학 탐구	자석에 붙는 물체에는 어떤 것이 있을까요?
		자석에서 클립이 많이 붙는 부분은 어느 곳일까요?
		자석을 철로 된 물체에 가까이 가져가면 어떻게 될까요?
		물에 띄운 자석은 어느 방향을 가리킬까요?
		철로 된 물체로 나침반을 만들어 볼까요?
		자석을 다른 자석에 가까이 가져가면 어떻게 될까요?
		자석 주위에 놓은 나침반은 어떻게 될까요?
		우리 생활에서 자석은 어떻게 이용될까요?
	과학과 생활	자석을 이용한 장난감 만들기
	단원 마무리	자석의 이용을 정리해 볼까요?
5. 지구의 모습	재미있는 과학	지구와 달의 모습을 몸으로 표현하기
	과학 탐구	지구의 표면에서는 어떤 모습을 볼 수 있을까요?
		지구의 육지와 바다에는 어떤 특징이 있을까요?
		지구의 공기는 어떤 역할을 할까요?
		지구는 어떤 모양일까요?
		달은 어떤 모습일까요?

		지구와 달은 어떻게 다를까요?
	과학과 생활	소중한 지구 보존하기
	단원 마무리	지구의 모습을 정리해 볼까요?

3학년 2학기 과학 교과서 차례 🔍

단원	단계	차시 제목
1. 재미있는 나의 탐구	과학 탐구	탐구 문제를 정해 볼까요?
		탐구 계획을 세워 볼까요?
		탐구를 실행해 볼까요?
		탐구 결과를 발표해 볼까요?
		새로운 탐구를 시작해 볼까요?
2. 동물의 생활	재미있는 과학	동물 이름 맞히기 놀이
	과학 탐구	주변에는 어떤 동물이 살까요?
		동물을 어떤 특징으로 분류할 수 있을까요?
		땅에는 어떤 동물이 살까요?
		사막에는 어떤 동물이 살까요?
		물에는 어떤 동물이 살까요?
		날아다니는 동물에는 어떤 것이 있을까요?
		우리 생활에서 동물의 특징을 어떻게 활용할까요?
	과학과 생활	동물의 특징을 활용한 로봇 설계하기
	단원 마무리	동물의 생활을 정리해 볼까요?
3. 지표의 변화	재미있는 과학	흙 언덕 깃발 지키기
	과학 탐구	흙은 어떻게 만들어질까요?
		운동장 흙과 화단 흙은 어떻게 다를까요?
		흐르는 물은 지표를 어떻게 변화시킬까요?
		강 주변의 모습을 알아볼까요?

		바닷가 주변의 모습을 알아볼까요?
	과학과 생활	흙을 보존하기 위한 시설물 만들기
	단원 마무리	지표의 변화를 정리해 볼까요?
4. 물질의 상태	재미있는 과학	광고풍선 만들기
	과학 탐구	나무 막대, 물, 공기를 비교해 볼까요?
		나무 막대는 어떤 상태일까요?
		물은 어떤 상태일까요?
		공기가 있는 것을 어떻게 알 수 있을까요?
		공기는 어떤 상태일까요?
		공기는 무게가 있을까요?
	과학과 생활	고체, 액체, 기체를 이용해 장난감 만들기
	단원 마무리	물질의 상태를 정리해 볼까요?
5. 소리의 성질	재미있는 과학	명탐정! 소리의 주인공 추리하기
	과학 탐구	물체에서 소리가 날 때의 공통점은 무엇일까요?
		어떻게 하면 작은 소리나 큰 소리를 낼 수 있을까요?
		높은 소리와 낮은 소리를 어떻게 이용할까요?
		소리는 무엇을 통해 전달될까요?
		실을 이용해 소리를 전달할 수 있을까요?
		소리가 나아가다가 물체에 부딪치면 어떻게 될까요?
		우리 주변의 소음을 어떻게 줄일까요?
	과학과 생활	다양한 소리로 인형극 꾸미기
	단원 마무리	소리의 성질을 정리해 볼까요?

과학 교과서는 '차례'도 잘되어 있지만 각 단원의 '단원 마무리'도 구조화되어 알기 쉽게 정리되어 있습니다. 단원 마무리의 왼쪽 하단에 '스스로 확인하기'가 있어서 아이가 스스로 그 단원의 내용을 얼마나

알고 있는지 확인할 수 있습니다.

　다음은 과학 3학년 1학기 2단원 「물질의 성질」의 단원 마무리 중 일부입니다.

　과학 공부를 할 때 초격차 아이들에게 최선의 방법은 각 단원을 배우고 나서 교과서 중심으로 먼저 차례를 통해 스스로 자문자답해 보고, 단원 마무리를 보며 배운 내용들을 구조화해 보는 것입니다. 즉, 차시의 주제를 보고 각 실험이나 관찰 과정과 결과를 머릿속에 정리하고

있다가 본인이 직접 설명할 수 있어야 한다는 의미입니다. 물론 3학년 아이가 스스로 하기에는 다소 어려울 수도 있습니다. 그럴 경우, 부모님이 관심을 가지고 과학 교과서 각 단원의 마무리 부분 제목을 물어보고, 아이가 그 질문에 대답을 하며 공부한 내용을 상기시켜 보면 좋은 복습 방법이 되는 동시에 아이의 머릿속에도 자연스럽게 학습 내용이 구조화될 것입니다. 고학년이 되어서도 이 방법으로 계속 공부하면 좋습니다.

과학도 사회처럼 관련 도서를 통한 연계 독서가 좋은 방법입니다. 하지만 독서와 더불어 추천하고 싶은 방법은 과학 관련 월간지를 보는 것입니다. 시중에 많이 보는 과학 관련 월간지에는 〈어린이 과학동아〉(동아사이언스), 〈과학소년〉(교원), 〈우등생 과학〉(천재교육), 〈과학쟁이〉(웅진) 등이 있습니다. 과학 공부를 할 때는 기본적으로 교과서를 중심으로 하되, 과학 월간지를 통해 아이들의 과학적 사고력, 과학적 탐구 능력, 과학적 문제 해결력, 과학적 참여 등을 보완하면 됩니다.

초격차 아이들을 위한
교과 외 활동 제안

독서 선행학습

독서는 선행학습을 해도 무방한, 오히려 선행학습을 하면 좋은 거의 유일한 분야라고 보면 됩니다. 아이들이 3학년 수준에서 많이 보는 짧은 책을 충분히 봤다면 좀 더 글밥이 많은 책을 보도록 권해 주면 좋습니다. 특히 독서가 자연스러운 습관으로 자리 잡도록 하는 것이 중요합니다.

독서의 중요성과 효과는 이미 많은 책과 자료를 통해 연구 성과가 입증되었습니다. 그런데 대부분 아이들이 이렇게 중요한 독서를 잘하지 않습니다. 독서를 하더라도 학습만화만 읽는 경우가 대부분입니다. 어떻게 하면 아이들의 독서 습관을 길러줄 수 있을까요? 크게 4가지 방법이 있습니다.

첫째, 하루 15분 책 읽어 주기

《하루 15분 책읽어주기의 힘》(북라인)이라는 책에서 저자 짐 트렐리즈(Jim Trelease)는 적어도 중학교 2학년 때까지는 책을 읽어 주는 것이 좋다고 이야기합니다. 물론 초등 고학년이나 중학교 학생에게 읽어 주는 텍스트는 그들 수준에 맞는 것으로 정하는 것이 중요합니다. 그러면 왜 책 읽어 주기를 강조할까요? 바로 아이들의 읽기 수준과 듣기 수준이 다르기 때문입니다. 아이들 대부분은 눈으로 읽는 것보다 더 높은 수준의 것을 듣고 이해할 수 있습니다. 책 읽어 주기를 통해 아이들이 기본적으로 독서에 흥미를 느끼고, 스스로 책을 읽을 수 있도록 만들어 줍니다.

이 책에서는 '하루 15분 책 읽어 주기'라고 하지만 구체적인 시간은 각 가정에서 아이들의 능력과 특성에 따라 탄력적으로 조정하면 됩니다. 읽어 주는 방식도 다양하게 바꿀 수 있습니다. 아이가 흥미를 느끼는 책의 시작 부분을 읽어 줄 수 있고, 가장 결정적인 부분 직전까지 읽어 줄 수도 있습니다. 또는 아이와 부모님이 번갈아 가면서 책을 읽는 것도 괜찮은 방법입니다.

둘째, 동네 도서관·대형 서점에 함께 가기

주말을 이용해서 동네 도서관에 아이 손을 잡고 함께 가면 교육적으로 아주 좋습니다. 대부분 도서관에 어린이용 열람실이 따로 있는 경우가 많으니까, 부모님은 성인용 책을 대출하고 아이는 어린이 열람실에서 자유롭게 책을 읽는 것이죠.

　제가 4학년 담임으로 2학기 학부모 상담할 때의 일화입니다. 학급 인원 24명 중 18명 학생의 부모님이 학교에 직접 오셨고, 나머지 6명의 학생 부모님과는 전화 상담을 진행했습니다. 학부모님과 아이에 대해 여러 가지 이야기를 나누면서 제가 가장 강조한 사항이 바로 독서였습니다. 아이와 함께 주말마다 동네 도서관에 가서 자유롭게 책을 읽으시라고 권했습니다. 그런데 24명의 학부모님 중 23명의 학부모님이 "선생님의 추천 방법이 좋은 것은 알지만 쉽지 않다", "주말마다 꼭 일이 생긴다" 등의 말씀을 하시면서 앞으로는 그렇게 실천하겠다고 하셨습니다. 딱 한 학부모님만이 이미 토요일마다 동네 도서관에 아이와 함께 가서 책을 읽는다고 자신 있게 말씀하셨습니다.

　저도 토요일 오전에 제 아이와 동네 도서관에 자주 가는데, 갈 때마다 그 아이를 본 기억이 있습니다. 2학기에 저희 반 자체적으로 '독서 골든벨 행사'를 진행하면서 제가 일부러 마지막 최후의 우승자를 가리기 위해 아주 어려운 문제를 냈는데, 그 아이 혼자 맞혀서 1등을 했습니다. 물론 운도 작용했겠지만 그 아이가 책을 상당히 꼼꼼하게 읽었던 기억이 납니다. 부모님과 아이가 주말마다 도서관에 가서 책을 읽는다고 자신 있게 이야기할 정도니까, 지금 당장은 그 효과가 눈에 띄게 나타나지 않더라도 아이의 배경지식이나 사고력, 창의력 등의 함양에 분명 큰 도움이 될 것입니다.

　동네 도서관에 가는 것 외에 대형 서점에 아이와 함께 가는 것도 좋습니다. 요즘 대형 서점은 책을 볼 수 있는 공간이 잘 꾸며져 있습니다. 함께 가서 아이가 원하는 책을 마음껏 보고 선택할 수 있도록 기회를 주는 것입니다. "네가 원하는 책 두 권만 골라 봐." 이렇게 이야기하면 아이가 신이 나서 책을 고르려고 뛰어다닐 것입니다. 굳이 학습만화를 고르겠다면 학습만화 1권과 부모님이 선택해 주는 책 1권을 번갈아 본다는 약속을 받고 사 주시는 것이 좋습니다.

셋째, 책을 활용한 다양한 활동하기

책을 읽고 독후 활동을 해도 좋고, 책을 읽는 중간의 활동도 좋습니다. 형제자매가 있다면 서로 책 내용을 소개해 주는 것입니다. 책 내용을 가지고 빙고 게임을 해도 좋습니다. 학교에서 아이들이 가장 좋아하고, 교사 입장에서 손쉽게 할 수 있는 활동이 빙고 게임입니다. 빙고 게임은 단순하게 숫자를 가지고 해도 되고, 학기 초에는 아이들의 이름을 가지고 해도 되며, 사회나 과학 과목은 핵심 개념을 가지고 해도 좋습니다. 책에 나오는 등장인물이나 내용을 가지고 빙고 게임을 하면 아이들이 책을 더 꼼꼼하게 신경 써서 읽을 것입니다.

그 외에 책과 관련된 활동은 무궁무진합니다. 책을 읽고, 그 책에서 가장 인상 깊은 장면을 스케치북에 그려도 좋습니다. 어른들이 예상하지 못한 장면을 그리면, 왜 그 장면이 가장 인상 깊었는지 설명하는 아이의 말을 들으며 그 아이에 대한 이해의 폭을 넓힐 수도 있습니다. 또한 내가 만약 작가라면 그 뒤의 이야기는 어떻게 될지 상상해서 간단하게 쓰거나 말해 볼 수도 있습니다. 요즘 아이들은 워낙 랩을 좋아하고 춤추는 것도 좋아하니까 읽은 책을 가지고 간단하게 랩으로 만들어 봐도 되고, 춤이나 몸동작으로 표현해도 괜찮습니다. 너무 어렵거나 거창하게 생각하지 마시고, 책을 읽고 나서 아이와 함께 다양한 관련 활동을 하면 아이가 책에 흥미를 느끼고 독서에 부담을 갖지 않을 것입니다. 너무 딱딱하게 "네가 읽은 책의 내용과 느낀 점을 말해 봐!"라고 하면 아이는 독서 자체에 부담을 느끼고, 책 읽기를 꺼려 할 것입니다.

넷째, 부모님이 솔선수범하기

독서가 중요하다는 것은 누구나 인정합니다. 독서는 아이에게만 좋은 게 아니라 어른들에게도 많은 도움이 됩니다. 하지만 부모님들은 아이에게 매일 책을 읽으라고 강요하면서 정작 본인들은 책을 읽지 않습니다. 오히려 아이들보다 더 많이 휴대폰을 보고 TV를 시청합니다. 아이들에게 가장 효과적인 독서 교육 방법은 어찌 보면 부모님의 솔선수범입니다. 가수 이적의 어머니이자 여성학자인 박혜란 씨는 공부하라는 잔소리를 한마디도 하지 않고 자녀들을 수재로 키운 것으로 유명합니다. 그분이 마흔이 되었을 때, 예전에 못다 한 대학원 공부를 시작하여 식탁에서 공부를 하자, 아이들이 알아서 책을 들고 모여 옆에서 공부를 한 것이 비결이라고 밝혔습니다. 이처럼 아이들에게 책을 읽으라고 100번 강요하는 것보다 부모님이 먼저 책을 읽는 모습을 보여 주는 것이 훨씬 효과적일 것입니다.

이 네 가지 방법을 통해 스스로 독서하는 습관을 형성하게 된다면 그것은 초격차 아이들에게 커다란 힘으로 작용할 것입니다. 또한 아이들과 함께 꾸준한 독서를 하면 지혜롭고 현명한 부모가 되는 부수적인 효과도 누릴 수 있습니다.

영재원 준비

3학년 초격차 아이들은 영재원을 미리 준비하면 좋습니다. 영재원은 각 지방마다 약간 차이는 있습니다. 하지만 '영재교육진흥법 제3조 2항(국가 및 지방자치단체의 의무)'에 의거하여 지방자치단체는 영재교육의 진흥을 위하여 필요한 지역 영재교육에 관한 세부 실천계획의 수립을 마련해야 한다고 언급하고 있습니다. 이에 각 지방마다 다양한 영재교육기관이 있습니다. 보통 수학, 과학 영역의 비율이 전체의 3/4 정도를 차지하는 편입니다. 그 외에 희소 특수영역의 영재교육(정보, 발명, 음악, 미술, 무용, 로봇 등)도 이루어지고 있습니다.

지역마다 차이는 있지만 일반적으로 초등학교 영재교육 과정은 4~6학년에 각 지역의 영재교육원과 영재학급, 대학 부설 영재교육원 등에서 교육이 이루어집니다. 영재교육 교육과정 운영의 기본 방향은 창의적 문제해결력 및 과제집착력 신장, 배려와 나눔을 실천하는 도덕적 리더십 함양, 영재 영역별 핵심 역량 강화에 있습니다.

3학년 아이들은 영재원 교육의 직접 대상은 아니지만, 4학년 때 영재원이나 영재학급 진학을 목표로 사전 대비를 하는 것이 좋습니다. 추후 영재원에 들어가게 되면 다양한 혁신 프로그램들을 이수해야 합니다. 혁신 프로그램은 주어진 상황에 학생들이 팀을 이루어 대책을 세우고 충분한 근거를 만들어 발표하고 토론하는 것입니다. 예를 들면, '화성의 우주 쓰레기 청소 방법 찾기'에 대한 해결책과 근거를 제시하기입니다. 학생들은 토론 주제에 대한 1~2가지 대책을 제시하고, 대책에 대한 근거를 차트에 작성하여 발표합니다. 가정에서 폭넓은 독서를 통해 이러한 창의적인 글쓰기를 미리 연습할 필요가 있습니다.

보통 영재원의 교육과정은 교과 활동과 재량 활동으로 구분하여 운영됩니다. 교과 활동은 승인된 교과 영역과 교양 과목(인문학), 3D 프린터, 드론, 빅데이터 관련 내용 등으로 하고, 재량 활동은 행사 활동, 사사교육과정, 다문화학생 결연 프로그램, 영재교육 혁신 프로그램 등으로 운영합니다. 그러므로 영재성 검사를 대비한 시중의 편협한 문제집에 의존하는 것이 아니라 수학과 과학 분야의 다양한 책을 읽고, 풍부한 체험학습을 하며 아이와 이야기를 나누는 것이 더 좋습니다.

사실 영재원 진학을 통해 아이가 엄청난 영재성을 발현하고 많은 것을 배울 것이라고 크게 기대하지 않는 것이 좋습니다. 다만, 아이의 자존감이 향상될 뿐만 아니라 학교 정규 교육과정보다는 수학과 과학 분야에서 보다 다양한 체험과 심화된 학습, 토론 등을 통해 과학적 사고력과 탐구력 등을 키우는 데 도움이 될 것은 틀림없습니다.

반복독서 &
베껴 쓰기

○
○

　　　　　　　　　　　　　올바른 독서법은 과연 무엇일까요?

책을 빨리 읽는 것이 좋을까요, 천천히 읽는 것이 좋을까요? 또는
책을 대충 많이 읽는 게 좋을까요, 적게 읽더라도 꼼꼼하게 읽는 게 좋
을까요? 아마 초등학생들에게 가장 중요한 교육 한 가지를 골라 보라
고 한다면 대부분의 교사들이 "독서"라고 답할 것입니다. 그만큼 독서
의 중요성은 누구도 이의를 제기하지 않습니다. 그런데 갈수록 아이들
이 책을 읽지 않습니다. 왜 그럴까요? 책보다 더 재미있는 것들이 많기
때문이죠. 예를 들어, 스마트폰과 컴퓨터 게임, 유튜브와 TV 시청 등
우리 주변에 시각적인 자극을 주는 것이 너무 많습니다. 아이들에게
책을 읽으라고 강조하면 기껏 보는 게 학습만화입니다.

　　저는 어릴 때부터 독서를 많이 했고, 지금도 꾸준히 매주 1~2권씩

책을 읽습니다. 저희 아이뿐만 아니라 학교에서 제가 맡은 아이들에게도 가장 강조하는 것이 독서입니다. 제 자신이 책을 많이 읽고 그 긍정적인 효과를 절감했기 때문에 독서를 강조하는 것입니다. 이런 독서에는 묵독, 음독, 낭독, 다독, 속독, 정독, 통독이 있습니다.

묵독(默讀)은 소리 내지 않고 눈으로 읽는 것으로, 흔히 내용을 깊이 이해할 수 있다고 말합니다. 묵독의 반대는 음독(音讀)입니다. 음독은 글을 소리 내어 읽는 것입니다. 낭독(朗讀)은 소리 내어 읽는다는 점에서는 음독과 같지만, 내용을 이해한 후에 목소리로 표현한다는 점이 음독과 다릅니다. 주로 문학 작품, 특히 시의 경우 낭독을 하면 더욱 효과적입니다.

다독(多讀)은 많이 읽는 것으로, 다독을 하면 글을 읽는 속도가 빨라지게 됩니다. 저도 책을 읽는 속도가 다른 사람보다 빠른 편입니다. 이렇게 빨리 읽는 속독(速讀)을 하려면 많은 연습이 필요합니다. 속독의 반대는 정독(精讀)으로 뜻을 잘 생각하고 글의 내용을 꼼꼼하게 천천히 읽는 것입니다. 끝으로 통독(通讀)은 처음부터 끝까지 글을 내리읽는 것을 말합니다.

아이들의 독서 방법으로 강력하게 추천하고 싶은 것은 소리 내어 책 읽기인 음독, 책을 꼼꼼하게 읽는 정독을 뛰어넘어서 천천히 내용을 음미하며 읽는 슬로우 리딩(slow reading), 그리고 반복 독서와 베껴 쓰기인 필사입니다. 반대로 좋지 않다고 생각하는 독서법은 속독입니다.

반복 독서는 천재들의 독서에서 자주 나타나는 아주 효과적인 독서법입니다. 세종대왕은 뛰어난 지적 능력으로 유명한데, 100번 읽고 100번 베껴 쓰는 백독백습(百讀百習) 독서법을 통해 능력을 얻게 되었다고 합니다.

우리가 이름만 들으면 알 수 있는 위인 중에는 100번의 반복 독서를 하고, 텍스트를 옮겨 적는 필사를 한 분들이 제법 많습니다. 책의 내용을 반복해서 읽고, 그것을 머릿속에서 온전히 이해하기 위해서는 필사가 효과적인 방법이기 때문에 그렇습니다. 조선 21대 왕인 영조도 "독서는 다독이 최고다. 나는 일찍이 《소학(小學)》을 백 번 넘게 읽었다. 하여 지금도 눈을 감고 암송할 수 있다"라고 했습니다. 서애 유성룡 선생도 18살에 《맹자(孟子)》를 읽기 위해 절에 들어가서 몇 달 동안 스무 번 넘게 읽어서 결국 《맹자》를 전부 외워 버렸다고 합니다. 조선 후기 실학자 이덕무 선생은 이렇게 말했습니다. "나는 어린 시절 아침에 40~50줄의 글을 배우면 저녁 때까지 그것을 50번씩 반복해서 읽었다. 그것을 매일 반복했다. 그 덕분에 공부에 큰 발전이 있었다."

여러분도 한번 생각해 보십시오. 아침에 본 책의 일부를 저녁까지 하루 50번씩 매일 반복해서 본다면, 처음에는 잘 이해되지 않던 내용도 자연스럽게 이해가 되고, 어느 순간 외워질 수도 있습니다. 당연히 그런 습관이 몸에 배면 크게 발전할 수밖에 없습니다. 우리 아이들에게도 반복 독서의 중요성을 강조하고, 책을 한 번만 읽고 끝내는 것이 아니라 좋은 책은 여러 번 반복해서 읽도록 해야 합니다.

다음으로 아이들에게 "필사(筆寫)"도 강조할 필요가 있습니다.

2020년 5월 29일 〈독서 신문〉의 기사에서 다음 내용을 소개하고 있습니다.

당신의 미래를 바꾸는 베껴 쓰기⋯⋯ '필사'

코로나19로 인해 집에 있는 시간이 많아져서인지, 필사(筆寫)에 대한 관심이 증가하고 있다. 필사란 말 그대로 글을 베껴 쓰는 것인데, 그저 글을 베껴 쓰는 이 행위에는 다양한 효용이 있다.

우선, 필사는 가장 훌륭한 글쓰기 훈련법이다. 위대한 작가들도 이를 인정한 바 있다. 가령 《모비딕》을 쓴 허먼 멜빌은 셰익스피어의 《오셀로》를 250번이나 베껴 썼다. 필사는 또한 좋은 독서 훈련법이기도 하다. 《청소년을 위한 필사 가이드》에서 "필사는 가장 느린 독서법"이라며 "한 줄 한 줄 옮겨 적으며 그 문장의 의미와 전후 맥락을 짚어보고, 쉼표 하나에 생기는 미묘한 의미까지 파악하게 해주는 독서법이 필사다. 한 줄 한 줄 천천히 읽어나가는 힘은 자연히 긴 글을 읽는 인내심을 길러준다"고 말한다.

《태백산맥》과 《아리랑》을 쓴 조정래 작가도 아들과 며느리에게 대하소설 《태백산맥》을 베껴 쓰게 한 유명한 일화가 있습니다. 주변에 보면 《태백산맥》이나 《장길산》, 《아리랑》, 《토지》 같은 명작을 필사하는 분들도 많이 있습니다. 하루 종일 필사하는 것이 아니라 1년 정도의 긴 호흡으로 매일 10장씩 쓰면서 본인의 심신을 안정시키며, 마음 공부 차원에서 하는 것입니다.

다산 정약용 선생도 매일 새벽마다 고전을 몇 쪽씩 베껴 쓰는 일을 취미로 삼았습니다. 다산은 아들들에게 보내는 편지에 이렇게 썼습니다. "올 겨울부터 내년 봄까지 《상서(尙書)》와 《좌전(左傳)》을 읽도록 하여라. 《고려사》, 《반계수록》, 《성호사설》, 《징비록》 등도 읽어 보고, 그 내용 중 중요한 것을 발견하면 초서하도록 하여라."

아이들 중에 반복 독서를 하는 경우는 간혹 본 적이 있지만, 필사를 하는 아이들은 본 적이 없습니다. 이 필사는 글씨체가 엉망인 아이들, 차분함과는 거리가 멀고 주의가 산만하며 재미없는 것을 참지 못하는 아이들에게 특히 도움이 됩니다. 글씨체도 잡아 주고 꾸준히 하는 습관을 들여 주는 등 필사는 여러 가지 다목적 효과가 크다고 생각합니다. 이 책을 보는 부모님께서 그 중요성을 인식하시고, 우리 아이에게 탄력적으로 적용해 보시면 좋겠습니다. 물론 반복 독서도 강조하셔야 합니다.

사실 독서법은 사람마다 다 다릅니다. 각자 책을 읽는 스타일이 다르고, 성향도 다르기 때문에 어떤 한 가지 방법이 100퍼센트 맞으니 그대로 실천하라고 강요할 수는 없습니다. 하지만 많은 전문가들이 강조하는 방법에는 분명 뚜렷한 장점이 있고, 추천 이유가 있을 것입니다. 더욱이 물정 모르는 아이들에게는 구체적인 독서 방법을 알려 주고, 지속적으로 실천할 수 있도록 옆에서 관심을 갖고 도와줘야 합니다. 그런 측면에서 반복 독서와 베껴 쓰기는 아이들에게 참 유용한 독서 방법이라고 생각합니다.

초격차 아이들을 대하는
부모님의 태도

3학년 초격차 아이들의 특징은 좋은 공부 습관이 형성되기 시작한다는 점입니다. 학교에서 배운 중요 과목을 매일 간단하게라도 예습과 복습을 합니다. 이런 공부 습관 형성은 향후 고학년이 되고, 중고등학교에 진학해서 큰 무기로 작용하게 됩니다. 부모님은 아이가 꾸준하게 스스로 공부할 수 있도록 계속 옆에서 격려하며 지지해 주셔야 합니다.

아무리 초격차 아이라 해도 아직은 어린 3학년이기 때문에 친구들과 노는 것이 좋고, 스마트폰 동영상이나 인터넷 게임을 좋아하며, TV와 유튜브 시청을 즐깁니다. 그렇기 때문에 모든 것을 아이들에게 맡겨 두기보다는, 스스로 본인의 계획에 따라 자율적으로 공부할 수 있도록 유도하며, 아이의 꿈과 삶의 목표에 대해 자주 진지한 대화를 해야 합니다.

초격차 아이들은 3학년이지만 본인이 다른 아이들보다 뛰어나고 다방면에서 우수하다는 것을 잘 알고 있습니다. 자칫 잘못하면 친구 관계에서 우월감을 갖거나 잘난 척을 하는 등의 행동을 보일 수도 있습니다. 따라서 부모님이 아이에게 배려와 공감의 마음가짐을 가질 수 있도록 끊임없이 지도해야 합니다. 매일 아이 스스로 책을 읽게 하고, 부모님도 책 읽는 모습을 보여 주며, 규칙적으로 책을 읽어 주는 것도 좋습니다. 그리고 책 내용에 대해 토론하며 경청과 소통의 모습을 실천해야 합니다. 이 시기의 아이들은 부모님과 선생님의 모습을 닮으려고 따라 하는 경우가 많기 때문에 부모님의 솔선수범이 필요합니다.

채워 주면
자신감이 올라가는 예체능

아이가 원할 경우에는 1~2개 정도 예체능 학원을 보내는 것이 좋습니다. 학교에서는 학급당 학생 수가 많기 때문에 아이들의 개별적인 예체능 지도에 한계가 있습니다. 학교에 음악, 미술, 체육 등의 전담 교사가 있다 하더라도 그렇게 전문적이지 않습니다. 아이들이 예체능 사교육을 할 경우 아무래도 학교에서 해당 과목을 배울 때 보다 자신감이 생기고, 부담 없이 접근할 수 있다는 장점이 있습니다.

예체능 사교육의 또 다른 장점은 그곳에서 친구를 만나고 사귈 수 있다는 점입니다. 예전에는 방과 후에 학교 운동장에서 노는 친구가 많았습니다. 그런데 요즘은 각자 일정이 있어서 학교가 끝나면 바로 집에 가는 아이들이 드물고, 학교 앞에서 기다리는 학원 차를 타고 이학원 저 학원으로 이동하는 경우가 많습니다. 친구를 사귀기 위해 학원을 다닌다는 말이 나올 정도입니다.

　아이와 충분히 대화를 해서 원하는 1~2개 정도의 예체능 학원을 다니는 것은 괜찮습니다. 최종 결정에 앞서 직접 가서 살펴보고, 원장 선생님과 상담도 진행하며 주변의 평도 들어보고, 아이의 각오도 다시 한 번 확인하는 절차를 거쳐야 합니다. 하지만 그 결정은 부모님의 욕심이나 판단이 아니라 반드시 아이와의 대화를 통해 합의된 결정이어야 합니다.

　요즘에는 예체능 학원에서 해당 종목만 가르치지 않고, 다른 여러 가지를 통합해서 가르치는 경우가 많습니다. 예를 들어, 태권도 도장에서는 줄넘기도 함께 합니다. 워낙 초등학교에서 줄넘기를 많이 하기 때문에 태권도 준비 운동 차원에서 시킵니다. 피아노 학원에서는 리코더와 단소 기초까지 교습시키는 경우도 있습니다. 초등 중학년 때 리코더, 고학년 때는 단소를 배우기 때문에 정규 교과에서 다루는 악기를 함께 지도하는 것입니다. 미술 학원에서도 그림 그리기뿐만 아니라 만들기도 함께 진행합니다. 그런 점에서 예체능 사교육을 하게 되면 아이의 자신감이 상승하고, 다른 아이들과 관계에서도 보다 적극적이고 긍정적으로 변화할 수 있습니다. 예체능 사교육을 할 여건이나 상황이 안 될 경우에는 연습을 통해서도 충분히 보충할 수 있습니다. 특히 초등학교 예체능에서는 줄넘기와 리코더가 가장 기본이기 때문에 이에 대한 집중 연습을 한다면 사교육을 하는 것과 같은 효과를 볼 수 있을 것입니다.

예체능 사교육,
꼭 필요한가요?

○
○

정답은 상황에 따라 다르다(Case by case)
는 것입니다. 제 생각으로는, 아이들이 원할 경우에는 1~2개 정도 예체능 학원을 다니는 것은 괜찮다고 봅니다. 학교에서 해당 과목을 배울 때 자신감이 생기고, 그 학원에서 친구들을 만나고 사귈 수 있기 때문입니다. 아이가 사교성이 부족하거나 전학을 간 경우, 아이가 친해지고 싶은 친구가 태권도를 하고 있다면 같은 도장에 다니게 하는 것도 한 방법입니다. 친구 관계 형성에 도움이 될 것입니다. 꼭 학원을 다니지 않더라도 학교에서 진행하는 방과 후 교실을 통해서 배울 수도 있고요.

간혹 부모님 욕심 때문에 초등학교 때 너무 많은 학원을 다니는 경우도 있습니다. 영어, 수학 교과목 학원은 물론이고, 피아노, 태권도,

발레, 수영, 미술 등 예체능 학원도 전부 다니는 것입니다. 우리 아이에게 어떤 재능이 있을지 몰라서, 혹은 아이가 다재다능한 멀티 플레이어가 되기를 원해서 이것저것 시키는 경우인데요. 아이가 학원을 많이 다닌다고 재능이 발현되지 않습니다. 재능이 있다면 굳이 학원을 안 다녀도 자연스럽게 나타날 것입니다. 많이 다녀도 아이가 부담 없이 즐겁게 한다면 문제가 없지만, 크게 원하지도 않는데 억지로 한다면 분명 나중에 부작용이 발생합니다. 그렇기에 지나치게 많은 학원을 다니는 것은 교사 입장에서 추천하지 않습니다. 아이들에게 주어진 시간은 누구에게나 똑같고, 초등학교 때 가장 중요한 것은 "독서"라고 생각하기 때문입니다.

초등 5학년,
학습 격차가
심화된다

PART 2

1장

벌써 5학년,
아직 시간 있습니다

5학년은 학교에서 대표적인 기피 학년입니다. 수업 시수는 6학년과 비슷한 수준으로 많은데, 아이들은 고학년이라고 선생님 말을 잘 안 듣습니다. 초등학교 최고 학년으로 아이들을 졸업시킨다는 보람 때문에 6학년 담임을 희망하는 선생님들이 종종 있지만, 5학년을 희망하는 선생님은 전무한 실정입니다.

5학년 아이들은 공부를 하는 아이와 그렇지 않은 아이로 양분됩니다. 12살밖에 안 된 아이들이 스스로를 공부 잘하는 아이와 못하는 아이로 결론 내리고 실제 그렇게 행동합니다. 공부에 대한 무관심에 반비례해 외모와 이성에 대한 관심은 증가합니다. 어른과 교사 입장에서는 벌써 공부에 손을 놓고 다른 것에 관심을 갖는 아이들을 보면 안타까운 마음이 듭니다. 머리도 좋고 충분히 집중해서 공부하면 잘할 수 있는 아이들인데, 여러 가지 이유(이성, 외모, 게임, 유튜브, 집안 문제 등)로 공부를 포기하고 다른 것에만 관심을 쏟는 것이 아쉽고 마음 아파서 그렇습니다. 분명 대다수는 나중에 후회할 텐데, 지금은 스스로 공부를 못한다고 생각하며 포기하고 노는 것만 좋아할 뿐입니다.

하지만 지금도 늦지 않았습니다. 초등 5학년은 어떻게 보면 제대로 마음먹고 공부할 수 있는 마지막 시기이기도 하니까요. 이때도 공부를 안 하고 놀게 되면 그때는 정말 돌이킬 수 없게 됩니다. 부모님께서는 우리 아이가 과연 어떤지 잘 생각해 보시고 도움을 주셔야 합니다.

아이가 변화하는 시기,
초등 5학년

초등학교 4학년 때까지는 아이의 공부나 학교 생활, 학원 수강 등 부모님의 영향력이 절대적이고, 아이도 부모님의 선택에 대체로 순응하며 잘 따릅니다. 하지만 5학년이 되어 사춘기가 오면서 아이들은 자기 주장을 펼치기 시작합니다. 부모님 이야기에 반박하기도 하는데, 그 상황에서 아이가 버릇없이 어른들 말에 말대꾸하며 대든다고 생각하시면 아이와의 대화는 불가능합니다. 오히려 아이가 올바른 가치관을 정립해 가며 바른 인성을 함양할 수 있도록 끊임없이 관심을 갖고 대화해야 하는 결정적인 시기가 바로 초등학교 5학년 때입니다.

초등학생들의 발달과 성장은 6년 동안 꾸준하게 이루어지는 것이 아닙니다. 아이들은 어느 순간 비약적으로 발달하고, 또 어느 기간 동안은 정체된 것처럼 보이기도 합니다. 어른들 눈에 정체된 것처럼 보이더라도 정신적으로는 계속 성장하고 있습니다. 가끔은 어른들이 놀랄 정도의 어휘를 구사하거나 예기치 못한 말과 행동을 할 때가 있습니다. 물론 아이들마다 개인차가 존재하겠지만, 이러한 성장의 변화가 가장 크게 나타나는 시기가 바로 초등학교 5학년 때라고 생각합니다.

초등학교 5학년은 모든 과목에서 학습 내용이 심화되고 어려워지면서 학업 격차가 심화되고, 남녀 학생 간의 성적 격차도 확연하게 생기는 시기입니다. 사춘기에 접어드는 아이들은 공부 외에 외모, 친구 관계 등 다른 것에 많은 관심을 쏟게 됩니다. 이에 발맞춰 부모님들도 아이의 변화를 주의 깊게 살펴보고 관심을 가져 주셔야 합니다.

보통 부모님들의 관심은 아이들의 학년과 반비례하는 경우가 많습니다. 저학년일 때는 아이에 대한 관심이 커서 공개 수업과 1년에 두 번 있는 학부모 상담에도 모두 적극적으로 참여합니다. 하지만 학년이 올라갈수록 학교 행사에 참여하는 부모님의 수는 현저히 줄어들고, 학부모 상담도 전화 상담으로 대체하는 분들이 대다수입니다. 즉, 학년이 올라가면서 아이에 대한 관심이 낮아지며, 우리 아이가 공부를 잘하는 아이인지 어떤지를 부모님 스스로 판단을 내리는 것입니다.

이 시기를 어떻게 현명하고 지혜롭게 극복해 넘기느냐에 따라 아이의 평생 공부 습관과 공부 자세가 결정됩니다. 결국 5학년은 자기주도 학습이 시작되는 시기입니다. 중학교에 진학하게 되면 그때는 아예 부모님의 이야기를 귀담아듣지 않습니다. 따라서 5학년 때 어떤 공부 습관이 형성되느냐가 아주 중요합니다.

아이가 공부를
왜 해야 하는지 묻는다면?

。。。

　　어느 날 초등학생 아이가 "내가 왜 공부를 해야 해?"라고 물어보면 어떻게 대답하시겠습니까? 참 명확하게 대답하기 어려운 질문입니다. 어릴 때부터 성인이 되어서도 끊임없이 공부를 하지만, 본인이 왜 공부를 하는지 진지하고 깊이 있게 생각해 본 사람들은 많지 않을 것입니다.

　　국어사전에서 공부(工夫)를 찾아보면, '학문이나 기술 등을 배우고 익힌다'는 뜻입니다. 그러니까 공부는 학교에서만 하는 것이 아니라 죽을 때까지 평생 계속 하는 것입니다. 요즘처럼 4차산업혁명 시대의 급변하는 사회에서는 특히 더 그렇습니다. 그런데 학교에서 공부하고 집에서도 부모님께 공부하라는 소리를 듣는 우리 아이들이 어느 날 반항하듯이 "공부를 왜 해야 해?"라고 물어본다면요? "좋은 직장 얻으려면 공부 열심히 해야지", 혹은 "좋은 대학 가서 돈 많이 벌려면 공부 잘해야 해"라고 대답하시겠습니까? 아니면 "그런 쓸데없는 거 물어볼 시간에 영어 단어라도 하나 더 외워!"라고 무시하시겠습니까? 저는 이 질문이 아이와 함께 생각해 볼 만한 주제라고 봅니다.

우리가 무슨 일을 할 때도 항상 뚜렷한 목적의식과 이유가 있어야 일의 효율이 높아집니다. 공부도 마찬가지입니다. 아이들 스스로 본인이 왜 공부를 하는지 납득할 수 있고, 명확하게 인식을 해야 더 집중해서 잘할 수 있습니다. 왜 공부를 해야 하는지 묻는 아이에게 우리가 공부해야 하는 3가지 이유를 이야기해 주시기 바랍니다.

첫째, 본인의 꿈을 실현하기 위해서

가장 중요하고 명확한 공부 이유입니다. 2019년 12월 교육부와 한국직업능력개발원의 조사 결과, 초등학생들의 장래 희망 직업 1위는 2018년에 이어 '운동선수'가 차지했습니다. 그 비율은 11.6퍼센트였습니다. 2위 역시 2018년과 마찬가지로 '교사'가 6.9퍼센트였고, 3위는 '유튜브 크리에이터'로 5.7퍼센트였습니다. 유튜버는 2018년 조사에서는 5위였지만, 일 년 만에 두 단계 상승한 3위에 자리 잡았습니다. 그 외에 4위 '의사', 5위 '요리사', 6위 '프로게이머', 7위 '경찰관', 8위 '법률전문가', 9위 '가수', 10위는 '뷰티 디자이너'였습니다.

본인의 꿈을 실현하기 위해서는 당연히 공부를 해야 합니다. 운동선수가 되기 위해서도 끊임없이 공부를 해야 합니다. 단순하게 운동만 잘해서는 안 되거든요. 손흥민 선수를 보세요. 독일어와 영어를 능통하게 구사해서 통역 없이 현지 언론과 자유롭게 인터뷰를 합니다. 통역을 거치게 되면 아무래도 동료 선수들이나 코칭스태프와 의사소통에서 어려움을 겪을 수밖에 없습니다. 또한 각종 전술이나 작전을 익히기 위해서도 머리를 쓰고 공부를 해야 합니다.

2위인 교사 역시 마찬가지입니다. 초등교사가 되려면 전국 10개 교육대학교 혹은 한국교원대, 제주대, 이화여대 초등교육과를 졸업해서 2급 정교사 자격증을 취득한 후 초등교원 임용고사에 합격해야 합니다. 중등교사도 사범대 혹은 교직 이수, 교육대학원을 졸업해서 중등 2급 정교사 자격증을 발부받고 해당 과목의 중등 임용고사를 통과해야 교사가 될 수 있습니다. 대학교에 진학해서도 임용고사를 목표로 공부를 열심히 해야 교사의 꿈을 이룰 수 있습니다.

유튜버라고 공부를 안 해도 될까요? 요즘 너도나도 유튜브에 영상을 올리기 때문에 경쟁이 아주 치열합니다. 좋은 영상을 만들기 위해 어떤 콘텐츠로 할 것인지 고민하고, 유튜브의 알고리즘을 공부하며 촬영이나 편집 등도 배워 나가야 합니다. 결국 본인의 장래 희망이 무엇이든 그 꿈을 이루기 위해서는 끊임없이 노력하고 공부해야 합니다. 공부하지 않고, 가만히 있어서 이루어지는 꿈은 없습니다.

둘째, 급변하는 사회에 잘 적응하기 위해서

사회가 빠르게 변화하고 있습니다. 자율주행 자동차의 상용화가 눈앞에 다가왔고, 평생직장의 개념이 사라지고 있습니다. 초등학교 실과 교과에도 코딩이 정식 내용으로 포함되었습니다. 휴대폰 하나만 있으면 기본적인 의사소통은 물론 금융 업무, SNS 관리, 촬영 및 녹음, 메모 기능까지 대부분 모든 일을 처리할 수 있습니다.

아마 앞으로의 10년은 지금까지의 100년보다 훨씬 더 큰 변화의 물결이 휘몰아칠 것입니다. 이런 시대 변화 속에 정신을 바짝 차리고 그 흐름을 익히고 공부하지 않으면, 변화에 적응할 수 없을 뿐만 아니라 사회에서 낙오할 수도 있습니다. 이제 컴퓨터는 당연히 다룰 수 있어야 합니다. 영어는 기본이고, 외국어 하나쯤은 더 하는 게 좋습니다. 글로벌 네트워크 사회이기 때문에 이제 시야를 세계로 넓혀야 합니다. 사회 변화의 흐름을 읽는 눈도 필요합니다. 새로운 정보와 지식을 끊임없이 공부하고 익혀야 하는 것입니다. 반드시 얼리 어답터(early adopter)가될 필요는 없지만, 새로운 문화와 기술에 항상 능동적으로 대응하고 익히려는 노력은 중요하고, 그 기본이 되는 것이 공부입니다.

셋째, 멋진 사람이 되기 위해서

사실 아이들은 학교에 가서 국어, 영어, 수학을 배우고 시험 보는 것을 공부의 전부라고 생각하는 경향이 있습니다. 그것도 공부는 맞지만 공부는 평생을 해야 하는 것입니다. 사실 유치원이나 초등학교에 다니기 전에도 이미 끊임없이 공부를 해왔습니다. 엄마 아빠라고 말하는 법, 일어서는 법, 걷는 법, 숟가락질 하는 법 등을 많은 연습과 시행

착오를 겪으며 배우고 익혔습니다. 또한 형제자매와 싸우지 않고 사이 좋게 지내는 법, 부모님께 존댓말 하는 법, 배가 고파도 울지 않고 기다리는 법 등 책으로 배우지 않았어도 생활 속에서 익히고 배웠습니다.

어린이집, 유치원을 거쳐 초등학교에 진학해서는 정식 교과목들을 배우게 됩니다. 그런 과목들은 왜 배웁니까? 앞으로 성인이 되어 더 큰 세상에 나가 많은 사람들과 더불어 생활할 때 필요한 것들이어서 배우는 것입니다. 우리말을 할 수 있지만 보다 정확한 의사소통 수단을 익히기 위해 한글을 읽고 쓰는 법을 배우는 것이죠. 세계화 시대에 잘 적응하기 위해 영어와 제2외국어도 배웁니다. 기본적인 수 감각과 수리 능력을 키우기 위해 수학을 배우며, 사회 구성원으로서 민주시민으로 거듭나기 위해 사회를 배웁니다. 남과 더불어 살고 배려하는 삶의 미덕을 익히기 위해 도덕을 배웁니다. 과학적 사고력과 탐구력을 키우기 위해 과학을 배웁니다. 그리고 선생님이 가르친 내용들을 얼마나 잘 배웠는지 확인하기 위해 시험이라는 것을 봅니다. 이것은 작은 의미의 공부이고, 학교생활 중에 혼자서 책을 읽는 것, 부모님과 여행 가는 것, 친구들과 함께 어울려 노는 과정에서도 많은 것을 느끼고 생각하며 배워 나갑니다. 이것이 큰 의미의 공부입니다.

결국 공부는 작은 의미의 공부와 큰 의미의 공부가 합쳐져서 몰랐던 것들을 배워 나가는 일련의 과정입니다. 그러한 공부를 통해 다른 사람을 보다 잘 이해할 수 있게 되고, 스스로에 대해서도 더 잘 알게 되어 멋진 사람으로 성장할 수 있는 것입니다. 학교 공부를 잘하는 것

도 필요하지만, 그것보다는 본인 스스로 멋진 사람이 되기 위해서 큰

의미의 공부에도 소홀해서는 안 됩니다. 항상 생각하고, 책을 읽으며,

주변을 둘러보고 살아야 하는 것입니다.

* '셋째 멋진 사람이 되기 위해서' 내용은 블로그 '맛있는 공부 레시피'의 <[아이에게 쓰
는 편지] 공부하는 이유(https://yummystudy.tistory.com/652)>를 참조하여 작성하였습니다.

격차가 가장 많이 드러나는
과목과 해당 분야

5학년 아이들의 공부 격차가 가장 많이 드러나는 과목은 영어와 수학, 사회입니다. 3학년 때만 해도 과목 자체를 포기하는 경우는 드문데, 5학년 때는 영어, 수학 등 특정 교과목을 포기하는 아이들이 속출합니다.

영어: 더 어려워집니다

초등학교 3~4학년군 영어에서는 240개 내외의 낱말을 사용합니다. 5~6학년군 영어에서는 260개 내외의 낱말을 사용하여 누계 500개 낱말을 사용한다고 영어과 교육과정에서 명시하고 있습니다. 단일 문장의 길이도 3~4학년군 영어에서는 7개 내외 낱말을 사용하는 데 비해, 5~6학년군 영어에서는 9개 내외 낱말을 사용합니다. 수업 시수도 3~4학년군은 일주일에 2차시를 배우고 5~6학년군은 3차시를 배우게 됩니다. 다루는 내용 요소 역시 5~6학년군에서 보다 심화되고 어려운 내용들을 많이 다루게 됩니다. 또 각 단원에서 다루는 내용들도 3~4학년에 비해 5~6학년 내용이 훨씬 더 어렵습니다.

영어과 교육과정 내용 체계표

영역	핵심 개념	내용 요소		기능
		3~4학년	5~6학년	
듣기	소리	• 알파벳, 낱말의 소리 • 강세, 리듬, 억양	• 알파벳, 낱말의 소리 • 강세, 리듬, 억양	식별
	어휘 및 문장	• 낱말, 어구, 문장	• 낱말, 어구, 문장	파악
	세부 정보	• 주변의 사람, 사물	• 주변의 사람, 사물 • 일상생활 관련 주제 • 그림, 도표	파악
	중심 내용		• 줄거리 • 목적	파악 추론
	맥락		• 일의 순서	파악 추론
말하기	소리	• 알파벳, 낱말 • 강세, 리듬, 억양	• 알파벳, 낱말 • 강세, 리듬, 억양	모방
	어휘 및 문장	• 낱말, 어구, 문장	• 낱말, 어구, 문장	모방 표현 적용
	담화	• 자기 소개 • 지시, 설명	• 자기 소개 • 지시, 설명 • 주변 사람, 사물 • 주변 위치, 장소	설명 표현

말 하 기	담화	• 인사 • 일상생활 관련 주제	• 인사 • 일상생활 관련 주제 • 그림, 도표 • 경험, 계획	설명 표현
읽 기	철자	• 알파벳 대소문자 • 낱말의 소리, 철자	• 알파벳 대소문자 • 낱말의 소리, 철자 • 강세, 리듬, 억양	식별 적용
	어휘 및 문장	• 낱말, 어구, 문장	• 낱말, 어구, 문장	파악
	세부 정보		• 그림, 도표 • 일상생활 관련 주제	파악
	중심 내용		• 줄거리, 목적	파악 추론
쓰 기	철자	• 알파벳 대소문자	• 알파벳 대소문자	구별 적용
	어휘 및 어구	• 구두로 익힌 낱말, 어구 • 실물, 그림	• 구두로 익힌 낱말, 어구 • 실물, 그림	모방 적용
	문장		• 문장 부호 • 구두로 익힌 문장	표현 적용
	작문		• 초대, 감사, 축하 글	표현 설명

수학 : 어려운 개념이 쏟아져요

수학도 5학년 때 급격하게 어려워집니다. 각 단원별 명칭을 살펴
볼까요?

5학년 아이들이 특히 어려워하는 부분은 「자연수의 혼합 계산」,
「분수의 계산」, 「다각형의 둘레와 넓이」, 「수의 범위와 어림하기」 등입
니다. 「자연수의 혼합 계산」에서는 덧셈, 뺄셈, 곱셈, 나눗셈이 섞여 있

5학년 수학 교과서 각 단원 명칭

	1학기	2학기
1단원	자연수의 혼합 계산	수의 범위와 어림하기
2단원	약수와 배수	분수의 곱셈
3단원	규칙과 대응	합동과 대칭
4단원	약분과 통분	소수의 곱셈
5단원	분수의 덧셈과 뺄셈	직육면체
6단원	다각형의 둘레와 넓이	평균과 가능성

는 식에서 계산 순서와 괄호가 있는 식의 계산을 힘들어합니다. 「분수의 계산」 역시 분수의 종류(진분수, 가분수, 대분수)에 따라 계산 방법을 구분하여 나타내는 것을 어려워합니다. 「다각형의 둘레와 넓이」 단원도 표준 단위의 필요성을 인식하고 $1cm^2$, $1m^2$, $1km^2$의 관계를 이해하며, 평행사변형, 삼각형, 사다리꼴, 마름모의 넓이 구하기를 잘 모릅니다. 단순하게 공식을 외워서 푸는 것이 아니라 그 원리를 이해해야 하는데, 4학년 때 배운 삼각형과 사각형 단원의 내용을 완벽하게 숙지하지 못하니 공식을 암기해도 제대로 적용하지 못하는 아이들이 많습니다. 「수의 범위와 어림하기」에서도 수학과의 핵심 개념인 '이상, 이하, 초과, 미만'과 '올림, 버림, 반올림'의 의미를 제대로 이해하지 못하고 실생활에 적용하지 못하는 경우가 대부분입니다.

사회 : 한국사가 너무 낯설어요

5학년 아이들이 특히 어려워하는 과목이 사회 2학기의 한국사 부분입니다. 초등학교 5학년 사회 2학기 때는 한국사만 배웁니다. 즉, 초등학교 사회는 〈일반사회(정치, 경제, 사회문화, 법)〉, 〈지리(한국 지리, 세계 지리)〉, 〈역사(한국사)〉가 합쳐져 이루어진 과목인데, 그중 5학년 2학기에는 오직 한국사만 배웁니다.

다음은 5학년 2학기에 배우는 한국사 단원입니다.

1단원 「옛사람들의 삶과 문화」		
주제	**주제별 주요 내용**	**차시별 활동 내용**
1. 나라의 등장과 발전	고대 국가의 성장과 문화 발전 알아보기	고조선의 건국과 발전 과정 알아보기
		고구려, 백제, 신라의 성립과 발전 과정 알아보기
		신라의 통일 과정과 발해의 성립 및 발전 과정 알아보기
		고구려와 백제의 문화유산 알아보기
		신라와 가야의 문화유산 알아보기
		불국사와 석굴암의 우수성 알아보기
2. 독창적 문화를 발전시킨 고려	고려의 건국과 외침 극복 과정, 문화와 과학 기술 알아보기	고려의 건국과 후삼국 통일 알아보기
		서희와 강감찬의 활약을 중심으로 거란의 침입과 극복 과정 알아보기
		몽골이 침입했을 때 고려가 한 대응 알아보기
		고려청자에 담긴 우수성과 당시 사람들의 생활 모습 알아보기
		팔만대장경을 보며 고려의 기술과 문화 알아보기
		금속 활자를 살펴보며 고려의 기술과 문화 알아보기

3. 민족 문화를 지켜 나간 조선	조선 전기 정치와 문화 발달, 조선의 외침 극복 알아보기	조선의 건국 과정 알아보기
		세종 대에 이루어 낸 발전 알아보기
		유교 질서를 바탕으로 한 사회 모습 알아보기
		임진왜란이 일어난 과정과 이를 극복하기 위한 노력 살펴보기
		병자호란이 일어난 과정 살펴보기

2단원 「사회의 새로운 변화와 오늘날의 우리」		
1. 새로운 사회를 향한 움직임	영·정조 시기의 개혁 정 치와 서민 문화의 발달 을 중심으로 조선 후기 사회와 문화의 변화 모 습을 탐색하기, 사회 개 혁의 필요성을 주장하 고 사회 개혁을 실현하 고자 노력했던 옛사람 들의 활동 탐색하기	영조와 정조의 개혁 정책 알아보기
		조선 후기에 사회 문제를 해결하려고 했던 노력 알아보기
		서민 문화에 나타난 사람들의 생활 모습 알아보기
		흥선 대원군의 정책과 강화도 조약을 살펴보고 조선 후 기 사회의 모습 알아보기
		갑신정변에 참여한 사람들의 주장 알아보기
		동학 농민 운동을 살펴보고 당시 사람들의 생각 알아보기
2. 일제의 침략과 광복을 위한 노력	일제의 침략에 맞서 광복을 찾고자 노력한 인물의 활동 살펴보기	대한제국 시기에 자주독립과 근대화를 위해 어떤 노력 을 했는지 알아보기
		을사늑약의 과정과 항일의병의 노력 알아보기
		나라를 지키기 위한 안중근의 노력 알아보기
		한국인들이 고국을 떠난 까닭 알아보기
		3·1 운동 알아보기
		나라를 되찾으려는 대한민국 임시 정부의 노력 알아보기
		나라를 되찾으려는 다양한 노력 알아보기
3. 대한민국 정부의 수립과 6·25 전쟁	대한민국 정부 수립 과 그 의의를 파악하 고 6·25 전쟁의 원인 과 과정 및 영향 탐구 하기	8·15 광복의 과정 알아보기
		한반도 분단의 과정 알아보기
		대한민국 정부 수립의 의미 알아보기
		6·25 전쟁의 전개 과정과 그 결과 알아보기
		6·25 전쟁으로 사람들이 겪은 어려움 알아보기

한국사의 경우, 관심 있는 아이는 미리 한국사능력 검정시험도 보고 집에서 관련 독서를 해서 사전 지식이 있는데, 그렇지 않은 대부분의 아이들은 학교에서 처음 한국사를 접하는 것입니다. 2학기라는 짧은 기간에 선사시대부터 현대사 내용까지 모두 배워야 하고, 아이들에게는 낯설고 생소한 내용인 데다 암기해야 할 부분도 많아서, 특히 2학기 사회를 어려워하고 그만큼 아이들의 격차도 크게 나타납니다.

(03)

5학년 우리 아이,
격차 앞에 있을까 뒤에 있을까?

5학년도 각 과목별 성취 기준을 중심으로 아이들의 학력 수준을 판단하는 것이 가장 타당하지만 그 판단이 쉽지 않습니다. 다만, 학기 초에 실시하는 기초 학력 진단평가의 결과를 통해 어느 정도 가늠할 수 있습니다. 구체적인 점수와 석차는 알려 주지 않지만, 담임 교사와 상담을 하면 격차의 앞뒤 여부 정도는 알려 주는 편입니다.

국어 체크 리스트
- - - - - - - - - - - - - - - -

국어과의 과목별 격차 체크 리스트는 각 단원의 차시 학습 목표 중 핵심적인 내용을 중심으로 정리한 것입니다. 단원마다 두 개씩 체크 리스트로 정리했습니다. 아이들이 체크 리스트의 두 개 질문에 모두 능숙하게 대답할 수 있어야 합니다. 만약 두 개 질문에 모두 대답하지 못한다면 반드시 교과서의 해당 단원을 찾아서 공부해야 합니다.

5학년 1학기 국어 체크 리스트 ✓

단원명	질문	O / X
1. 대화와 공감	대화의 특성을 이해할 수 있다.	
	친구에게 칭찬하거나 조언하는 말을 할 수 있다.	
2. 작품을 감상해요	경험을 떠올리며 작품을 읽을 때 좋은 점을 말할 수 있다.	
	경험을 떠올리며 시를 쓸 수 있다.	
3. 글을 요약해요	여러 가지 설명 방법을 말할 수 있다.	
	대상을 생각하며 설명하는 글을 쓸 수 있다.	
4. 글쓰기의 과정	문장의 성분을 말할 수 있다.	
	호응 관계에 알맞은 문장을 쓸 수 있다.	
5. 글쓴이의 주장	글을 읽고 글쓴이의 주장을 파악할 수 있다.	
	근거의 적절성을 파악하며 글을 읽을 수 있다.	
6. 토의하여 해결해요	토의 절차와 방법을 말할 수 있다.	
	알맞은 주제를 정해 의견을 나눌 수 있다.	
7. 기행문을 써요	기행문의 특성을 파악할 수 있다.	
	여정, 견문, 감상이 드러나게 기행문을 쓸 수 있다.	
8. 아는 것과 새롭게 안 것	낱말의 짜임을 말할 수 있다.	
	아는 지식을 활용해 글을 읽을 수 있다.	
9. 여러 가지 방법으로 읽어요	글의 종류에 따른 읽기 방법을 말할 수 있다.	
	필요한 글을 찾아 정리할 수 있다.	
10. 주인공이 되어	기억에 남는 일을 이야기할 수 있다.	
	겪은 일을 이야기로 만들 수 있다.	

5학년 2학기 국어 체크 리스트 ✓

단원명	질문	O / X
1. 마음을 나누며 대화해요	공감하며 대화해야 하는 까닭을 말할 수 있다.	
	예절을 지키며 누리 소통망에서 대화할 수 있다.	
2. 지식이나 경험을 활용해요	지식이나 경험을 활용해 글을 읽으면 좋은 점을 말할 수 있다.	
	체험한 일을 떠올리며 감상이 드러나는 글을 쓸 수 있다.	
3. 의견을 조정하며 토의해요	토의 과정에서 의견을 조정하는 방법을 말할 수 있다.	
	의견을 조정하며 토의할 수 있다.	
4. 겪은 일을 써요	호응 관계를 생각하며 겪은 일이 드러난 글을 읽을 수 있다.	
	문장 성분의 호응 관계를 말할 수 있다.	
5. 함께 연극을 즐겨요	감정이나 생각을 몸짓으로 표현할 수 있다.	
	자신이 되고 싶은 인물을 떠올리며 즉흥 표현을 할 수 있다.	
6. 여러 가지 매체 자료	알맞은 방법으로 매체 자료를 읽고 주요 내용을 정리할 수 있다.	
	알리고 싶은 인물을 소개할 수 있다.	
7. 타당성을 생각하며 토론해요	글을 읽고 근거 자료의 타당성을 평가할 수 있다.	
	글을 읽고 독서 토론을 할 수 있다.	
8. 중요한 내용을 요약해요	낱말의 뜻을 짐작하며 읽어야 하는 까닭을 말할 수 있다.	
	다른 과목의 교과서를 읽고 요약할 수 있다.	
9. 우리말 지킴이	발표 주제를 생각하며 자료를 조사하고 구성할 수 있다.	
	여러 사람 앞에서 조사한 내용을 발표할 수 있다.	

영어 체크 리스트

영어는 출판사마다 각 단원명이나 내용이 다소 차이가 있지만 교육부에서 제공한 영어과 교육과정의 커다란 틀 안에서 교과서를 만들기 때문에 다루는 핵심적인 내용들은 대동소이합니다. 영어과의 체크 리스트는 YBM 출판사(김혜리 외)의 교과서를 가지고 영어의 〈듣기〉, 〈말하기〉, 〈읽기〉, 〈쓰기〉 영역 중 〈말하기〉 영역의 단원 목표를 활용하였습니다.

예를 들어, 1단원 "How's It Going?"의 체크 리스트 중 '안부를 묻고 답하는 말을 할 수 있니?'라는 물음에 아이가 어떤 표현을 써야 하는지 대답할 수 있어야 합니다. 교과서에 나와 있는 장면은 다음과 같습니다.

> **Yena :** Good morning, Dave. Good to see you again.
>
> **Dave :** Good to see you. How's it going, Yena?
>
> **Yena :** I'm fine. How's it going?
>
> **Dave :** Not bad. I'm in class four.
>
> **Yena :** I'm in class four, too.
>
> **Dave :** That's great!

예나: 안녕, 데이브. 만나서 반가워.	예나: 난 잘 지내. 넌 어떻게 지내니?	예나: 나도 4반이야.
데이브: 만나서 반가워. 어떻게 지내니, 예나야?	데이브: 괜찮아. 난 4반이야.	데이브: 잘됐다!

위의 표현을 모두 정확하게 말하지는 못하더라도 안부를 묻고 답하는 말에는 어떤 것이 있는지 생각해서 대답할 수 있어야 합니다.

단원명	질문	O / X
1. How's It Going?	안부를 묻고 답하는 말을 할 수 있다. Ex) How's it going? / I'm fine.	
	질문을 되묻는 표현을 말할 수 있다. Ex) How about you?	
2. I'm in the Kitchen	사람의 위치를 묻고 답하는 말을 할 수 있다. Ex) Where are you? / I'm in the bedroom.	
	도움을 요청하고 이에 답하는 말을 할 수 있다. Ex) Can you help me, please? / Sure.	
3. Whose Balloon Is This?	물건의 주인이 누구인지 묻고 답하는 말을 할 수 있다. Ex) Whose balloon is this? / It's Dave's.	
	물건의 주인에 대한 정보를 수정하는 말을 할 수 있다. Ex) No. It's Dave's fork.	
4. Let's Go Camping	제안하는 말을 할 수 있다. Ex) Let's go camping.	
	전화 받는 말을 할 수 있다. Ex) Hello?	
5. I Want an Airplane	바라는 것을 묻고 답하는 말을 할 수 있다. Ex) What do you want for Children's Day? / 　　I want an airplane.	
	선물을 주는 표현을 말할 수 있다. Ex) This is for you.	
6. What Does He Do?	직업을 묻고 답하는 말을 할 수 있다. Ex) What does he do? / He's a nurse.	
	모르고 있음을 나타내는 말을 할 수 있다. Ex) I have no idea.	
7. What Time Do You Get Up?	일과를 묻고 답하는 말을 할 수 있다. Ex) What time do you get up? / I get up at 7 o'clock.	
	잘한 일을 승인하는 말을 할 수 있다. Ex) Well done!	

8. Where Are You From?	출신지를 묻고 답하는 말을 할 수 있다. Ex) Where are you from? / I'm from Korea.	
	헤어질 때 인사하는 말을 할 수 있다. Ex) Have a good day.	
9. I Went to the Museum	과거에 한 일을 묻고 답하는 말을 할 수 있다. Ex) What did you do yesterday? / I went to the history museum.	
	과거의 일에 대한 소감을 나타내는 말을 할 수 있다. Ex) I had a great time.	
10. What Does He Look Like?	생김새를 묻고 답하는 말을 할 수 있다. Ex) What does he look like? / He has short hair.	
	옷차림을 묘사하는 말을 할 수 있다. Ex) She's wearing a yellow shirt.	
11. He's Listening To Music	지금 하고 있는 일을 묻고 답하는 말을 할 수 있다. Ex) What is he doing? / He's listening to music.	
	다른 사람의 기분이나 상태를 나타내는 말을 할 수 있다. Ex) He looks happy.	
12. They're Three Dollars	가격을 묻고 답하는 말을 할 수 있다. Ex) How much are these pants? / They're ten dollars.	
	허가 여부를 묻고 답하는 말을 할 수 있다. Ex) May I try on these pants? / Sure.	
13. Where Is the Gift Shop?	위치를 묻고 답하는 말을 할 수 있다. Ex) Where is the gift shop? / It's next to the restaurant.	
	감사하고 이에 답하는 말을 할 수 있다. Ex) Thank you. / No problem.	
14. What Do You Do in Your Free Time?	여가 활동을 묻고 답하는 말을 할 수 있다. Ex) What do you do in your free time? / I grow vegetables.	
	축하하거나 칭찬하는 말을 할 수 있다. Ex) Good for you!	

수학 체크 리스트

수학은 각 단원마다 세 개의 체크 리스트를 만들었으며, 단원 학습 목표를 참고하였습니다. 수학에서는 체크 리스트를 참고해서 교과서에 수록된 문제를 아이가 정확하게 풀 수 있어야 합니다. 만약 풀지 못하는 문제가 있다면, 해당 내용의 교과서와 수학 익힘책을 통해서 반드시 정확하게 알고 넘어가야 합니다.

5학년 1학기 수학 체크 리스트 ✓

단원명	질문	O / X
1. 자연수의 혼합 계산	괄호가 없을 때와 있을 때의 덧셈, 뺄셈이 섞여 있는 식의 계산 순서를 이해하고 계산할 수 있다.	
	괄호가 없을 때와 있을 때의 곱셈, 나눗셈이 섞여 있는 식의 계산 순서를 이해하고 계산할 수 있다.	
	괄호가 없을 때와 있을 때의 덧셈, 뺄셈, 곱셈, 나눗셈이 섞여 있는 식의 계산 순서를 이해하고 계산할 수 있다.	
2. 약수와 배수	약수와 배수의 의미를 알고 구할 수 있다.	
	공약수와 최대공약수, 공배수와 최소공배수의 의미를 알고 구할 수 있다.	
	최대공약수와 최소공배수를 여러 가지 방법으로 구할 수 있다.	
3. 규칙과 대응	규칙적인 배열에서 두 양 사이의 대응 관계를 찾고, 두 양 사이의 대응 관계를 말로 나타낼 수 있다.	
	두 양 사이의 대응 관계를 □, △ 등을 사용하여 식으로 나타내고, 식의 의미를 이해할 수 있다.	
	생활 속에서 대응 관계를 찾아 식으로 나타낼 수 있다.	

4. 약분과 통분	분수를 약분, 통분할 수 있다.	
	분모가 다른 분수의 크기를 비교할 수 있다.	
	분수와 소수의 관계를 알고 분수를 소수로, 소수를 분수로 나타낼 수 있다.	
5. 분수의 덧셈과 뺄셈	분모가 다른 분수의 덧셈과 뺄셈에서 통분의 필요성을 말할 수 있다.	
	분모가 다른 진분수의 덧셈과 뺄셈의 계산 원리와 형식을 이해하고 계산할 수 있다.	
	분모가 다른 대분수의 덧셈과 뺄셈의 계산 원리와 형식을 이해하고 계산할 수 있다.	
6. 다각형의 둘레와 넓이	직사각형의 넓이를 구하는 방법을 이해하고, 이를 통하여 직사각형과 정사각형의 넓이를 구할 수 있다.	
	$1m^2$와 $1km^2$를 알고, $1cm^2$와 $1m^2$, $1m^2$와 $1km^2$ 사이의 관계를 설명할 수 있다.	
	평행사변형, 삼각형, 마름모, 사다리꼴의 넓이를 구하는 방법을 다양하게 추론하여 설명하고, 이와 관련된 문제를 해결할 수 있다.	

5학년 2학기 수학 체크 리스트 ✓

단원명	질문	O / X
1. 수의 범위와 어림하기	이상과 이하의 뜻을 알고, 이상과 이하의 범위에 있는 수를 말할 수 있다.	
	초과와 미만의 뜻을 알고, 초과와 미만의 범위에 있는 수를 말할 수 있다.	
	올림과 버림, 반올림의 뜻을 알고, 어림수로 나타낼 수 있다.	
2. 분수의 곱셈	(분수) × (자연수), (자연수) × (분수)의 계산 원리를 이해하고 이를 계산할 수 있다.	
	진분수의 곱셈 계산 원리를 이해하고 이를 계산할 수 있다.	
	여러 가지 분수의 곱셈 계산 원리를 이해하고 이를 계산할 수 있다.	
3. 합동과 대칭	합동인 두 도형에서 대응점, 대응변, 대응각을 이해하고 그 성질을 말할 수 있다.	
	선대칭도형의 개념을 이해하고, 성질을 알며 그릴 수 있다.	
	점대칭도형의 개념을 이해하고, 성질을 알며 그릴 수 있다.	

4. 소수의 곱셈	(소수) × (자연수), (자연수) × (소수)의 결과를 어림하고 계산 원리를 이해하여 계산할 수 있다.	
	(소수) × (소수)의 결과를 어림하고 계산 원리를 이해하여 다양한 형식으로 계산할 수 있다.	
	소수에 10, 100, 1000을 곱하는 경우 곱의 소수점 위치 변화의 원리를 이해하여 계산할 수 있다.	
5. 직육면체	직육면체와 정육면체를 이해하고 구성 요소를 알 수 있다.	
	직육면체의 겨냥도를 이해하고 직육면체의 겨냥도를 그릴 수 있다.	
	정육면체, 직육면체의 전개도를 이해하고 알맞은 전개도를 그릴 수 있다.	
6. 평균과 가능성	평균을 구하는 방법을 이해하고 평균을 구할 수 있다.	
	일이 일어날 가능성을 말로 표현하고 비교할 수 있다.	
	일이 일어날 가능성을 수로 표현할 수 있다.	

사회 체크 리스트

사회과는 5학년에서 각 학기마다 2개의 대단원으로 구성되어 있습니다. 사회과 각 단원의 〈지식〉, 〈기능〉, 〈가치〉, 〈태도〉 목표 중 〈지식〉 영역의 목표를 참고하여 다음의 체크 리스트를 만들었습니다.

사회 체크 리스트에서는 1개 정도는 정확하게 대답하지 못해도 나머지 질문에는 능숙하게 답할 수 있어야 합니다. 예를 들어, 1단원 「국토와 우리 생활」 중 "우리 국토의 위치와 영역을 설명할 수 있니?"라는 물음에 아이는 다음과 같이 대답할 수 있어야 합니다.

부모: 우리 국토의 위치와 영역을 설명해 보겠니?

아이: 우리 국토의 위치는 아시아 대륙의 동쪽에 있고, 일본과 중국 사이에 있어요. 북반구에 있고 중위도에 있어요. 그리고 우리나라의 영역은 영토, 영해, 영공으로 구성되어 있어요. 영토는 한반도와 한반도에 속해 있는 섬이고, 영해는 우리나라 영토 주변의 바다로 대체로 영해를 설정하는 기준선으로부터 12해리에 해당해요. 우리나라의 영공은 우리나라 영해와 영토 위에 있는 하늘의 범위를 말해요.

어렵게 느껴지시나요? 그런데 실제로 아이들이 우리 국토 위치에 대해서 1시간, 우리 국토 영역에 대해서 1시간을 배우며 교과서에 직접 써 가면서 정리하는 활동도 나옵니다. 따라서 1개 정도를 제외하고는 대부분의 문항에 능숙하게 대답할 수 있어야 합니다.

5학년 1학기 사회 체크 리스트 ✔️

단원명	질문	O / X
1. 국토와 우리 생활	우리 국토의 위치와 영역을 설명할 수 있다.	
	자연환경에 따라 우리나라 국토를 구분할 수 있다.	
	우리나라 행정 구역의 명칭을 말할 수 있다.	
	우리나라 자연환경의 특징을 설명할 수 있다.	
	우리나라 자연재해의 종류와 대책을 설명할 수 있다.	
	우리나라 인구 구성, 인구 분포의 특징을 알 수 있다.	
	우리나라 산업, 교통 발달 과정의 특징을 알 수 있다.	

2. 인권 존중과 정의로운 사회	인권의 의미와 중요성을 설명할 수 있다.	
	인권 신장을 위해 노력했던 옛사람들의 활동을 말할 수 있다.	
	법의 의미와 성격을 설명할 수 있다.	
	법의 역할과 필요성을 설명할 수 있다.	
	헌법의 의미와 역할을 설명할 수 있다.	
	헌법에서 규정하는 기본권과 의무를 설명할 수 있다.	

5학년 2학기 사회 체크 리스트 ✓

단원명	질문	O / X
1. 옛사람들의 삶과 문화	고조선의 등장과 관련된 건국 이야기를 살펴보고, 고대 시기 나라의 발전에 기여한 인물(근초고왕, 광개토대왕, 김유신과 김춘추, 대조영 등)의 활동을 보며 여러 나라가 성장하는 모습을 탐색한다.	
	불국사와 석굴암, 미륵사 등 대표적인 문화유산으로 고대 사람들이 이룩한 문화의 우수성을 탐색한다.	
	고려를 세우고 외침을 막는 데 힘쓴 인물의 업적을 보며 고려의 건국과 외침 극복 과정을 이해할 수 있다.	
	고려 시대 대표적인 문화유산을 살펴보며 고려 시대의 과학 기술과 문화의 우수성을 말할 수 있다.	
	조선의 건국 과정을 알고 발전에 기여한 여러 인물들의 업적을 이해할 수 있다.	
	조선 전기 정치와 문화의 발전상을 살펴보고 당시 생활 모습을 알 수 있다.	
	임진왜란과 병자호란의 과정을 알고 이를 극복하려 한 노력을 말할 수 있다.	
2. 사회의 새로운 변화와 오늘날의 우리	새로운 사회를 만들려는 당시 사람들의 노력과 그 의의를 말할 수 있다.	
	일제의 침략에 맞서 나라를 지키고, 광복을 위해 힘쓴 인물들의 활동을 파악할 수 있다.	
	8·15 광복 이후 대한민국 정부 수립의 과정을 파악할 수 있다.	
	6·25 전쟁의 원인과 과정 및 그 영향을 설명할 수 있다.	

과학 체크 리스트

　과학과는 5학년에서 각 학기마다 5개의 대단원으로 구성되어 있습니다. 과학과 각 단원의 〈지식〉, 〈탐구〉, 〈태도〉 목표 중 〈지식〉과 〈탐구〉 영역의 목표를 주로 참고하여 다음의 체크 리스트를 만들었습니다.

　과학 2단원 「온도와 열」의 체크 리스트 중 "온도계 사용법을 설명할 수 있니?"라는 질문에 아이는 다음과 같이 대답할 수 있어야 합니다.

부모: 온도계 사용법을 설명해 보겠니?

아이: 체온계의 경우 체온계의 끝을 귀에 넣고 측정 버튼을 누르면 온도 표시 창에 체온이 표시돼요. 적외선 온도계는 적외선 온도계로 측정하려는 물질의 표면을 겨누고 측정 버튼을 누르면 온도 표시 창에 물질의 온도가 나타나고요. 알코올 온도계에서는 주변보다 따뜻한 물에 온도계를 넣으면 액체샘에 있는 빨간색 액체가 몸체 속의 관을 따라 위로 올라가는데, 액체의 움직임이 멈추면 액체 기둥의 끝이 닿는 부분의 눈금을 읽으면 돼요.

　이 내용들은 모두 교과서에 나오는 것입니다. 따라서 아이가 각 단원의 체크 리스트 3개 중 최소 2개 이상은 구체적으로 대답할 수 있어야 합니다.

5학년 1학기 과학 체크 리스트 ✓

단원명	질문	O / X
1. 과학자는 어떻게 탐구할까요?	문제 인식, 변인 통제, 자료 변환, 자료 해석, 결론 도출의 의미를 말할 수 있다.	
	탐구 문제를 해결할 수 있는 실험을 계획하고 변인을 통제하면서 실험할 수 있다.	
	주어진 자료의 특징이 드러나게 표로 변환하고 의미를 해석할 수 있다.	
2. 온도와 열	온도계의 사용법을 설명할 수 있다.	
	물체의 온도 변화를 열의 이동으로 설명할 수 있다.	
	전도 현상과 대류 현상에서 열의 이동을 설명할 수 있다.	
3. 태양계와 별	태양계 구성원을 설명할 수 있다.	
	북쪽 밤하늘의 대표적인 별자리에는 무엇이 있는지 설명할 수 있다.	
	행성과 별의 차이점을 설명할 수 있다.	
4. 용해와 용액	물질이 물에 녹는 현상으로 용해와 용액을 설명할 수 있다.	
	용해 전과 후의 무게를 비교하여 물질이 물에 용해될 때 나타나는 특성을 설명할 수 있다.	
	용질의 종류에 따라 같은 온도와 양의 물에 용해되는 양이 다름을 설명할 수 있다.	
5. 다양한 생물과 우리 생활	균류, 원생생물, 세균 등의 다양한 생물의 특징과 사는 곳의 환경을 설명할 수 있다.	
	다양한 생물이 우리 생활에 미치는 영향을 이로운 영향과 해로운 영향으로 구분하여 설명할 수 있다.	
	첨단 생명 과학이 우리 생활에 활용되는 예를 설명할 수 있다.	

5학년 2학기 과학 체크 리스트 ✓

단원명	질문	O / X
1. 재미있는 나의 탐구	탐구 과정을 말할 수 있다.	
	스스로 탐구할 수 있는 탐구 문제를 정할 수 있다.	
	탐구 결과를 정리하여 발표 자료를 만들 수 있다.	
2. 생물과 환경	생태계의 의미와 구성 요소를 설명할 수 있다.	
	생태계 평형의 의미를 설명할 수 있다.	
	적응의 의미를 설명할 수 있다.	
3. 날씨와 우리 생활	이슬, 안개, 구름의 공통점과 차이점을 설명할 수 있다.	
	비와 눈이 내리는 과정을 설명할 수 있다.	
	고기압과 저기압의 의미와 기압과 바람의 관계를 설명할 수 있다.	
4. 물체의 운동	물체의 운동을 물체가 이동하는 데 걸린 시간과 이동 거리로 나타낼 수 있다.	
	물체의 운동을 관찰하고 빠르기를 비교하는 방법을 설명할 수 있다.	
	속력의 뜻과 속력을 나타내는 방법을 설명할 수 있다.	
5. 산과 염기	여러 가지 용액을 지시약을 이용해 산성 용액과 염기성 용액으로 분류하는 방법을 설명할 수 있다.	
	산성 용액과 염기성 용액의 성질을 설명할 수 있다.	
	산성 용액과 염기성 용액을 섞었을 때 용액의 성질 변화를 설명할 수 있다.	

04

격차를 보이는
아이들의 특징

상상을 초월하는 초격차 아이들

저학년 때는 서로 발표하려고 교사의 질문이 끝나기도 전에 손을 들고 발표 기회를 주지 않으면 속상해서 우는 아이들도 있습니다. 하지만 고학년으로 갈수록 아이들은 다른 사람의 시선을 지나치게 의식하고, 혹시 틀리면 창피할까 봐 발표 자체를 꺼립니다. 하지만 초격차 아이들은 어떨까요?

초격차 아이들은 어떤 과목이든 자신 있게 손을 들고 발표를 자주 합니다. 그렇게 발표하는 과정에서 교사가 내용을 일부 수정해 주거나 보완해 주기 때문에 아이들의 실력이 꾸준하게 늘게 됩니다. 교사 입장에서는 모두에게 골고루 발표 기회를 부여해서 최대한 많은 아이들을 수업에 참여시키고 싶지만, 그것은 이상적인 이야기일 뿐입니다. 원만한 수업 진행을 위해서 어쩔 수 없이 손을 들고 자원하는 초격차 아이를 주로 시키게 되고, 그 아이들은 교사의 기대대로 깔끔하게 정답을 말하는 경우가 많습니다.

초격차 아이들의 공통적인 특징은 평소 책을 많이 읽는다는 점입니다. 수업 시간 중 활동이 일찍 끝날 때 교사가 아이들이 원하는 것을 자유롭게 하도록 시간을 주는 경우가 있습니다. 그때 초격차 아이들은 활동을 빨리 끝내고 학급문고 또는 학교 도서관에서 빌린 책이나 본인이 가지고 다니는 책을 꺼내서 봅니다. 하지만 대부분의 아이들은 다른 친구와 장난을 치거나 기껏해야 학습만화를 보는 경우가 많습니다. 초격차 아이들은 다음 3가지 특징이 있습니다.

첫째, 매사 긍정적입니다.

단원평가에서 실수를 해도 긍정적으로 넘기며 다음을 기약합니다. 항상 웃는 얼굴로 교사나 친구들에게도 긍정적인 영향을 미칩니다.

둘째, 성실합니다.

학급에서 실시하는 1인 1역할에 항상 앞장섭니다. 담임 교사를 의식하는 행동일 수도 있지만, 아이를 지켜보면 늘 본인의 책임을 다하며 성실하게 생활합니다.

셋째, 집중력이 뛰어납니다.

쉬는 시간에는 다른 아이들과 함께 신나게 놀지만 수업 시간이 되면 금방 수업에 몰입하며 집중력을 보입니다. 하지만 다른 많은 아이들은 쉬는 시간과 수업 시간을 구분하지 못하고, 계속 산만한 태도를 보이는 경우가 많습니다.

격차 끝에 있는 아이들

학습이 부진한 아이들의 공통점은 수업 시간에 자신감이 부족한 모습을 보인다는 점입니다. 교사 입장에서는 참 안타깝습니다. 쉬는 시간이나 점심 시간에는 활발하고 친구들과도 잘 어울리며 적극적인데, 수업 시간만 되면 조용하며 침묵을 지킵니다. 당연히 수업 시간에 참여하는 경우도 거의 없고 발표하는 것도 두려워합니다. 아이들에게 수업 내용을 질문할 때 손을 들어 발표를 희망하는 아이가 없을 경우 교사들은 컴퓨터 프로그램을 활용해 랜덤으로 뽑아서 시키기도 합니다. 초등교사들이 수업 중 가장 많이 활용하고 참고하는 "초등 아이스크림(i-Scream)"과 "T셀파"에도 그런 프로그램이 구성되어 있습니다.

이렇게 프로그램을 활용할 때 학습이 부진한 아이들은 본인이 발표자로 선정될까 봐 긴장하며 초조해합니다. 교사 입장에서도 격차 끝에 있는 아이들이 발표자로 선정될까 봐 함께 긴장합니다. 하지만 대부분의 아이들이 랜덤으로 발표자를 선정하는 것을 좋아하며, 공정한 방법이기 때문에 이 방법을 많이 활용합니다. 물론 발표자로 선정된 학습 부진 아이가 제대로 대답을 못하면 교사가 재빨리 내용을 보충해 주거나 다른 친구들을 다시 선정합니다.

격차 끝에 있는 아이들은 비단 5학년 학습 내용만 이해하지 못하는 것이 아니라, 대부분 3학년 때부터 그런 상태가 누적되어 왔기 때문에 수업 내용을 따라가지 못하는 것입니다. 즉, 5학년 나눗셈을 풀지 못하는 아이들은 3학년 때 배운 나눗셈 내용도 이해하지 못하는 상황입니다. 따라서 이런 아이들은 5학년 수업이 재미없고 교사가 이야기하는 것이 외계어처럼 낯설고 생소하게 들릴 것입니다. 그렇다고 초등학교 아이들이 중고등학생들처럼 수업 중 엎드려 있거나 다른 책을 보는 경우는 드뭅니다. 아무리 고학년이더라도 초등학생은 초등학생이어서 기본적으로 담임 선생님을 무서워하고, 수업 중에 듣는 척은 합니다. 그 아이들 입장에서는 예체능을 제외한 다른 대부분의 수업 시간이 고역인 셈입니다. 또한 5학년 정도 되면 아이들끼리도 공부 잘하는 아이, 못하는 아이를 서로 알기 때문에 학습 부진이 심한 아이들은 그런 아이들끼리 함께 어울리는 경우가 많습니다.

공부 잘하는 아이들의
놀라운 5가지 공통점

교사 입장에서는 공부 잘하는 아이들에게 있는 놀라운 공통점이 눈에 보입니다. 그 공통점을 5가지로 정리했습니다. 이 5가지 공통점 외에 다른 요소가 더 있을 수도 있지만, 현장에서 제가 봤을 때 정말 신기하게도 공부 잘하는 아이들은 이 5가지 요소를 전부 갖추고 있었습니다.

첫째, 과제 집착력이 뛰어납니다

과제 집착력이란 한 가지 과제나 영역에 오랫동안 집중할 수 있는 능력을 말합니다. 공부를 잘하는 아이들은 이 과제 집착력이 아주 뛰어납니다. 예를 들어, 자기 수준보다 다소 어려운 수학 문제가 제시될 경우, 대부분의 아이들은 문제를 풀다가 도중에 포기하는 경우가 많습니다. 그런데 과제 집착력이 뛰어난 아이들은 여러 가지 방향에서 고민해 보고 문제가 풀릴 때까지 계속 집중력을 유지하며 도전합니다. 즉, 아무리 오랜 시간이 걸려도 스스로 문제의 답을 유추해 내려고 계속 노력합니다. 그 과정이 다소 지루하고 힘들더라도 그것을 포기하거나 회피하는 것이 아니라 그 자체를 즐기려 하며, 거기에서 얻은 결과물을 다른 사람들에게 설명해 주는 것을 좋아하는 것도 과제 집착력이 높은 아이들의 공통적인 특징입니다. 이러한 과제 집착력이 뛰어난 아이들은 집중력이 우수하고, 몰입을 잘합니다.

이 반대는 어떤 아이일까요? 바로 주위가 산만한 아이입니다. 이런 아이들은 항상 집중하지 못하고 분주합니다. 영어 공부를 하다 말고 수학책을 꺼내고, 수학책을 잠시 보다 물 마시러 가고, 다시 사회책을 꺼냅니다. 이렇게 산만해서는 절대 공부를 잘할 수 없습니다.

사실 공부 잘하는 아이의 특징으로 가장 중요하고 누구도 이견을 달지 않는 단 한 가지 점을 고르라고 한다면 "지능"이 될 수 있습니다. 이 지능은 타고난 것이라 어쩔 수 없지만, 과제 집착력은 충분히 후천적으로 키워 줄 수 있습니다. 기다려 주면 됩니다. 아이 스스로 문제를 풀며 성취감을 맛볼 수 있도록 느긋하게 기다려 주는 것입니다. 해낼 때마다 아이에게 칭찬과 격려를 통해 성취 동기를 계속적으로 높여 줘야 합니다. 주변 환경도 중요합니다. 부모님이 늘 책을 읽고, 가족 간에 대화와 토론하는 환경이 훨씬 도움이 될 것입니다. 그런 점에서 과제 집착력이 뛰어난 아이들을 후천적 영재라고도 합니다.

둘째, 계획적입니다

공부를 잘하는 아이들을 비롯해 높은 교육적 성취를 이루는 아이들은 계획적으로 공부합니다. 그냥 하고 싶은 과목을 아무 때나 내키는 대로 하는 것이 아니라 철저하게 계획을 세워서 하는 거죠. 평일과 주말에 공부 시간을 얼마나 확보할 것인지 계획을 세운 후에 오전, 오후, 저녁에 어떤 과목을 어떻게 공부할지 세부적으로 계획을 세웁니다. 막연하게 오전 1시간 국어, 2시간 영어, 1시간 과학을 공부하겠다고 정하는 것이 아니라, 오전 1시간 국어 공부 시간에는 어떤 책의 어디서부터 어디까지 볼 것인지 정하고 영어 공부 시간 역시 무슨 책을 가지고 얼마나 볼 것인지 미리 계획합니다.

하루 공부 계획을 포스트잇이나 다이어리에 기록하고 점검합니다. 계획을 세우면 철저하게 지키려 하고, 완수하지 못하면 휴식 시간이나 저녁 시간에 보충해서 본인이 세운 계획을 꼭 지킵니다. 그리고 자기 전에 본인이 세운 계획을 다시 보면서 하나씩 실천 여부를 확인하고 반성합니다. 즉, '계획 - 실천 - 반성'의 루틴을 반복하는 것입니다. 공부 잘하는 아이들은 누가 시켜서가 아니라 본인이 스스로 항상 공부할 때 이런 습관이 몸에 배어 있습니다. 계획 세우는 것이 습관이 된 아이들은 공부뿐만 아니라 어디를 가거나 어떤 일을 할 때, 심지어 놀 때도 계획적으로 합니다.

계획적인 아이들의 반대편에는 즉흥적인 아이들이 있습니다. 이 아이들에게 하루아침에 매일 매일 계획을 세워서 공부하라고 하면 잘

될 수가 없습니다. '계획 – 실천 – 반성'의 중요성을 알려 주고, 하루의 일부분만이라도 계획을 세워 실천하도록 점진적으로 접근하는 것이 좋습니다. 계획을 세워서 공부하는 습관은 향후 중학교와 고등학교에 진학해서도 큰 장점으로 작용할 것입니다.

셋째, 끈기가 있습니다

공부를 잘하는 아이들은 기본적으로 끈기와 인내가 있습니다. 오랜 시간 끈기 있게 공부를 합니다. 흔히 '공부는 엉덩이 힘'이라는 말이 있지요. 그 말은 누가 오랫동안 끈기 있게 책상 앞 의자에 앉아서 책을 보느냐가 중요하다는 말입니다. 사실 끈기는 초등학생들보다는 대입을 앞둔 고3 수험생들에게 아주 중요한 요소입니다. 집중력 있게 공부하는 것도 중요하지만, 기본적으로는 공부 시간을 확보해서 끈기 있고 인내심 있게 하는 것도 필수불가결한 요소입니다.

보통 초등학생들의 경우에는 끈기 있게 의자에 앉아 있지 못하는 경우가 많습니다. 요즘 아이들은 어떤 일이든 금방 싫증을 느끼고, 지루한 것을 잘 참지 못해서 그렇습니다. 그런데 공부를 잘하는 아이들은 끈기 있게 인내심을 가지고 꾸준하게 공부하는 특징을 보입니다.

넷째, 분명한 목표와 꿈이 있습니다

공부를 잘하는 아이들은 본인의 뚜렷한 목표가 있습니다. 예를 들어, 막연하게 돈을 많이 버니까 '의사'를 목표로 하는 것이 아니라 피

부과 의사, 소아과 의사 등으로 본인의 꿈이 구체적인 경우가 많습니다. 그 꿈을 이루기 위해서는 공부를 잘해야 하니까 스스로 열심히 공부를 합니다.

제가 맡은 학생 중에 초등교사가 꿈인 아이가 있었습니다. 초등학생들의 경우 장래 희망으로 교사를 꿈꾸는 경우가 많습니다. 대부분의 아이들은 그냥 꿈만 꾸죠. 그런데 그 아이는 '초등교사'라는 꿈을 이루기 위해 상당히 구체적인 노력을 합니다. 초등교사는 전 과목을 다 가르치기 때문에 예체능을 잘하는 것도 필요하다며 체육 활동도 안 빠지고 열심히 합니다. 상식이 풍부해야 한다며 어린이 신문뿐만 아니라 집에서 부모님이 보는 신문도 함께 본다고 합니다. 그리고 담임 선생님에게 묻습니다. "선생님, 이것도 초등교사가 되려면 중요하겠죠?", "이거 잘하면 초등교사 하는 데 도움이 되겠죠?" 그 아이 입장에서 담임 선생님은 본인이 되고 싶은 직업을 가진 사람인 거죠. 그래서 하나하나 물어보고 즐거운 마음으로 준비를 하며 공부합니다. 이렇게 어릴 때부터 '초등교사'의 꿈을 키워 온 아이와 고3 때 성적에 맞춰 교대를 지원한 아이는 2차 시험인 논술과 면접에서 큰 차이를 보일 수밖에 없을 것입니다.

아이들의 꿈은 자주 바뀝니다. 당연하죠. 오히려 별다른 경험도 없고, 나이도 어린 아이들이 구체적인 장래 희망, 꿈을 오랫동안 유지하는 것이 더 신기할 수도 있습니다. 그런데 꿈이 자주 바뀌더라도 본인의 인생 목표가 명확한 아이들이 있습니다. '나는 다른 사람을 돕고 선한 영향력을 발휘하는 사람이 될 거야.' 그럼 그와 관련된 직업들은 여러 가지가 있습니다. 하지만 그런 사람이 되기 위해서는 일단 공부를 잘해야 그 꿈에 다가설 수 있고, 본인이 스스로 중요한 선택의 순간에서 주체적으로 결정을 내릴 수 있습니다. 공부를 잘하게 되면 본인의 선택의 폭이 넓어지고, 목표에 다가설 수 있다는 것을 알고 있는 것입니다.

다섯째, 자기 자신과 대화를 합니다

좀 특이하죠? 그런데 공부를 잘하는 아이들은 스스로 본인과 끊임없이 대화하는 경우가 많습니다. 교육학에서도 나오는 용어인데, 피아제(Piaget)와 더불어 세계적인 교육학자인 레프 비고츠키(Lev Vygotsky)는 이것을 '내적 언어'라고 표현했습니다. 혼잣말과 내적 언어는 공통적으로 자신의 사고와 행동을 조절하는 기능을 담당합니다. 차이점이 있다면 '혼잣말'은 말로 작게 소리를 내는 것이고(중얼중얼), '내적 언어'는 이를 생각으로 한다는 것이죠. 반대말은 '외적 언어' 또는 '사회적 언어'가 될 것입니다.

공부를 잘하는 아이들은 계속 스스로에게 이야기를 합니다. "잘했어, 다빈아! 정신 차리고 조금만 더 해야지", "서윤아, 네 꿈이 작가라면서? 그런데 게임만 하고 책을 이렇게 안 읽으면 되겠니?" 이런 식으로 끊임없이 스스로에게 이야기하며 마음을 다잡는 것입니다. 물론 이렇게 질책만 하는 게 아니라 잘했을 때는 스스로에게 격려도 하고 칭찬도 하는 등 계속 자기 자신과 소통합니다.

　아이들에게 자신과 대화하도록 부모님이 강요하거나 시키기보다는 천천히 습관이 되도록 방법을 알려 주시면 좋습니다. 예를 들어, 밤에 자기 전에 스스로에게 오늘 어떤 일이 있었는지, 무엇이 좋았고 싫었는지 간단하게 대화하도록 하는 겁니다. 또는 일기를 쓰거나 메모하도록 해도 됩니다. 그런 식으로 아이들이 차츰 본인과 이야기하는 것이 자연스럽게 되도록 옆에서 도와주시면 아마 여러 가지 측면에서 도움이 될 것입니다.

05

초등 5학년
교실의 현실

국어 시간: 학업 편차가 심하다

국어는 참 중요한 과목입니다. 다른 과목 공부의 기초가 되고, 국어를 잘하면 사회, 과학, 영어 공부에도 절대적으로 유리합니다. 요즘에는 수학에서도 문장제 문제가 많이 나오는 추세입니다. 대학 입시에서도 국어의 영향력은 갈수록 커지고 있습니다. 특히 2020학년도 수능국어 문제 중 상위권 변별을 위한 '킬러 문항'으로 40번 문제가 뉴스에도 보도되었습니다. 40번 문제는 독서 분야에서 출제됐는데, 국어영역 지문 중 가장 분량이 긴 사회 지문에 딸린 문제였습니다. '국제결제은행(BIS) 자기자본비율' 내용을 파악하고 직접 BIS 비율을 계산해야 풀 수 있었지요. 지문에 BIS 자기자본비율 개념이 충분히 설명되어 있어서 사전 지식이 없으면 못 푸는 수준까지는 아니라는 이야기도 있습니다.

국어 시간이 이렇게 중요하지만, 5학년 때는 받아쓰기 시험을 보지 않고 일기 검사를 하는 경우도 거의 없다 보니 아이들의 맞춤법과 띄어쓰기는 엉망입니다. 남자아이들은 대부분 글씨도 알아보기 힘들 정도입니다. 5학년 국어는 교과서에 아이들이 본인의 생각이나 의견을 쓰는 활동이 많습니다. 여기서 아이들의 편차가 크게 나타납니다. 공부를 잘하는 아이들은 쉽게 쓰고 시간이 남는데 비해, 많은 아이들은 본인의 생각을 쓰는 것조차 어려워하고 시간이 부족하다고 느낍니다.

교과서 읽기에서도 속도나 목소리에서 차이가 발생합니다. 초등학교에서는 모든 학년에서 교과서 지문을 아이들이 돌아가며 읽는 경우가 많습니다. 교사가 호명하는 아이가 먼저 한 단락을 읽으면, 그 다음에 호명 받은 아이가 다음 부분을 읽는 방식입니다. 평소 책을 많이 읽은 아이들은 자신 있게 큰 소리로 또박또박 잘 읽습니다. 하지만 읽기 속도가 지나치게 느리거나 잘 읽지 못하는 아이들이 꼭 있습니다. 이렇게 책 읽기에 자신감을 잃을 경우, 그런 상태가 1년 내내 지속되기도 합니다. 그 아이가 책 읽는 순서가 되면 아이들은 눈치를 주죠. 한숨을 쉬거나 눈을 감기도 합니다. 당연히 그 아이는 주눅이 들고 악순환이 반복됩니다. 그리고 수업이 일찍 끝나서 각자 책을 읽으라고 하면 제대로 책을 읽는 아이들이 드뭅니다. 대부분 학습만화를 보거나 그냥 아무것도 안 하고 있습니다. 학년이 올라가며 아이들이 책 읽기 자체를 싫어하고 많이 읽지도 않는 것입니다.

문화체육관광부가 발표한 '2019년 국민독서실태조사' 결과에 따르면, 지난 1년간(2018. 10. 1.~2019. 9. 30.) 성인의 연간 종이책 독서율은 52.1퍼센트, 독서량은 6.1권으로, 2017년에 비해 각각 7.8퍼센트포인트, 2.2권 줄어들었습니다. 초·중·고교 학생의 경우 연간 종이책 독서율은 90.7퍼센트, 독서량은 32.4권으로, 2017년과 비교하면 독서율은 1.0퍼센트포인트 감소했지만, 독서량은 3.8권 증가했습니다. 전자책 독서율은 성인 16.5퍼센트, 학생은 37.2퍼센트로 2017년보다 각각 2.4퍼센트포인트, 7.4퍼센트포인트 증가 추세를 보였으며, 20~30대 중심으로 증가폭이 큰 것으로 나타났습니다. 지난 2년 사이 연령대별 독서율(종이책 + 전자책) 변화 추이를 살펴보면, 대학생은 2.7퍼센트포인트, 30대는 2.0퍼센트포인트 증가한 반면, 50대에서 8.7퍼센트포인트, 60대 이상에서 15.8퍼센트포인트 하락했습니다.

이번 조사에서 독서하기 어려운 이유로 제일 많이 꼽은 것은 성인의 경우 '책 이 외의 다른 콘텐츠 이용(29.1퍼센트)', 학생의 경우는 '학교나 학원 때문에 시간이 없어서(27.6퍼센트)', '책 읽기가 싫고 습관이 들지 않아서(22.0퍼센트)', '휴대전화, 인터넷, 게임을 하느라 시간이 없어서(21.2퍼센트)', '읽을 만한 책이 없어서(8.1퍼센트)', '어떤 책을 읽을지 몰라서(7.9퍼센트)'라는 응답이 나왔습니다.

초등학생들의 경우 독서 시간을 따로 두어도 책을 안 읽고 어떤 책을 읽을지 모르는 아이들이 많습니다. 이 아이들이 중고등학교에 진학해서 갑자기 독서의 중요성을 자각해 책을 많이 읽을 가능성은 거의 없습니다. 물론 극소수의 아이들은 알아서 꾸준히 책을 읽습니다. 당연히 책을 많이 읽는 아이와 그렇지 않은 아이들은 국어 시간에 그 차이가 많이 나타나지만 중고등학교에서의 차이는 더욱 크게 벌어질 것이 자명합니다.

영어 시간: 침묵하는 아이들이 많다

5~6학년 아이들은 일주일에 3시간 영어를 배웁니다. 대부분의 초등학교에서는 영어 전담 선생님이나 담임 선생님이 수업을 진행하고, 일부 원어민 영어 보조교사가 수업을 돕는 형식입니다. 영어 전담 선생님이나 담임 선생님이 진행하는 영어 시간은 주로 한국어로 진행하다 보니, 아이들이 수업 내용 자체를 이해하는 데 큰 무리는 없습니다. 하지만 원어민 영어 보조교사가 진행하는 수업에서는 아이들 반응이 천차만별입니다. 일단 선생님이 "Hello ~"라고 인사를 하면 다같이 "Hello ~"라고 인사까지는 다 합니다. 하지만 그 이후부터 수업이 끝날 때까지 침묵하는 아이들이 많습니다.

원어민 영어 보조교사들은 아무래도 활동적인 게임이나 놀이를 많이 합니다. 영어를 잘 못 알아듣는 많은 아이들이 오직 그 게임 시간만 기다립니다. 하지만 문제를 이해하지 못해서 본인 모둠에서 영어 잘하는 친구에게 항상 답을 물어봅니다. 또한 퀴즈의 답이 "apple"인데 철자를 몰라서 "사과"라고 쓰거나 "애플"이라고 쓰는 아이들도 있습니다. 그리고 교과서에 나오는 기본적인 대화를 할 경우 대답을 잘 못합니다. 선생님이 "How old are you?"라고 물어보면, "I'm 12 years old."라고 답해야 하는데, "십이" 또는 "열두 살"이라고 답을 합니다. 이 경우에 원어민 선생님이 "You speak in sentences.(문장으로 말하렴.)"라고 다시 이야기합니다. 아이는 그 말을 알아듣지 못해서 옆에 앉은 영어를 잘하는 친구에게 의존합니다. 그래서 일부 원어민 영어 보조교사는 영어 실력보다는 운이 작용하는 단순한 활동이나 게임을 주로 하기도 합니다. 이럴 경우 영어를 잘하는 아이들은 영어 수업이나 활동이 너무 쉽고 시시해서 딴짓을 하는 경우도 있습니다.

수학 시간: 연산 실력이 제각각이다

5학년 수학은 향후 중학교 수학과 연결되기에 중요합니다. 예를 들어, 1학기 1단원 「자연수의 혼합 계산」은 중학교 과정에서 정수와 유리수의 사칙 계산과 혼합 계산으로 이어지기 때문에 여러 가지 혼합 계산에서 계산 순서를 정확히 알고 이를 적절히 적용하여 문제를 해결할 수 있어야 합니다. 1학기 3단원 「규칙과 대응」 단원에서 학습하는 대응 관계의 개념도 이후 중학교 함수 학습과 직접적으로 연계되므로, 학생들이 대응 관계를 정확히 이해하여 두 양 사이의 대응 관계를 파악하고 표현할 수 있어야 합니다.

다음은 2015 개정 중학교 수학과 교육과정입니다.

2015 개정 중학교 수학과 교육과정 🔍

영역	핵심 개념	내용 요소		
		1학년	2학년	3학년
수와 연산	수의 체계	• 소인수분해 • 정수와 유리수	• 유리수와 순환소수	• 제곱근과 실수
	수의 연산			
문자와 식	다항식	• 문자의 사용과 식의 계산	• 식의 계산	• 다항식의 곱셈과 인수분해
	방정식과 부등식	• 일차방정식	• 일차부등식과 연립 일차방정식	• 이차방정식
함수	함수와 그래프	• 좌표평면과 그래프	• 일차함수와 그래프 • 일차함수와 일차방정식의 관계	• 이차함수와 그래프
기하	평면도형	• 기본 도형 • 작도와 합동 • 평면도형의 성질	• 삼각형과 사각형의 성질 • 도형의 닮음 • 피타고라스 정리	• 삼각비 • 원의 성질
	입체도형	• 입체도형의 성질		
확률과 통계	확률		• 확률과 그 기본 성질	
	통계	• 자료의 정리와 해석		• 대푯값과 산포도 • 상관관계

초등수학의 핵심은 〈연산〉이며, 연산의 꽃은 분수의 사칙연산입니다. 이렇게 중요한 분수의 사칙연산이 5학년 때 거의 완성됩니다. 아이들은 분수의 통분과 약분을 능숙하게 하고 실수를 하지 않아야 합니다. 또한 약수와 배수 개념을 정확하게 이해해야 합니다. 하지만 학교 현장에서 수학 시간은 다양한 아이들이 혼재되어 어수선합니다. 간혹 교사가 칠판에 문제를 쓴 후 아이들을 지목하여 앞으로 나와서 문제를 풀게 시키는 경우가 있습니다. 문제의 정답을 맞힌 경우 "우와!" 하는

찬사가 나오지만, 틀렸을 경우 "에이, 그것도 몰라?", "너 틀렸어, 그거 아니야!"라는 비난이 쏟아집니다. 문제를 틀리면 부끄러워서 우는 아이도 있습니다. 물론 교사는 사전에 각자 공책에 함께 풀어 보며, 문제 풀이가 틀렸다고 다른 아이를 비난하지 않도록 교육을 시키지만 지켜지지 않습니다.

수학 교과서를 살펴보고, 수학 익힘책에서 같은 부분을 풀어 보게 한 후 다한 아이들에게 자유 시간을 주기도 합니다. 이때도 아이들의 반응이 제각각입니다. 잘하는 아이들은 이전 시간에 배운 수학 교과서나 익힘책을 보며 복습을 하거나 앞으로 배울 내용을 교과서를 통해 간단히 예습하며 살펴봅니다. 하지만 다른 많은 아이들은 계속 낑낑거리며 수학 익힘책 문제를 풀거나, 빨리 놀고 싶은 마음에 대충 문제를 풀고 그냥 노는 경우가 많습니다. 요즘 수학 교과서에는 "자신이 문제를 푼 방법을 설명하시오"라는 문제들도 있습니다. 아이들이 특히 이런 문제들을 어려워합니다. 표현력이 부족하다 보니 엉뚱한 소리를 하거나 문제를 제대로 풀었어도 그것을 말로 설명하지 못하는 아이들이 부지기수입니다.

사회 시간: 처음 접하는 한국사를 어려워한다

사회는 아이들에게 인기 없는 과목입니다. 5학년 1학기 때는 한국지리, 법 관련 내용들을 주로 배우는데, 암기할 내용들이 많다 보니 아이들이 다른 과목은 좋아해도 사회 시간은 싫어하는 경우가 많습니다. 그리고 사회 시간에는 모둠 활동을 많이 합니다. 모둠 선정 시 보통 앉은 자리를 기준으로 하지만, 가끔 남녀 모둠을 편성하라고 하면 평소 사회를 잘하는 극소수 아이들의 인기가 치솟습니다. 그 아이들과 같은 모둠을 해야 모둠 과제를 할 때 유리하기 때문입니다.

5학년 1학기 사회 단원 지도 계획 🔍

1단원 「옛사람들의 삶과 문화」		
주제	주제별 주요 내용	차시별 활동 내용
1. 우리 국토의 위치와 영역	우리 국토의 위치와 영역을 알고 우리 국토를 구분하는 기준 살펴보기	우리 국토의 위치 알아보기
		우리나라의 영역 알아보기
		우리 국토를 사랑하는 마음 표현해 보기
		자연환경에 따라 우리 국토를 어떻게 구분하는지 알아보기
		우리나라 행정 구역의 위치 알아보기
2. 우리 국토의 자연환경	우리나라의 지형과 기후의 특징, 자연재해의 종류와 대책 탐색하기	우리나라의 지형 살펴보기
		우리나라 산지, 하천, 평야, 해안의 특징 알아보기
		우리나라의 기후 살펴보기
		우리나라 기온의 특징 알아보기
		우리나라의 자연재해 알아보기
		자연재해의 피해를 줄이기 위한 노력 알아보기
3. 우리 국토의 인문 환경	우리나라의 인구 분포, 도시 발달, 산업과 교통 발달 과정에서 나타난 특징 살펴보기	우리나라 인구 구성의 변화 살펴보기
		우리나라 인구 분포의 특징 알아보기
		우리나라 도시 발달의 특징 알아보기
		우리나라의 산업 발달 모습 살펴보기
		우리나라의 교통 발달 모습 살펴보기

		인문 환경의 변화에 따라 달라진 국토의 모습 살펴보기
2단원 「인권 존중과 정의로운 사회」		
1. 인권을 존중하는 삶	인권 보장을 위한 옛 사람들의 노력과 인권 보장이 필요한 오늘날의 사례 탐구하기	인권이란 무엇인지 알아보기
		인권 신장을 위해 노력했던 옛사람들의 활동 살펴보기
		인권 신장을 위한 옛날의 여러 제도 알아보기
		인권이 침해된 사례 찾아보기
		인권 보장을 위한 노력 알아보기
		인권 보호를 생활에서 실천하기
2. 법의 의미와 역할	법이 적용되는 생활 속 사례를 통해 법의 의미와 성격을 파악하고 법의 역할 탐색하기	법이란 무엇인지 알아보기
		우리 생활 속에서 법 찾아보기
		법의 역할 알아보기
		법을 준수해야 하는 까닭 알아보기
3. 헌법과 인권 보장	인권 보장을 위한 헌법의 역할과 특징을 파악하고 헌법에서 보장하는 기본권과 의무 적용 사례 조사하기	헌법의 의미 알아보기
		인권 보장을 위한 헌법의 역할 알아보기
		헌법에 나타난 국민의 기본권과 의무 알아보기
		바람직한 권리와 의무의 관계 알아보기

2학기에는 한국사를 배우는데, 교과서에서 처음 접하는 한국사를 많은 아이들이 어려워하고 싫어합니다. 한국사를 배우는 시간에는 침묵하는 아이들이 다수입니다. 평소 위인전을 읽은 아이들도 그 내용을 정확하게 이해하며 기억하지 못하기 때문에 시대와 인물 연결이 제대로 되지 않는 것입니다. 선사시대는 그런대로 이해하지만, 국가가 형성되어 왕과 주요 인물, 사건이 쏟아지는 삼국시대부터는 멘붕이 오며 아이들이 어려워합니다. 단원평가 문제에서도 다음과 같은 문제 스타일을 싫어하죠.

※ 다음은 고려의 건국과 후삼국의 통일 중 역사적 사건들이다. 가장 마지막에 일어난 일은 무엇인가?

① 고려 건국(왕건)　　② 후고구려 건국(궁예)

③ 후백제 건국(견훤)　　④ 신라 항복

※ 다음 연표의 ⊙~@에 들어갈 역사적 사건으로 알맞지 <u>않은</u> 것은 무엇인가?

1890	1900	1910	1930
1895 : 을미사변	1905 : ⓒ	1910 : ⓒ	1932 : 윤봉길의
1897 : ⊙	1907 : 고종 황제 강제 퇴위	1919 : @	의거

① ⊙ - 대한제국 선포　　② ⓒ - 을사늑약

③ ⓒ - 3·1운동　　④ @ - 대한민국 임시 정부 수립

　한 학급의 인원이 25명이라고 하면 10퍼센트인 2~3명 정도는 한국사를 잘합니다. 그 아이들은 본인이 원했든 부모님이 강요했든 한국사능력 검정시험도 친 경험이 있고, 한국사 관련 책을 읽어서 어느 정도 배경지식을 쌓은 경우입니다. 하지만 나머지 다수의 아이들은 한국사에 대한 지식이 전무합니다. 따라서 2학기 한국사 부분은 예습이 필수입니다.

과학 시간 : 공부를 잘하는 아이들이 모둠 활동을 주도한다

　초등학교 과학 교육과정에서는 매 차시 실험이나 관찰 내용이 나

오지만, 교과서에 나온 그대로 100퍼센트 진행하는 학교는 없습니다. 그렇게 하려면 막대한 예산이 필요하고 과학 실험 준비물을 주문해서 대비해야 하는데, 보관 문제도 있어서 현실적으로 어렵습니다. 각 단원에서 한두 개 정도의 실험만 하는 경우가 대부분입니다. 나머지 실험이나 관찰 내용은 동영상을 통해 보여주는 정도입니다. 실험이 적더라도 아이들은 그 한두 번의 실험을 기대하며 기다립니다.

과학 역시 모둠별 활동을 주로 합니다. 공부를 잘하는 소수의 아이들이 모둠 활동을 주도하며, 각 아이들에게 역할을 부여합니다. 아이들은 1학기 3단원의 「용해와 용액」, 2학기 5단원의 「산과 염기」를 특히 어려워합니다. 「용해와 용액」 단원에서는 용해, 용액, 용질, 용매 등의 용어를 정확하게 알고 구분할 수 있어야 하고, 「산과 염기」 단원에서는 지시약에 따라 어떤 액체가 산성이고 염기성인지 구분할 수 있어야 하는 등 암기할 것이 많습니다. 과학 단원평가 문제에서는 다음과 같은 문제 스타일을 아이들이 싫어합니다.

※ 다음은 소금을 물에 넣고 섞어 소금물을 만든 모습이다. 용질, 용매, 용액을 바르게 짝 지은 것은 어느 것인가?

소금 + 물 → (용해) 소금물

	용질	용매	용액
①	물	소금	소금물
②	물	소금물	소금
③	소금	물	소금물
④	소금	소금물	물

※ 다음은 리트머스 종이와 페놀프탈레인 용액을 이용하여 요구르트와 치약의 성질을 알아보는 실험이다. ㉠과 ㉡에 각각 들어갈 알맞은 색깔 변화는 무엇인가?

요구르트와 치약의 성질 알아보기

〈실험 과정〉

(1) 요구르트와 물에 녹인 치약을 각각 비커에 담은 뒤 유리 막대로 푸른색 리트머스 종이와 붉은색 리트머스 종이에 각각 묻힌다.

(2) 요구르트와 물에 녹인 치약을 담은 비커에 각각 페놀프탈레인 용액을 떨어뜨린다.

〈실험 결과〉

구분	요구르트	치약
푸른색 리트머스 종이	붉은색으로 변함	변화가 없음
붉은색 리트머스 종이	변화가 없음	㉠
페놀프탈레인 용액	㉡	붉은색으로 변함

	㉠	㉡
①	변화가 없음	푸른색으로 변함
②	푸른색으로 변함	변화가 없음
③	푸른색으로 변함	붉은색으로 변함
④	붉은색으로 변함	변화가 없음

06

드러난 격차를 좁히지 못할 때 어떻게 되는가?

국어: 다른 과목에까지 부정적인 영향을 끼친다

5학년 국어 교과서의 제시문은 4학년과는 비교가 안 될 정도로 길어집니다. 5학년 교과서에서 5페이지 이상 되는 부분은 다음과 같습니다. 1학기 2단원 「작품을 감상해요」의 '유관순' 62~66쪽(5쪽), '덕실이가 말을 해요' 74~80쪽(7쪽), 8단원 「아는 것과 새롭게 안 것」의 '자연을 닮은 우리 악기' 248~253쪽(6쪽), '우리나라의 멸종 위기 동물' 257~261쪽(5쪽), 10단원 「주인공이 되어」에서 '잘못 뽑은 반장' 302~308쪽(7쪽) 등입니다. 2학기에서는 1단원 「마음을 나누며 대화해요」의 '니 꿈은 뭐이가?' 47~57쪽(11쪽), 5단원 「여러 가지 매체 자료」의 '마녀사냥' 199~203쪽(5쪽), 7단원 「중요한 내용을 요약해요」의 '존경합니다, 선생님' 238~255쪽(18쪽)입니다. 이런 교과서의 제시문은 그림이나 참고자료가 적습니다.

국어 능력이 부족한 아이들은 제시문이 조금만 길어져도 그 내용을 이해하지 못합니다. 글을 읽을 수는 있지만 그 의미를 파악하지 못하는 것입니다. 이는 아이들의 대화에도 영향을 미칩니다. 국어 능력이 뛰어난 아이들은 친구들과의 대화에서 자연스럽게 속담을 사용하거나 풍부한 어휘를 쓰는 데 비해, 국어 능력이 부족한 아이들은 짧고 단순한 문장들을 주로 사용하며, 아이들끼리도 그런 특징을 서로 알고 있습니다.

국어를 제대로 하지 않으면 다른 과목 즉, 영어나 사회, 과학에도 큰 영향을 끼칩니다. 결국 국어가 모든 공부의 기초이기 때문에 국어 시간에 집중하지 못하고 실력이 뒤쳐지는 것이 그대로 방치될 경우, 다른 과목에까지 부정적인 영향을 미쳐서 그 파장은 커지게 됩니다.

영어: 영포자가 속출한다

영어 실력이 부족한 아이들은 이미 3학년 영어를 처음 배울 때부터 학습 결손이 나타나서 그것이 심화되어 누적된 채로 5학년이 됩니다. 그 아이들은 이제 영어를 포기하고 영포자의 길로 들어서는 것이죠. 이런 아이들은 기본적인 자기소개나 교과서에 나오는 간단한 대화도 못하고, 자신감이 부족해서 큰소리로 잘 읽지도 못합니다.

이 학생들은 학교에서 담임 선생님 재량으로 진행하는 단원평가, 단어 시험 결과에 연연해하지 않습니다. 어른들이 봤을 때는 기초적인 대화의 단어들인데 그것조차도 공부하지 않고, 시험 점수에도 초연한 모습을 보입니다. 물론 전부 다 틀리면 부모님께 혼나기에 교사가 수업 시간 중 잠시 공부할 시간을 주면 벼락치기로 하긴 합니다. 그러나 무엇을 공부해야 하는지 몰라서 우왕좌왕하고 영어 잘하는 아이들에게 물어봅니다. 영어를 잘하는 아이들은 중요한 부분을 골라서 선택적으로 정확하게 암기하고 철자까지 확실하게 공부하는데 반해, 영어 실력이 부족한 아이들은 철자를 틀리는 경우가 많습니다. 이런 상황이 반복되다 보니 아예 영어에 손을 댈 수 없는 지경에 이르게 된 경우도 많습니다.

수학: 중고등으로 이어지는 수학 체계가 붕괴된다

5학년 수학에서는 기본 개념, 기초 연산이 중요합니다. 연산의 핵심 개념은 나눗셈, 자릿값, 분수의 연산인데, 특히 5학년 연산에서는 속도와 정확성 둘 다 잡아야 합니다. 실수가 습관이 되면 안 되기에 평소 문제를 빨리 많이 풀어 봐야 하는 거죠. 하지만 수학 실력이 부족한 아이는 기본 개념도 정확하게 모르고, 문제를 풀 때도 실수가 많습니다.

특히 분수의 계산에서 아예 손도 못 대는 경우가 있습니다. 수학은 계열성이 중요한 과목이어서 앞의 내용을 정확하게 숙지 못하면 다음 내용을 알기 어렵습니다. 5학년 수학 1학기 4단원 「약분과 통분」의 내용을 정확히 모르면, 5단원 「분수의 덧셈과 뺄셈」을 아예 풀지 못하게 됩니다. 6단원의 「다각형의 둘레와 넓이」도 아이들이 특히 어려워하는 단원입니다. 잘하는 아이들은 공식을 이해하고 암기해서 능숙하게 문제를 풀어냅니다. 하지만 학습 능력이 부족한 아이들은 아예 손을 못 댑니다. 특히 이 단원은 수학의 계열성이 중요하다는 것을 극명하게 나타내는 단원입니다.

다음의 6단원의 학습 전개 계획을 봐 주세요.

「다각형의 둘레와 넓이」 학습 전개 계획

차시	주제	수업 내용 및 활동
1차시	단원 도입	이야기를 듣고 둘레와 넓이를 구할 다각형을 찾아보게 한다.
		단원 도입 그림에서 다각형의 둘레와 넓이를 구하는 데 필요한 도구를 찾아보게 한다.
2차시	정다각형의 둘레를 구해 볼까요	물건의 둘레를 노끈으로 재어 보는 활동을 통하여 둘레를 이해하고 둘레를 구하는 방법을 알게 한다.
		정다각형을 만들어 둘레를 구해 보고 둘레를 구하는 방법을 탐구하여 설명하게 한다.
3차시	사각형의 둘레를 구해 볼까요	사각형의 둘레를 구하는 방법을 설명하게 한다.
		직사각형과 평행사변형, 정사각형과 마름모의 둘레를 구하는 방법의 공통점을 탐구하도록 한다.
4차시	1㎠를 알아 볼까요	모양이 서로 다른 종이의 넓이를 비교하며 직접 비교의 어려움과 임의 단위의 필요성을 인식하게 한다.
		표준 단위의 필요성을 인식하고 1㎠를 알게 한다.
5차시	직사각형의 넓이를 구해 볼까요	1㎠를 이용하여 직사각형의 넓이를 구하는 방법을 탐구하게 한다.
		세 가지 직사각형의 변의 길이를 직접 측정하여 넓이를 구하고 직사각형의 넓이를 구하는 방법을 형식화하여 설명하게 한다.

6차시	1㎠보다 더 큰 넓이의 단위를 알아볼까요	1㎠보다 더 큰 단위의 필요성을 인식하여 1㎡를 알아보고 1㎠와 1㎡의 관계를 설명하게 한다.
		1㎡보다 더 큰 단위의 필요성을 인식하여 1㎢를 알아보고 1㎡와 1㎢의 관계를 설명하게 한다.
7~8차시	평행사변형의 넓이를 구해 볼까요	평행사변형을 직사각형으로 바꾸어 넓이를 구하는 방법을 알아보게 한다.
		밑변의 길이와 높이가 같은 평행사변형의 넓이를 알아보게 한다.
9~10차시	삼각형의 넓이를 구해 볼까요	삼각형 2개를 이용하여 평행사변형으로 바꾸어 넓이를 구하는 방법을 알아보게 한다.
		삼각형을 잘라 평행사변형으로 바꾸어 넓이를 구하는 방법을 알아보게 한다.
11차시	마름모의 넓이를 구해 볼까요	마름모를 삼각형으로 잘라서 평행사변형으로 바꾸어 넓이를 구하는 방법을 알아보게 한다.
		직사각형을 이용하여 마름모의 넓이를 구하는 방법을 알아보게 한다.
12~13차시	사다리꼴의 넓이를 구해 볼까요	사다리꼴을 평행사변형으로 바꾸어 넓이를 구하는 방법을 알아보게 한다.
		사다리꼴을 삼각형으로 나누어 넓이를 구하는 방법을 알아보게 한다.

각 차시의 '수업 내용 및 활동'은 대부분 이전 차시에서 배웠던 내용들을 활용해서 진행됩니다. 예를 들어, 7~8차시의 '평행사변형의 넓이를 구해 볼까요' 중 '평행사변형을 직사각형으로 바꾸어 넓이를 구하는 방법을 알아보게 한다'는 5차시 '직사각형의 넓이를 구해 볼까요'에서 배운 학습 내용을 적용하는 것입니다. 9~10차시의 '삼각형의 넓이를 구해 볼까요'는 바로 앞에서 배운 '평행사변형의 넓이를 구해 볼까요'의 내용을 응용해서 학습하게 됩니다. 이처럼 수학은 계열성이 가장 뚜렷한 과목이라 어느 한 차시도 소홀하게 생각하면 안 되

고, 조금이라도 학습 결손이 생긴다면 이후 학습에도 부정적인 영향을 끼치게 됩니다.

2학기 1단원의 「수의 범위와 어림하기」도 아이들이 힘들어합니다. 여기서는 이상과 이하, 초과와 미만, 올림, 버림, 반올림의 개념이 나옵니다.

개념	예시
이상	70, 71, 73, 75 등과 같이 70과 같거나 큰 수를 70 **이상**인 수라고 함
이하	10.0, 9.5, 8.7 등과 같이 10과 같거나 작은 수를 10 **이하**인 수라고 함
초과	19.4, 20.9, 22.0 등과 같이 19보다 큰 수를 19 **초과**인 수라고 함
미만	139.5, 137.0, 135.8 등과 같이 140보다 작은 수를 140 **미만**인 수라고 함
올림	구하려는 자리의 아래 수를 올려서 나타내는 방법 예) 204를 십의 자리까지 나타내기 위하여 십의 자리 아래 수인 4를 10으로 보고 210으로 나타낼 수 있음
버림	구하려는 자리의 아래 수를 버려서 나타내는 방법 예) 756을 십의 자리까지 나타내기 위하여 십의 자리 아래 수인 6을 0으로 보고 750으로 나타낼 수 있음
반올림	구하려는 자리 바로 아래 자리의 숫자가 0, 1, 2, 3, 4이면 버리고, 5, 6, 7, 8, 9이면 올려서 나타내는 방법 예) 반올림하여 십의 자리까지 나타내면 4282 → 4280, 　　반올림하여 백의 자리까지 나타내면 4282 → 4300

아이들이 각 개념을 정확하게 이해하지 못하다 보니 문제를 풀지 못하고, 갈수록 수학에 자신감이 결여되는 악순환이 반복됩니다.

아이들이 또 어려워하는 내용이 3단원 「합동과 대칭」 중 선대칭도형과 점대칭도형입니다. 그 성질을 정확하게 알고, 그것을 응용해서 문제를 풀어야 하는데 본인이 몰라도 교사에게 물어보는 것을 기피하다 보니 수학 학습 부진이 계속 누적되는 것입니다.

개념	예시
합동	모양과 크기가 같아서 포개었을 때 완전히 겹치는 두 도형
선대칭도형	한 직선을 따라 접었을 때 완전히 겹치는 도형
점대칭도형	한 도형을 어떤 점을 중심으로 180° 돌렸을 때 처음 도형과 완전히 겹칠 때의 도형

교사에 따라서, 문제를 제시하고 옆에 앉은 짝끼리 확인해 보게 하거나 잘하는 아이에게 부족한 아이를 알려 주라고 하는 경우도 있습니다. 현실적으로 많은 아이들을 담임 교사가 일일이 개별 지도하기 어렵기 때문인데, 친구에게 배우는 것을 부끄러워해서 몰라도 그냥 안다고 넘어가는 아이들이 있습니다. 다른 과목은 학년마다 학기마다 내용이 달라서 그렇게 큰 문제가 없지만 수학의 경우 계열성이 가장 강한 과목이어서 당장 문제가 생깁니다.

사회: 제시된 자료를 이해하지 못한다

5학년 사회는 교과서 제시문이 길지는 않지만 개념들이 생소하고 어렵습니다. 아이들이 제시된 자료를 이해하지 못하는 경우가 많습니다.

다음은 1학기 1단원 「국토와 우리 생활」 중 교과서 55쪽의 내용입니다.

자연재해의 피해를 줄이려면 자연재해에 대한 정확한 정보를 재빨리 알려 주는 예보와 경보 체계를 갖추는 것이 필요하다. 행정안전부와 기상청은 태풍, 폭염, 한파, 폭설, 황사 등의 자연재해가 예상될 때 기상 특보를 발령해 국민이 미리 대처할 수 있도록 해 준다.

기상 특보는 휴대 전화의 긴급 재난 문자, 방송 매체, 행정안전부나 기상청 누리집, 스마트폰 응용 프로그램 등에서 확인할 수 있다. 기상 특보를 주의 깊게 살피면서 각 재해 상황에 어떻게 대처하는지를 잘 알아두어야 피해를 예방할 수 있다.

위의 글에서 '자연재해', '태풍', '폭염', '한파', '폭설', '황사' 등은 모두 한자어로 어려운 단어입니다. 또한 예보와 경보의 개념도 어렵습니다. '대처'라는 말도 5학년 수준에서는 쉽지 않습니다.

2단원 「인권 존중과 정의로운 사회」 중 교과서 127쪽에는 '누리집 영화 불법 유포 사건'이라는 모의재판 장면이 나옵니다. 그중 일부입니다.

검사가 제출한 증거에 비추어 보면, 피고인이 ◇◇ 영화 제작사의 영화 다섯 편을 누리집에 올려 영화사의 권리를 침해했으므로 유죄로 인정할 수 있다.

피고인이 전에도 같은 행동으로 처벌을 받은 점, 범행으로 이익을 얻은 점, 현재 잘못을 반성하고 있는 점을 고려해 다음과 같이 판결을 선고한다.

피고인을 벌금 500만 원에 처한다.

피고인이 위 벌금을 내지 않을 경우 10만 원을 1일로 환산하여 그 기간 동안 피고인을 * 노역장에서 일하게 한다.

* 노역장 : 강제로 일하게 하는 장소

여기서는 '노역장'이라는 단어에만 뜻풀이가 되어 있습니다. 하지만 그 외의 단어들도 5학년 아이들에게는 생소하고 어렵게 느껴질 것입니다. 사회 시간 모둠 활동을 할 때 공부 잘하는 아이들이 모둠 활동 전반을 좌우합니다. 학습 능력이 부족한 아이들에게 "넌 아무것도 하지 마! 그게 우리 모둠을 도와주는 거야"라고 말하기도 합니다. 물론 교사는 모든 모둠원들이 골고루 참여할 것을 강조하며, 아예 개별적으로 역할을 부여하기도 합니다. 하지만 부족한 아이는 잘하는 아이에게 의존하게 되고, 결국 공부를 잘하는 소수의 아이들이 주도해서 이끌어 갑니다.

과학: 오개념이 고착될 수 있다

과학 시간에도 모둠 활동을 주로 합니다. 모든 아이들이 실험을 재미있어하고 좋아하지만, 역시 공부 잘하는 소수의 모둠 아이들이 실험의 전반적인 과정을 좌우합니다. 학습 능력이 부족한 아이들은 실험을 제외한 대부분의 교사 설명 시간을 힘들어합니다. 교사가 내는 퀴즈 문제를 몰라서 옆에 앉은 친구들에게 물어보며 간절히 도움의 눈길을 보내기도 합니다.

5학년 과학에서는 아이들의 오개념이 형성되어 그대로 고착될 우려가 있습니다. 오개념(誤槪念)이란 '어떤 사물이나 현상에 대한 잘못된 지식'을 의미합니다. 과학에서는 특히 오개념에 주의해야 합니다. 학습 격차가 벌어지고, 그 격차를 좁히지 못할 경우 아이들에게 형성된 오개념이 그대로 고착되어 나중에는 바로잡을 수 없게 됩니다. 따라서 과학 수업에 집중하며 적극적으로 참여하고 올바른 과학 개념을 형성해 나가는 것이 중요한데, 그렇지 못한 아이들이 의외로 많습니다.

5학년 「온도와 열」 단원 오개념 🔍

		내용
1	오개념	금속은 차가운 물질이기 때문에 온도가 낮다.
	원인	온도를 물질의 특징이라고 생각해서 '금속은 차가운 물질이기 때문에 온도가 낮다' 또는 '나무는 미지근한 물질이기 때문에 온도가 중간 정도이다' 등으로 생각할 수 있다.
	지도 방안	여러 가지 물질의 온도를 측정해 보고, 온도가 물질의 특징이 아니라는 것을 이해하도록 한다. 예를 들어, 운동장에서 햇빛을 오랫동안 받은 철로 만든 필통과 책상 위에 둔 철로 만든 필통의 온도를 측정하여 비교해 볼 수 있다.
2	오개념	책상 위에 둔 털장갑과 가위 중 가위의 온도가 더 낮다.
	원인	같은 장소, 같은 상태에서 열평형이 이루어지더라도 온도는 물질의 특성이라고 생각하거나 털장갑은 따뜻한 느낌, 금속인 가위는 차가운 느낌이라고 생각하기 때문에 가위의 온도가 더 낮다고 생각할 수 있다. 이처럼 대부분의 학생은 물질 자체의 온도와 자신이 물질을 만질 때 느끼는 체감 온도를 구별하지 못한다.
	지도 방안	온도계로 같은 장소에 있는 여러 가지 물질의 온도를 측정해 보는 과정에서 온도가 물질의 특성이 아님을 이해하도록 지도한다.

3	오개념	따뜻한 물과 차가운 물이 만나면 따뜻한 물의 열기가 차가운 물로 이동하고, 차가운 물의 냉기가 따뜻한 물로 이동한다. 바닥에서 냉기가 올라온다. 철봉의 냉기가 손에 전해진다. 한겨울에 한 학생이 교실 뒷문을 닫지 않은 채 들어오면 교실 밖의 냉기가 들어와서 춥다고 느낀다.
	원인	학생들은 열기(따뜻한 기운)와 냉기(차가운 기운)가 존재하고 이동할 수 있다고 생각한다. 또 생활 속에서 "냉기가 들어오지 못하도록 문을 꼭 닫자"와 같은 표현은 냉기가 저온에서 고온으로 흐른다고 생각하게 할 수 있다. 열의 이동은 분자의 운동 에너지를 전달하는 현상이지만, 학생들은 열기나 냉기를 물질적 실체로 간주한다.
	지도 방안	차가운 물질을 손으로 잡고 있을 때 차가운 것은 차가운 냉기가 손으로 이동하는 것이 아니라 열이 손에서 차가운 물질로 이동하는 것이다. 두 물질이 접촉하면 온도가 높은 곳에서 온도가 낮은 곳으로 열이 이동한다는 것을 설명한다. 또 냉기에 대한 과학적인 개념은 없고, 열기는 열에너지를 뜻한다는 것을 알게 한다.
4	오개념	금속은 열이 이동하는 빠르기가 항상 같다.
	원인	학생들은 단단하고 광택이 있으며 금속성의 소리가 나는 물질을 모두 철이라고 생각한다. 또 구리, 알루미늄, 철 등과 같이 금속의 종류는 구별하지만, 그 특성은 비슷하다고 생각한다. 즉, 금속은 다른 물질보다 열이 잘 전도되며, 열이 이동하는 빠르기도 같다고 생각한다.
	지도 방안	금속을 선택해 실험하기 전에 금속마다 성질이 다르며 열이 이동하는 빠르기도 금속의 성질 중 하나라는 것을 설명한다. 또 열이 이동하는 빠르기가 금속의 열전도율이라는 것을 설명한다.

초등 5학년이
중등 수학을 공부하고 있다면

　　간혹 학교에서 보면 초등 5학년 학생인데 중등 수학을 미리 공부하는 경우가 있습니다. 요즘에는 초등 고학년들이 중학교 수학을 선행학습 하는 경우가 늘어났고, 그 시기도 빨라진 느낌입니다. 대학 입시에서는 고등학교 수학의 선행학습이 불가피합니다. 요즘에는 수시 비중이 커서 고등학교 진학 후 수학을 공부할 시간이 절대적으로 부족하기 때문입니다. 특히 고3 때는 수시 준비에 매진해야 하니 고2 말까지 고등학교 과정의 수학을 끝내야 하고, 역산하면 중학교 2~3학년 때부터는 고등학교 수학을 시작해야 한다는 말입니다. 그래서 또 역산하여 중학교 수학을 초 5~6학년부터 시작하는 경우가 많습니다.

　　수학 선행학습을 하는 아이들의 유형에는 영재고 · 과학고 진학을 목표로 하는 경우와 다른 아이들이 하니까 불안해서 나도 하는 경우입니다. 그런데 교사인 제가 봤을 때 득보다는 실이 더 많습니다. 가장 큰 이유는 학교 수업에 소홀할 수 있다는 점 때문입니다. 선행학습보다는 우리 아이가 초등학교 수학의 심화 내용까지 정확하게 알고 있는지 반드시 확인하는 것이 우선입니다.

굳이 영재고·과학고 진학이 목표가 아닌데도 다른 아이들에게 뒤쳐질까 봐 불안감에 진도 빼기 식으로 중학교 수학을 선행학습 하는 것은 시간 낭비이며 의미가 없습니다. 사실 중학 수학을 공부하려면 심화학습을 병행해야 합니다. 그 이유는 중학교 수학 시험에서 심화 문제가 꼭 3~4문제 출제되고, 거기에서 성적 판가름이 나기 때문입니다. 따라서 심화 없는 중등 수학 선행학습은 별 의미가 없고, 오직 본인과 부모님의 대리 만족일 뿐입니다.

보통 학원을 다니거나 인터넷 강의를 통해서 수학 선행학습을 진행합니다. 그 후에 공부 시간을 확보해서 실제로 직접 복습을 하며 공부해야 하는데, 초등학생이 오랜 시간 혼자 공부하는 것은 사실 어렵습니다. 지나친 수학 선행학습에 주력하다가 국어와 영어 공부를 소홀히 할 수도 있습니다.

특히 초등학교 때가 초중고 12년 중 유일하게 마음껏 독서할 수 있는 절호의 시간인데, 수학 선행학습에 주력하다 보면 책을 읽을 절대 시간이 부족하게 됩니다. 지금 당장은 우리 아이가 중학교 수학을 잘 따라가는 것처럼 보여서 흐뭇할 수 있지만, 풍부한 독서가 뒷받침되지

않는다면 향후 중학교와 고등학교에 진학해서 사상누각(沙上樓閣)이 될
수도 있다는 점을 꼭 기억하시면 좋겠습니다.

2장

부족한 초등 5학년,
학습 격차를 줄일
마지막 골든 타임

학습이 부진한 아이에게는 격려가 필요합니다. 따라서 작은 성취에도 칭찬해 주며, 관심을 갖고 격려해 주세요. "괜찮아, 다음에 잘하면 되지, 아주 잘했어"라고 말이죠.

이 아이들은 노는 것을 제외하고 매사 무기력한 경우가 많습니다. 따라서 다양한 경험을 통해 아이가 꿈을 갖고 키워 갈 수 있게 부모님의 관심과 노력이 필요합니다. "경험이 곧 꿈이 된다"는 절대 헛된 구호가 아닙니다.

아이 공부 시간에 부모님도 함께 책상 앞에 앉아 주세요. 일본의 학습 전문가 오가와 다이스케의 책《거실 공부의 마법》(키스톤)에서 저자는 아이들이 어릴 때 거실에서 부모와 함께 책을 보며 공부하는 것이 중요하다고 강조합니다. 그 구체적인 방법으로 "도지사" 즉, 도감, 지도, 사전을 항상 거실에 구비하고 적극 활용해야 한다고 이야기합니다. 평소 TV를 보고 쉬는 공간으로만 생각했던 거실을 아이들의 아주 중요한 공부 공간으로 인식을 전환했다는 점에서 큰 의미가 있다고 봅니다. 실제로 부모님이 솔선수범하면 어떤 유명한 학원이나 인터넷 강의, 공부하라는 강요보다 교육적인 효과가 있을 것입니다. 거실에서 아버지는 시집, 어머니는 시사 잡지, 아이는 본인 공부를 하는 모습은 상상만 해도 뿌듯하고 화목함의 기운이 느껴집니다.

끝으로 요즘은 아이들이 대부분 학교에서 필기를 하지 않습니다. 특히 학습 능력이 부족한 아이들은 아예 공책이 없는 경우도 있습니다. 하지만 초등학교 때 공책을 정리하는 습관을 들이는 것이 무척 중요합니다. 초등학교 때 전혀 노트 정리나 필기를 안 하다가 나중에 중고등학교에 진학하게 되면 멘붕에 빠지고 헤맬 수 있습니다. 반드시 부모님이 아이에게 공책을 정리하도록 시키고, 관심을 가지셔야 합니다. 담임 교사는 수업 진도를 나가기 바빠서 아이들이 필기를 잘하고 있는지 개별적으로 확인할 수 없습니다. 공책을 정리할 때는 크게 3가지 방법을 기억하세요.

첫째, 깔끔하고 정성껏 써야 한다

다 떠나서 공책에 정리할 때는 정성껏 성의 있게 써야 합니다. 그래야 다시 찾아봤을 때 어떤 내용을 들었는지 명확하게 파악할 수 있습니다.

둘째, 구조화한다

마인드맵으로 표시해도 되고, 생각그물 만들기를 해도 됩니다. 공책 정리를 할 때 계속 줄글로만 적는 것보다 중간중간 구조화를 시켜서 필기하면, 보기도 편하고 훨씬 눈에 잘 들어옵니다.

셋째, 본인만의 표시를 한다

중요한 부분은 별 표시를 한다거나 빨간색, 파란색 등의 색깔을 활용해서 궁금한 점, 암기할 내용 등을 표시하는 것입니다.

이 3가지 정리 방법이 몸에 확실히 배이면 분명 큰 효과를 보게 될 것입니다.

이 외에 강력 추천하는 공책 정리 방법이 바로 "코넬식 노트 정리법"입니다. 이는 미국 코넬대학교의 교육학 교수 월터 포크(Walter Pauk)가 학생들의 학습 효율을 높이기 위해 만든 노트 정리 방식입니다. 노트 필기를 제목 영역, 필기 영역, 단서 영역, 요약 영역으로 구분하여 쓰는 것입니다.

제목 영역	
단서 영역	필기 영역
요약 영역	

먼저 제목 영역은 제일 위에 위치하며, 주로 학습 주제나 목차, 날짜 등을 기록합니다. 필기 영역에서는 수업 시간에 배운 내용을 자세하게 필기합니다. 단서 영역에서는 중요한 키포인트를 뽑아서 기록하고 모르는 것에 대한 질문을 추가로 적습니다. 단서 영역만 보고 내용이 무엇이었는지 떠올릴 수 있도록 중요한 단서나 핵심어, 주제, 중요 정보 등을 기록합니다. 요약 영역에서는 필기한 부분을 요약하여 중요한 부분을 다시 볼 때 빨리 확인할 수 있도록 합니다.

코넬식 노트 정리법에는 5가지 지켜야 할 원칙(5R)이 있습니다.

1. 기록하기(Record): 선생님의 수업을 듣는 동안 가능한 한 의미 있는 사실과 아이디어를 필기란에 많이 기록하여 읽기 쉽게 한다.

2. 축소하기(Reduce): 수업이 끝나고 쉬는 시간에 가능한 한 빨리 키워드 및 핵심 내용을 간결하게 단서 영역과 요약 영역에 정리한다.

3. 암기하기(Recite): 필기 영역을 가린 후 단서 영역에 메모한 것을 가지고 자기 나름의 표현으로 수업 내용을 가능한 한 완벽하게 말해 본다. 그 후에 말한 것을 확인한다.

4. 숙고하기(Reflect): 노트에서 자신의 견해를 이끌어내어 그 항목이 다른 항목과는 어떻게 관련되는지 숙고하는 출발점으로 이용한다.

5. 복습하기(Review): 매주 노트를 재빨리 복습하는 데 적절한 시간을 들인다. 그러면 배웠던 내용의 대부분을 기억할 것이다.

1950년대에 시작된 이 방식이 아직도 생명력을 유지한다는 것은 그만큼 효용성이 크고 탁월한 효과가 있다는 반증입니다. 실제 이 방법으로 방학 때 과목별 노트 정리를 한 5학년 준서의 이야기입니다.

처음에는 노트 정리하는 게 귀찮았어요. 학교에서는 노트에 필기하는 경우가 거의 없거든요. 그래서 선생님들이 코넬식 노트 정리법을 알려 주고 권해도 익숙하지 않아서 포기하는 아이들이 많아요. 그런데 익숙해지면 실력이 늘어나는 게 느껴져요. 일단 복습할 때 유익하고, 아는 것을 적는 재미도 있고, 기억에 오래 남아요. 또 자신이 쓴 결과물을 펼쳐 볼 때의 성취감도 크고요. 앞으로도 6학년, 중학교 때까지 계속 활용할 예정이에요.

코넬식 노트 정리법 활용 사례

제목 영역
사회 5-2 / 2. 새로운 사회를 향한 움직임 영조와 정조의 개혁 정책을 알아봅시다.

단서 영역	필기 영역
붕당, 탕평책, 영조와 정조, 개혁 정치	**〈영조와 정조의 개혁 정책〉** 1. 영조의 개혁 정책: 탕평책, 왕권 강화, 정치를 안정시키려고 함, 세금을 줄이고 백성의 생활 안정, 책을 많이 편찬해 학문과 제도 정비 2. 정조의 개혁 정책: 인재를 고루 뽑음, 규장각 설치, 새로운 과학 기술을 응용하여 수원 화성 건설 • 붕당: 학문이나 정치적으로 생각을 같이 하는 사람들의 정치 집단 • 역사 속 여성: 김만덕 제주도에 흉년이 들자 자신의 돈으로 쌀을 사서 백성에게 나눠 줌

요약 영역
영조는 탕평책을 실시했고, 정조는 수원 화성을 건설해 왕권을 강화하려고 했다.

학기 중에
과목별 격차 줄이기

국어: 아이 특성별 독서를 한다

국어 능력이 부족한 아이들의 공통적인 특징은 평소 책을 안 읽고 책 읽기를 싫어한다는 점입니다. 이것은 틀림없는 사실입니다. 책 많이 읽는 아이치고 초등학교에서 공부 못하는 아이를 못 봤습니다. 따라서 국어 능력이 부족한 5학년 아이들에게는 우선 평소 책을 읽도록 권장하고 지원해 주는 것이 급선무입니다. 5학년은 독서를 생활화하는 시기의 마지노선입니다. 이때까지 책을 읽지 않은 아이들이 갑자기 6학년이나 중학생이 되어서 책을 읽지는 않을 테니까요.

학습 능력이 부족한 아이들에게는 그들의 특성에 맞는 독서 방법을 알려 줘야 하는데, 크게 4가지 측면에서 소개하겠습니다.

첫째, 본인의 수준에 맞는 책을 스스로 고르기

독서할 때 아이들이 읽고 싶은 책을 스스로 고를 수 있어야 합니다. 간혹 부모님 욕심으로 "이달의 추천도서", "과학고 필독서" 등을 선택해서 아이에게 읽도록 강요하는 경우가 있는데, 그럴 경우 아이들은 더욱 독서를 멀리 하게 됩니다. 아이가 본인이 읽을 책을 스스로 고를 수 있도록 자율성을 부여해 주세요. 그리고 본인이 신중하게 고르고 선택한 책은 집중해서 완독할 수 있어야 합니다. 아이가 본인의 수준을 뛰어넘는 어려운 책을 고르거나 너무 쉬운 학습만화만 보려고 할 경우에만 적절하게 조언을 해 주며 안내자의 역할을 해 주면 됩니다.

둘째, 편안하게 읽기

책을 읽는 행위가 의무가 되고, 부담으로 작용해서는 안 됩니다. 집이나 학교에서 책을 읽을 때, 아이들이 좀 편안한 자세로 읽는다고 그것을 제지하거나 바른 자세를 너무 강요하지는 마세요. 요즘 동네 어린이 도서관에 가 보면 편안하고 자유로운 분위기입니다. 아이들이 독서라는 행위에 너무 주눅들어 엄격하게 읽을 필요는 없습니다. 이해하지 못했으면 반복 독서도 괜찮습니다.

셋째, 마음껏 읽기

다른 사람에게 물려 주거나 중고로 팔 생각이 아니라면 아이가 읽을 때 마음껏 편하게 볼 수 있도록 해야 합니다. 책도 접고, 책에 별표나 다른 표시, 밑줄을 그을 수 있게 말이죠.

넷째, 다양한 독후 활동

독후 활동은 독서의 또 다른 연장선에서 아이들에게 부담이 없어야 합니다. 억지로 형식을 갖춰 독서 감상록을 쓰는 것이 아니라 본인이 읽은 책을 1줄로 가볍게 표현해 보기, 인상 깊은 부분이나 기억할 부분에 밑줄 긋고 다시 한 번 읽어 보기, 책의 주인공에게 하고 싶은 말 해보기, 읽은 책에서 가장 기억에 남는 장면을 그림으로 표현하기 등으로 다양화해야 합니다.

다음으로 초등학교 국어 실력의 차이는 어휘력 차이라고 말할 수 있습니다. 다음 글은 국어 교과서 5학년 2학기 2단원 「지식이나 경험을 활용해요」 중 69~72쪽 '조선의 냉장고 석빙고의 과학' 중 일부입니다.

현대인의 생활필수품인 냉장고는 냉기나 얼음을 인공적으로 만드는 기계 장치이지만, 빙고는 겨울에 보관해 두었던 얼음을 봄, 여름, 가을, 겨울까지 녹지 않게 효과적으로 보관하는 냉동 창고이다. 우리나라에서 얼음을 보관하기 시작했다는 기록은 《삼국사기》에 나타난다. 또한 신라 시대 때에는 얼음 창고에 관한 일을 맡아보던 "빙고전"이라는 기관이 있었다고 한다. (중략) 고려 시대에 법으로 해마다 6월부터 입추까지 신하들에게 얼음을 나누어 준 기록이 있다. 한겨울의 얼음을 보관했다가 쓰는 기술을 장빙이라고 했다. (중략) 보물 제 66호인 경주 석빙고의 지붕은 이중 구조인데, 천장은 반원형으로 기둥 다섯 개에 장대석이 걸쳐 있다. 여기에다가 석빙고의 얼음을 왕겨나 짚으로 싸 보관했다. 왕겨나 짚은 단열 효과를 높이기도 하지만, 얼음이 약간 녹을 때 주변 열도 흡수하므로 왕겨나 짚의 안쪽 온도가 낮아져 얼음을 오랫동안 보관할 수 있다.

이 글에서도 '냉기, 빙고, 장빙, 장대석, 왕겨, 짚, 단열 효과' 등은 상당히 깊은 수준의 어휘입니다. 학습 능력이 부족한 아이들은 특히 교과서를 꼼꼼하게 읽어야 하고, 모르는 어휘가 나오면 반드시 국어사전을 찾는 습관을 들여야 합니다. 모르는 낱말의 뜻은 스스로 국어사전을 통해 알고 넘어가야 합니다.

앞의 글에서는 삼국사기, 신라 시대, 고려 시대 등 기본적인 한국사 관련 지식도 필요하고, 과학 시간에 배운 '열의 이동'에 대한 배경지식도 활용할 수 있어야 합니다. 그래서 요즘에는 국어 실력이 곧 수능 성적이라는 말이 나오는 것입니다.

5학년 수업에서는 약 20퍼센트 정도의 아이들이 발표하려고 손을 듭니다. 저학년 때는 여학생들이 손을 많이 드는데, 고학년이 되면 오히려 남학생들이 손을 더 많이 들고, 여학생들은 다른 사람의 시선을 의식해서 손 드는 것을 꺼립니다. 물론 일부 남학생들은 일부러 틀린 답을 해서 매번 웃기려는 아이들도 있습니다. 답을 정확하게 몰라도 본인이 아는 지식을 최대한 활용해서 말하는 연습을 해야 합니다.

국어 능력이 부족한 아이들은 글쓰기를 어려워합니다. 글쓰기 능력을 키워 주는 가장 손쉬운 방법은 바로 "일기쓰기"죠. 일기쓰기는 아이들의 사고력과 표현력, 어휘력, 논리력을 높이는 데 아주 중요합니다. 하지만 5학년이라 해도 아이들의 일기는 저학년 때와 크게 다를 바 없이 '참 재미있었다', '즐거웠다' 등으로 반복해서 마무리되는 경우가 대부분입니다. 따라서 주제 일기쓰기를 하는 것이 좋습니다. 어떤 특정한 주제를 정해서 그 주제에 대해 일기를 쓰는 것입니다. 이러한 주제 일기쓰기는 가정에서 부모님이 충분히 가정학습 과제로 부여할 수 있습니다.

결국 국어 학습 능력이 부족한 아이들에게 가장 좋은 국어 실력 향상의 지름길은 〈읽기〉 영역에서는 좋은 책을 많이 읽어서 독서를 습관화하는 것입니다. 〈쓰기〉 영역에서는 시, 산문, 수필 등 다양한 글을 많이 써 보아야 합니다. 이러한 방법으로 주제 일기쓰기나 주제 글쓰기가 좋은 방법입니다. 〈말하기〉 영역에서는 요약해서 말하기 연습, 내가 읽은 책 말하기 등이 좋습니다. 아이가 학교 수업 시간에 부족하더라도 최대한 자꾸 발표하고 말할 수 있도록 해야 합니다.

중학교 입학 전에 국어 문법을
한 번 정리하는 게 좋을까요?

답부터 말씀드리면 그러실 필요 없
습니다. 초등학교 국어에서는 문법 내용이 각 학년마다 한 학기에
1~2개 정도 단원에 일부 내용으로 나옵니다. 그것도 해당 단원에서
단독으로 다뤄지는 것이 아니라 국어과의 다른 영역인 〈말하기〉, 〈듣
기〉, 〈읽기〉, 〈쓰기〉, 〈문학〉과 섞여 함께 나옵니다. 따라서 국어 문법
은 중학교에 가서 공부해도 충분합니다. 각 단원에서 나오는 내용들을
공부할 때 용어 등을 확실하게 이해시키고, 문제집을 풀어보며 정확하
게 익히면 됩니다.

저는 문법 공부보다는 차라리 어휘를 별도로 공부하는 것을 추천
합니다. 요즘 아이들은 어휘력이 턱없이 부족합니다. 많은 아이들이
독서를 하지 않아서, 어휘력을 신장시킬 수 있는 기회가 학교 수업 시

간뿐이기 때문입니다. 일단 교과서나 책을 읽을 때 모르는 단어는 국어사전을 찾는 습관을 들이는 것이 중요합니다. 가정에서는 국어사전을 한 권씩 구비해서 아이들이 주로 책을 읽는 곳에 비치해 두고, 아이들이 수시로 생활 속에서 궁금한 단어를 찾아볼 수 있도록 해야 합니다. 또한 일기쓰기를 강조해서 본인이 익힌 어휘를 실생활에서 적용해 볼 수 있게 해야 합니다. 이 정도로도 충분하니 국어 문법 공부에 관한 걱정은 접어 두시기 바랍니다.

영어: 쉽고 짧은 동화책을 반복해서 읽는다

사실 영어 교육에 정답은 없습니다. 아이들 수준 차이가 가장 크게 나타나는 과목이 영어이고, 초등 5학년인데 벌써 영어를 포기한 아이들도 많습니다. 영어는 학교 정규 교육만으로는 부족한 것이 사실입니다. 영어 능력이 부족한 5학년 학생들이 실력을 키울 수 있는 가장 확실하고 좋은 방법은 매일 매일 꾸준한 독서입니다.

아직 영어 실력이 많이 부족하기 때문에 재미있으면서 쉽고 짧은 동화책이 좋습니다. 《아기 돼지 삼형제(The Three Little Pigs)》, 《미운오리 새끼(The Ugly Duckling)》, 《이솝우화(Aesop's Fables)》 등이 이에 해당합니다. 이런 영어 동화책을 최소한 3번 이상 반복해서 읽게 하세요. 영어 동화책을 반복해서 읽어야 하는 이유는 에빙하우스의 "망각곡선 이론"에 따른 것입니다.

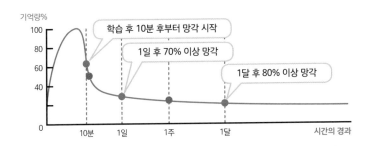

헤르만 에빙하우스(Hermann Ebbinghaus)는 시간이 지나면서 머릿속에 기억이 얼마나 남아 있고 얼마나 빨리 잊히는지에 대한 연구를 하여 세계적인 명성을 얻었습니다. 에빙하우스는 본인 스스로 아무 의미 없는 숫자나 문자 등을 암기하고 시간이 지난 후에 암기했던 내용들이 얼마나 기억에 남아 있는지를 측정했습니다. 그 과정에서 잊어버린 단어를 다시 암기했는데, 같은 내용을 두 번째 암기할 때는 첫 번째 암기할 때보다 시간이 훨씬 단축된다는 것을 발견하였습니다. 그렇게 암기한 내용이 시간이 지남에 따라 얼마나 남아 있고 어느 정도 사라지는지 측정한 것인데, 에빙하우스 주장의 핵심은 반복의 중요성입니다.

영어에서 반복은 진짜 중요합니다. 반복 학습은 동화책 반복 읽기 뿐만 아니라 리스닝(Listening)에서도 적용됩니다. 리스닝에서 가장 좋은 방법은 많이 들어서 익숙해지는 것이지만, 듣기만 강요해서는 아이들이 금방 싫증을 느낍니다. 따라서 영어 동화책 읽기와 다양한 영상물 시청을 통해 시청각 교육을 병행하는 게 좋습니다. 어린이 영화, 애니메이션, 디즈니 영어 방송, EBS 잉글리시 등을 통해 영어에 최대한 많이 노출시켜 주세요. 영어 노래를 듣고 따라 부르며 율동을 함께해 가능한 한 다양한 감각 기관을 폭넓게 활용해서 재미있게 접근하는 것이 필요합니다.

집에 반드시 영어사전을 구비해서 모르거나 궁금한 단어는 직접 찾아보는 것도 중요합니다. 사전을 찾지 않으면 그 단어는 계속 모를 수밖에 없으니까요.

수학: 수학 교과서와 익힘책을 반복해 푼다

수학 공부에서는 수학 교과서와 수학 익힘책 내용을 완벽하게 이해하는 게 가장 기본입니다. 학습 능력이 부족한 아이들은 집에서 수학 교과서와 익힘책 내용을 반복해 살펴보고 풀어 봐야 합니다. 그 후에 수준에 맞는 쉬운 기본 문제집을 통해 문제 푸는 감각을 키우고 적용력을 높여야 합니다. 이런 아이들이 풀기 적당한 기본 문제집으로 《EBS 초등 기본서 만점왕 수학》(한국교육방송공사), 《큐브수학S 실력》(동아출판), 《디딤돌 초등 수학 기본》(디딤돌)을 추천합니다. 초등학교 수학은 〈연산〉이 50퍼센트 이상을 차지하는데, 수학 능력이 부족한 아이들 대부분이 기초 연산에서 실수가 잦고 문제 푸는 속도도 느립니다. 교과서와 익힘책, 문제집 내용을 반복해 풀어 보고, 오답 노트를 만들어 본인이 취약한 분야를 스스로 점검하는 것이 필요합니다.

수학에서 개념 공부 방법으로는 크게 2가지 방법을 추천하고 싶습니다. 이 방법은 학습 능력이 부족한 아이들은 물론 중위권 수준의 아이들도 적용하면 큰 효과를 얻을 수 있을 것입니다.

첫째, 백지 복습법

본인이 공부한 핵심 개념들을 백지에 직접 써 보는 것입니다. 물론 처음에는 잘 써지지 않을 겁니다. 학습 능력이 부족한 아이들의 경우, 아예 하나도 못 쓸 수도 있습니다. 하지만 시도해 보는 게 중요합니다.

예를 들어, 5학년 2학기 5단원 「직육면체」를 공부하고 복습까지 했으면 백지를 꺼내어 그 단원에서 기억나는 내용들을 아이가 직접 적어 봅니다. 수학은 계열성이 중요하니 공부한 차시의 순서를 기억하며, 가급적 차례대로 적는 것이 중요합니다. 기억나는 내용이 없다면, 단원 제목인 '직육면체'의 의미 정도라도 알아야 합니다. 기억이 안 나서 백지에 아무것도 쓸 수 없다면 교과서를 다시 꺼내서 해당 부분의 내용을 보고 공부해야 합니다. 처음에는 시간이 오래 걸리고 진도가 더 딜 수도 있습니다. 하지만 수학은 기초 개념을 정확하게 아는 것이 반드시 필요하기 때문에 백지 복습법은 특히 수학 학습 능력이 부족한 아이들에게 아주 유용한 방법입니다.

둘째, 목차 학습법

"목차 학습법"은 꼭 수학 교과뿐만 아니라 다른 과목 공부에도 아주 유용합니다.

다음은 수학 5학년 1학기 1단원 「자연수의 혼합 계산」의 단원 전개 계획입니다. 이 단원 전개 계획은 교사용 지도서에 있는 내용이고, 실제 교과서에는 단원 이름과 간단한 소제목만 나와 있습니다. 하지만 교사가 아이들에게 수업을 진행할 때 먼저 그 차시의 주제를 적어 주거나 언급을 합니다. 아이들이 그것을 적어서 복습을 할 때 각 차시의 주제를 보며 배운 내용을 기억하면 됩니다. 아이가 가지고 있는 문제집에도 교사용 지도서와 비슷한 목차가 나옵니다.

「자연수의 혼합 계산」 단원 전개 계획

차시	주제	수업 내용
1차시	단원 도입	혼합 계산식에서의 계산 순서에 따라 그 결과가 어떻게 달라질지에 대하여 생각해 보게 한다.
2차시	덧셈과 뺄셈이 섞여 있는 식을 계산해 볼까요	괄호가 없을 때와 있을 때의 덧셈과 뺄셈이 섞여 있는 식을 비교하여, 계산 순서에 따라 그 결과가 달라짐을 알 수 있게 한다.
3차시	곱셈과 나눗셈이 섞여 있는 식을 계산해 볼까요	괄호가 없을 때와 있을 때의 곱셈과 나눗셈이 섞여 있는 식을 비교하여, 계산 순서에 따라 그 결과가 달라짐을 알 수 있게 한다.
4차시	덧셈, 뺄셈, 곱셈이 섞여 있는 식을 계산해 볼까요	괄호가 없을 때와 있을 때의 덧셈, 뺄셈, 곱셈이 섞여 있는 식의 계산 순서와 방법을 이해하고 계산하게 한다.
5차시	덧셈, 뺄셈, 나눗셈이 섞여 있는 식을 계산해 볼까요	괄호가 없을 때와 있을 때의 덧셈, 뺄셈, 나눗셈이 섞여 있는 식의 계산 순서와 방법을 이해하고 계산하게 한다.
6차시	덧셈, 뺄셈, 곱셈, 나눗셈이 섞여 있는 식을 계산해 볼까요	실생활 문제 상황을 통하여 덧셈, 뺄셈, 곱셈, 나눗셈이 섞여 있는 혼합 계산의 순서를 이해하고 계산하게 한다.
7차시	(도전 수학) 문제를 만들어 볼까요	주어진 혼합 계산식에 어울리는 새로운 문제를 만들어 계산하게 한다.
8차시	(얼마나 알고 있나요)	여러 가지 혼합 계산에 관한 다양한 문제를 해결하며, 이 단원에서 배운 내용을 정리하게 한다.
9차시	(탐구 수학) 계산기를 사용하여 계산해 볼까요	혼합 계산식을 순서에 맞게 계산하고 계산기를 사용하여 계산 결과를 확인하게 한다.

    수학은 특히 계열성이 중요하기 때문에 목차의 흐름을 보면서 핵심 내용을 기억하는 연습을 반복해야 합니다. 1단원 「자연수의 혼합 계산」 차시의 흐름을 보면, 2차시에서 덧셈과 뺄셈이 섞여 있는 식을

계산하고, 3차시에서는 곱셈과 나눗셈이 섞여 있는 식, 4차시에서는 덧셈, 뺄셈, 곱셈이 섞여 있는 식, 5차시에는 덧셈, 뺄셈, 나눗셈이 섞여 있는 식, 그리고 6차시에는 자연수의 사칙연산 덧셈, 뺄셈, 곱셈, 나눗셈이 모두 나와 섞여 있는 식을 계산해 봅니다. 3차시의 문제를 풀지 못하는 아이는 당연히 4차시의 내용도 풀지 못할 것입니다. 따라서 목차를 보면서 수학의 계열성(흐름)을 이해하며 공부한 내용들을 복습하는 습관은 상당히 중요하고도 유용한 방법입니다.

고학년이 되면, 〈도형〉 영역의 내용이 어려워지고 양도 많아집니다. 도형 영역은 기본적으로 도형 감각이 있어야 하기에, 아이가 주변의 여러 물건을 직접 만지고 펼쳐 보며 잘라 보는 경험을 쌓게 해줘야 합니다. 눈으로 보는 것보다는 직접 해 보는 것이 중요합니다. 손으로 만져 보고 직접 해 봐야 입체도형과 평면도형을 머릿속에서 펼치며 겨냥도와 전개도도 직접 그릴 수 있습니다. 또한 소마큐브(somacube), 펜토미노(pentomino) 등 도형 관련 퍼즐을 많이 해 보는 것도 도움이 됩니다. 도형의 전개도를 인쇄해서 직접 만들어 보는 것도 좋은 방법입니다. 사각형도 이론적으로 공식만 암기하지 말고, 직접 네 각의 크기를 합치는 활동을 직접 해 보면서 익힌다면 수학 능력이 부족한 아이들이 보다 직관적으로 내용을 이해할 수 있을 것입니다.

사회: 사회와 한국사 배경지식을 쌓는다

학습 능력이 부족한 아이들은 1학기와 2학기를 분리해서 대응해야 합니다. 1학기 사회는 〈지리〉와 〈일반사회〉 내용으로 구성되어 있는데, 학습 능력이 부족한 아이들은 교과서를 읽고 자료를 해석하며 분석하는 데 어려움을 겪습니다. 이런 아이들이 가장 손쉽게 사회 교과에 흥미를 갖고 실력을 키울 수 있는 방법은 바로 "사회과 부도"를 자주 보는 것입니다. 사회과 부도에는 '지리' 관련 내용만 들어 있다고 생각하는 부모님들이 계신데 그것은 오해입니다. 물론 지리 관련 내용이 가장 많이 있지만 한국사와 관련한 다양한 자료가 들어 있는 상당히 유용한 자료입니다.

다음은 2020년 3월 지학사에서 나온 검정 사회과 부도의 '차례'입니다.

목차	주요 내용
우리나라 지리	지도의 기호, 지도의 이해, 지구본과 세계 지도, 지도의 약속, 북부 지방, 중부 지방, 남부 지방, 서울특별시, 인천광역시, 부산광역시, 대구광역시, 광주광역시, 대전광역시, 세종특별자치시, 울산광역시, 경기도, 강원도, 충청 남북도, 전라 남북도, 경상 남북도, 제주특별자치도, 울릉도·독도
세계 지리	세계 전도, 아시아, 동부 아시아, 서남·남부 아시아, 동남 아시아, 유럽, 러시아와 주변국, 아프리카, 북아메리카, 북아메리카 주요부, 남아메리카, 오세아니아, 북극해와 남극 대륙
지리 주제도	고지도, 우리나라 행정 구역도, 우리나라의 위치와 영역, 우리나라 영토의 동쪽 끝 독도, 우리나라 지형과 생활 모습, 우리나라 기후와 생활 모습, 우리나라의 자연재

	해, 우리나라의 인구, 우리나라의 도시와 촌락, 우리나라의 자원과 산업, 우리나라의 교통, 우리나라의 국토 개발, 세계 여러 나라의 모습, 세계의 자연환경과 생활 모습, 세계의 다양한 문화, 지구촌의 평화와 발전, 지속 가능한 지구촌
역사 주제도	선사 시대 사람들의 생활, 청동기 유적과 고조선의 등장, 삼국과 가야의 성립과 발전, 삼국 문화의 일본 전파, 남북국 시대의 성립과 문화, 고려의 성립과 발전, 고려의 외침 극복, 조선의 성립과 발전, 왜란과 호란의 극복, 조선 후기의 사회 변화, 외세의 침략과 민족의 저항, 항일 독립운동, 대한민국 정부의 수립과 6·25 전쟁, 대한민국의 발전
부록	통계 자료(우리나라), 통계 자료(세계), 왕조 계보, 국사 연표, 찾아보기, 참고 자료 및 사진 출처, 우리나라 백지도, 세계 백지도, 대륙별 백지도, 지구본 만들기

사회과부도에는 지리뿐만 아니라 한국사 관련 내용, 다양한 지도와 사진, 통계 자료, 표 등이 제공되고 있습니다. 따라서 학습 능력이 부족한 아이들은 수시로 사회과 부도 보는 것을 습관화하면 사회에 흥미를 가질 수 있습니다.

사회는 배경지식이 중요해서 평소 아이들에게 어린이 신문을 보게 하는 것도 좋습니다. 요즘에는 가정에서 신문을 구독하는 경우가 드물지만, 아이들에게는 그 나이에 맞는 신문을 보는 것이 사회 공부뿐만 아니라 국어와 과학 공부에 큰 도움이 되고, 특히 사회과 배경지식을 쌓는 지름길입니다. 가장 많이 보는 어린이 신문은 〈어린이 조선일보〉와 〈어린이 동아일보〉입니다. 보통 〈어린이 조선일보〉는 고학년, 〈어린이 동아일보〉는 저학년과 중학년에 적합하다고 합니다. 그 외에 ㈜이코노아이에서 발행하는 〈어린이 경제신문〉(http://www.econoi.com/)도 있습니다. 꼭 알아야 할 경제를 쉽고 재미있게 알려 주며, 매주 16면을 발행하는 어린이 신문입니다. 사회과는 제시문보다는 자료(사진, 그림, 도표, 그래프, 연표 등)를 이해하고, 해석할 수 있는 능력이 중요한데, 교과서에 있는 자료들은 생소하고 어렵게 느껴질 수 있습니다. 어린이 신문을 구독해 아이들이 쉽고 편하게 다양한 자료에 접근할 수 있는 기회를 부여하면 좋습니다.

2학기 때는 사회 시간에 한국사만 배우게 되는데 사회 공부를 힘들어하는 아이들은 한국사를 특히 어려워합니다. 한국사 배경지식이 전무한 아이들은 빠르게 진행되고 암기해야 할 내용이 쏟아지는 2학기 한국사를 따라가지 못합니다. 이때 한국사를 제대로 공부해 두면 중학교에 진학해서 한국사를 정식 교과목으로 배울 때 도움이 되지만, 반대로 소홀히 하면 어려움을 겪을 수밖에 없습니다.

학습만화는 교육에 크게 도움이 안 돼서 반대하지만, 한국사 관련 학습만화는 잘만 활용하면 아이들이 한국사에 흥미를 느낀다는 측면에서 유익합니다. 《설민석의 한국사 대모험》(아이휴먼), 《용선생 만화 한국사》(사회평론), 《리더를 위한 한국사 만화 세트》(로직아이), 《박시백의 조선왕조실록 세트》(휴머니스트), 《이현세의 만화 한국사 바로 보기》(녹색지팡이) 등은 아이들에게 도움이 되는 한국사 관련 학습만화입니다. 앞에서 언급한 사회과 부도를 활용해서 연표를 보고, 우리 역사에서 각 나라의 지도를 통해 외세와의 관계 등을 파악한다면 흥미 있게 흐름을 알 수도 있을 것입니다. 본인이 관심 있어 하는 시대의 위인전을 읽는 것도 좋은 방법입니다.

과학: 핵심 내용을 정리한다

사실 초등학교 과학은 내용이 아주 어렵지 않아서 아이들 수준 차이가 크게 나타나지 않습니다. 따라서 교과서와 실험관찰 책을 최대한 활용하여 각 단원의 핵심 내용을 정리하며 공부해야 합니다. 생소하고 어려운 용어와 단어들은 반드시 따로 암기하고, 교과서 확인하기로 공부한다면 충분히 학습 격차를 해소할 수 있습니다. 그리고 아이에게 수업에 적극 참여하라고 당부하며, 모르는 것을 부끄러워하지 말고 선생님과 친구들에게 자꾸 물어보라고 격려해 주세요.

무엇보다도 실험관찰 책을 잘 활용해 주세요. 학교 현장에서는 실험관찰 책을 아예 활용하지 않는 선생님들도 있는데, 학습 틀이 크게 짜여진 실험관찰 책을 활용하면 내용을 손쉽게 정리하고 나만의 과학 공책으로 만들 수 있습니다. 초등학교 6학년 때까지 정리해서 계속 모아 놓으면 초등 과학의 중요 내용이 총망라된 나만의 과학 공책이 될 것입니다. 나중에 중학교 과학을 공부하는 데도 큰 밑거름이 될 것이고요. 또한 교과서 내용과 관련되는 과학책 읽기로 배경지식 확장도 필요한데요. 5학년 아이들이 읽으면 도움이 되는 책들은 다음과 같습니다.

《돼지 삼총사 와글와글 물리 캠프》(로베르트 그리스벡, 다림)

《앗, 이렇게 재미있는 과학이! 시리즈》(주니어김영사)

《한자만 좀 알면 과학도 참 쉬워 시리즈》(길벗어린이)

《과학자와 놀자!》(김성화·권수진, 창비)

《속담 속에 숨은 과학 시리즈》(정창훈, 봄나무)

《초등 과학동아 토론왕 시리즈》(과학동아북스)

《과학의 배꼽》(아이세움)

《상위 5%로 가는 물리/화학/생물/지구과학 교실 시리즈》
(스콜라)

《손에 잡히는 과학 교과서 시리즈》(길벗스쿨)

《자전거에 숨은 과학》(정창훈, 봄나무)

《과학자처럼 생각하기 시리즈》(양철북)

《한국 과학사 이야기 시리즈》(책과함께어린이)

《천재와 괴짜들의 이야기 과학사》(존 타운센드, 아이세움)

《자신만만 과학책 시리즈》(봄나무)

《재미있는 과학 시리즈》(해나무)

《딱 한마디 과학사》(정창훈, 천개의바람)

《스토리 사이언스 시리즈》(바다출판사)

《과학자가 들려주는 과학 이야기 시리즈》(자음과모음)

《위험한 과학책》(랜들 먼로, 시공사)

《재밌어서 밤새읽는 과학 시리즈》(더숲)

교사용 지도서 구입 방법,
알고 계신가요?

°
°

교사가 아니어도 교사용 지도서를 구입할 수 있다는 것 아세요? 아이들이 학교에서 교과서로 공부한다면, 부모님께는 교사용 지도서 구입을 권해 드립니다. 가격도 그렇게 비싸지 않습니다. 예체능 검정 지도서는 비싸지만, 국정 지도서는 10,000원 이하입니다. 일단 교사용 지도서는 말 그대로 선생님들이 각 과목 수업을 진행할 때 성공적으로 이끌어 갈 수 있도록 안내하는 역할을 합니다.

국어 5학년 1학기 교사용 지도의 '차례'는 다음과 같습니다.

차례	내용
I 부 국어과 교육의 이해	1. 국어과 교육의 성격과 목표 2. 국어과 교육의 내용 영역과 성취 기준 3. 국어과 교수·학습 및 평가의 방향 4. 국어 능력 발달의 특성 5. 국어과 교수·학습의 원리 및 유의점 6. 국어 교과서의 체제와 특징 7. 국어 교과서의 단원 구성 체제 8. 5~6학년군 국어과 성취 기준 배분 현황 9. 국어 교과용 도서의 활용 방안 10. 단원별 학습 목표 체계
II 부 교수·학습의 실제	독서단원. 책을 읽고 생각을 넓혀요 1. 대화와 공감 2. 작품을 감상해요 3. 글을 요약해요 4. 글쓰기의 과정 5. 글쓴이의 주장 6. 토의하여 해결해요 7. 기행문을 써요 8. 아는 것과 새롭게 안 것 9. 여러 가지 방법으로 읽어요 10. 주인공이 되어
III 부 부록	1. 국어과 교수·학습 모형 2. 국어과 교과 역량의 이해 3. 학습자 중심의 질문 생성 전략 지도

사회 5학년 1학기 교사용 지도서의 '차례'는 다음과 같습니다.

차례	내용
1부 지도 계획	1. 사회과 교과용 도서의 구성 및 활용 2. 단원 지도 계획(안)
2부 지도의 실제	1. 국토와 우리 생활 　(1) 우리 국토의 위치와 영역 　(2) 우리 국토의 자연환경 　(3) 우리 국토의 인문환경 2. 인권 존중과 정의로운 사회 　(1) 인권을 존중하는 삶 　(2) 법의 의미와 역할 　(3) 헌법과 인권 보장
3부 지도의 기초	1. 사회과의 성격 및 목표 2. 사회과의 내용 구성 3. 사회과의 교수·학습 방법 4. 사회과의 평가 5. 사회과에서의 범교과 학습 주제의 지도 6. 사회과 수업 분석과 수업 연구 참고 문헌

　교사용 지도서는 구체적인 명칭에서는 다소 차이가 있지만, 공통적으로 해당 과목의 이론적 배경과 특징을 소개하고, 실제 교과서를 스캔해 학교 현장에서 어떻게 지도하는지 자세히 수록되어 있습니다. 교사들은 교사용 지도서를 주로 참고하며 수업 연구를 합니다. 초등교사 임용 시험을 준비하는 전국 교육대학교 4학년 학생들에게도 초등 전학년의 전과목 교사용 지도서는 반드시 공부해야 하는 핵심 교재입니다.

초등교사에게는 교사용 지도서가 1권씩 무료로 제공되고, 개별 출판사에서 따로 판매를 하는데, 주 소비자는 교육대학교 학생들입니다. 최근에는 학부모님들이 엄마표 교육을 위해 지도서를 구입하는 사례가 늘고 있습니다. 저도 과목마다 비싼 문제집이나 참고서를 구입해서 아이들을 지도하는 것보다 부모님이 교사용 지도서를 참고해서 아이들을 지도하는 것이 훨씬 효율적이고 좋은 방법이라고 생각합니다. 교사용 지도서에는 교과서가 구성된 원리와 무엇을 강조해야 하는지, 어떻게 지도해야 하는지 등이 자세하게 나와 있기 때문입니다. 참고자료 역시 풍부해서 엄마표 지도를 하는 분들에게는 필수 자료라고 생각합니다. 굳이 엄마표 교육을 안 하더라도 부모님이 교과서의 구성 원리와 흐름을 꿰뚫고 있으면 아이 교육에 긍정적인 영향을 끼칠 수 있다고 생각합니다.

2020년 현재 초등 교과서는 국정 교과서(국어, 수학, 사회, 과학, 도덕)와 검정 교과서(예체능, 영어)로 출판되는데, 교과서를 출판하는 곳에서 지도서도 함께 만듭니다. 국정 교과서의 경우에도 저작권자는 교육부이

	과목	출판사
국정	사회, 도덕	지학사
	국어	미래엔
	수학	비상교육
	과학	천재교육
	통합교과	교학사
검정	예체능, 영어	한국검인정교과서

지만 발행 및 인쇄는 개별 출판사에 맡기기 때문에 교사용 지도서는 해당 출판사의 홈페이지에서 구입할 수 있습니다.

판매 시기는 1학기 지도서는 2월 말에서 3월 초, 2학기 지도서는 8월 말에서 9월 초 각 출판사 홈페이지에 공지해서 일정 기간 판매를 합니다. 즉, 1학기 지도서는 1학기 시작 직후, 2학기 지도서는 2학기 시작 직후 판매하니까 관심을 갖고 있다가 해당 시기 각 출판사 홈페이지를 확인해 구입하면 됩니다. 아이가 교과서를 가지고 공부할 때 부모님은 옆에서 해당 과목의 교사용 지도서를 보며 아이의 공부를 봐 준다면 큰 효과를 얻을 수 있습니다.

방학 중에
과목별 격차 줄이기

국어: 국어사전 찾기와 독서를 생활화한다

국어는 아이들의 실력이 단기간에 상승하지 않고, 평소 꾸준하게 공부해야 하는 과목이기 때문에 방학을 어떻게 보내느냐가 참 중요합니다. 우선 방학 기간에는 선행학습보다 지난 학기 내용을 천천히 복습할 수 있게 해야 합니다. 지난 학기 국어 교과서와 국어활동 책을 1단원부터 차분하게 다시 읽어 보며, 배운 내용들을 스스로 상기해야 합니다.

어휘력이 부족한 아이들이 많기 때문에 국어사전 찾기를 생활화해야 합니다. 학기 중에는 시간이 부족해서 모르는 단어가 있어도 그때그때 찾기가 어렵습니다. 그러니 방학 기간에 좀 더 긴 호흡으로 국어사전 찾는 습관을 들여 주세요. 이 국어사전을 어휘 찾는 용도로만 한정하지 말고, 이를 이용해 가족이 함께 퍼즐이나 퀴즈를 내는 것도 가능합니다.

특히 독서를 생활화하는 것이 좋습니다. 평소 읽던 책보다 더 두꺼운 책에 도전해서 매일 독서를 하며 습관이 되게 해야 합니다. 저는 학습 능력이 부족한 아이들에게 "본깨적주" 독서법을 추천합니다. 이미 학교에서 많은 선생님들이 활용하고, 효과가 입증된 독서 방법입니다.

"본깨적주"란 '본 것, 깨달은 것, 적용할 것, 주인공'의 줄임말입니다. 즉, 책을 읽고 공책에 '본 것, 깨닫고 느낀 점, 본인의 삶에 적용할 부분'을 씁니다. 예를 들어, '헬렌 켈러'에 대한 책을 읽었다면 헬렌 켈러는 장애인이지만 그것을 극복했다는 등의 줄거리를 본 것으로 씁니다. 헬렌 켈러가 위기를 극복하고, 훌륭한 사람이 된 점에 감명을 받아서 나도 저렇게 되고 싶다고 깨닫고 느낀 점을 적습니다. 그 후에 적용할 점으로 나도 매사 포기하지 않고 도전해 나갈 것이라는 내용을 쓰고, 마지막에 내가 주인공이라면 어떻게 할 것인지를 서술하면 됩니다. 이렇게 "본깨적주" 독서법을 활용하면 책을 읽는 능력뿐만 아니라

본깨적주 독서법 활용 사례 🔍

제목	헬렌 켈러	읽은 날짜	
본 것	헬렌 켈러는 장애인이지만 장애를 극복했다.		
깨달은 것	헬렌 켈러가 위기를 극복하고, 훌륭한 사람이 된 점에 감명을 받아서 나도 그런 인물이 되고 싶다.		
적용할 것	나도 매사 포기하지 않고 도전해야겠다.		
주인공	내가 주인공이라면 _____했을 것이다.		

쓰기 능력도 함께 향상시킬 수 있습니다.

짧은 글을 매일 써 보는 것도 좋습니다. 머릿속으로 상상해서 글을 쓰는 것도 좋고, 매일 있었던 일을 2줄 정도로 요약해서 써 보는 것도 괜찮습니다. 중요한 것은 아이가 매일 글을 쓴다는 자체입니다.

5학년 겨울 방학 때는 6학년 교과서를 미리 살펴보는 것도 필요합니다. 학습이 부진한 아이의 경우, 선행학습의 목적이 아니라 교과서 제시문을 미리 살펴보면서 향후 6학년 수업 시간에 지문에 익숙해지려는 목적이 더 큽니다. 아무래도 학습이 부진한 아이들은 제시문을 읽고 그 내용을 파악하는 데 오랜 시간이 걸리기 때문에 방학 기간을 활용해서 미리 읽어 보면 큰 효과를 얻을 수 있습니다. 국어 실력은 벼락치기 공부로 끌어 올릴 수 없습니다. 가장 중요한 것은 평소에 꾸준하고 지속적인 독서 습관을 갖는 것이고, 간단한 글쓰기를 생활화하는 것입니다.

영어: 지난 학기 단어와 핵심 문장을 암기한다

문장을 암기한다

영어에서는 어느 정도 암기가 꼭 필요합니다. 학습이 부진한 아이들의 경우 지난 학년의 교과서를 버리지 말고 각 단원의 단어와 핵심 문장을 암기해야 합니다. 6학년과 중학교에 진학해서 영어 공부를 하려면 탄탄한 어휘력이 바탕이 되어야 하기에 3~5학년 기초 단어를 하루 10개씩 외우게 합니다. 단어를 외울 때는 개별 단어가 아니라 문장을 암기해야 오랫동안 기억되고 유의미한 학습이 가능해집니다.

매일 조금씩 공부한다

매일 조금씩이라도 계속 공부하는 것이 중요합니다. 학기 중에 시간이 부족해서 하지 못했던 공부도 해야 하고요. 예를 들어, 재미있는 영어 DVD를 반복해서 보는 것입니다. 처음에는 15분 미만으로 지루하지 않고 속도가 느린 영상이 좋습니다. 〈슈퍼윙스(Super Wings)〉, 〈호기심 대장 삐약이(Peep and the Big Wide World)〉, 〈리틀 아인슈타인(Little Einsteins)〉 등을 추천합니다. 가장 중요한 것은 반복 시청으로, 영어에 귀가 트일 수 있도록 계속 반복해서 보여줘야 합니다. 어느 정도 효과가 있다면, 에피소드 길이가 약간 길고 대화 속도도 좀 더 빨라지는 DVD를 보여 주면 됩니다. 이에 해당하는 애니메이션으로 〈피터팬의 모험(The New Adventures of Peter Pan)〉, 〈리틀 프린세스 소피아(Sophia the First)〉, 〈베렌스타인 베어즈(The Berenstain Bears)〉 등이 있습니다.

3단계 읽기 방법을 적용한다

아이가 꾸준하게 영어 책을 읽도록 해주세요. 5학년이지만 아직 영어 학습 능력이 부족한 아이들이기에 3단계 읽기 방법을 적용하는 게 좋습니다. 3단계 읽기 방법은 부모가 아이에게 책을 소리 내서 읽어 주는 〈리드 어라우드(Read Aloud)〉, 부모와 아이가 함께 책을 읽는

〈함께 읽기(Shared Reading)〉, 부모의 도움이 필요하지만 아이가 스스로 책을 읽는 〈유도적 읽기(Guided Reading)〉 단계로 나뉩니다. 그 후에 궁극적으로 아이가 독립적으로 읽기와 쓰기가 가능한 상태가 되는 것입니다.

1단계인 〈리드 어라우드〉 단계에서는 글과 그림의 내용이 일치해서 쉽고 재미있으며 문장 패턴이 반복적으로 나오는 책이 바람직합니다. 영어와 익숙해지고 친해지는 시기이며, 영어에 대한 거부감을 줄이고 영어를 좋아하게 만드는 것이 제일 큰 목적입니다. 1단계에 어울리는 책으로는 《How Do You Feel?》(글 그림 Anthony Browne), 《It Looked Like Spilt Milk》(글 그림 Charles Shaw), 《Goodnight Moon》(글 Margaret Wise Brown, 그림 Clement Hurd), 《There Was an Old Lady Who Swallowed a Fly》(글 그림 Pam Adams), 《Penguin》(글 그림 Polly Dunbar) 등을 추천합니다.

2단계인 〈함께 읽기〉 단계에서는 자주 나오는 단어들을 익히며, 내용 파악에 핵심이 되는 어휘들을 따로 익히는 것입니다. 여러 번 반복해서 책을 읽는 것이 좋습니다. 부모가 먼저 읽어 주고 아이가 따라서 읽도록 하며, 번갈아 가면서 읽습니다. 그 외에도 다양한 방법으로 읽기를 하면 됩니다. 2단계에 어울리는 책으로는 《Hippo Has A Hat》(글 Julia Donaldson, 그림 Nick Sharratt), 《Bear About Town》(글 Stella Blackstone, 그림 Debbie Harter), 《David Goes to School》(글 그림 David Shannon), 《Handa's Surprise》(글 그림 Eileen Browne), 〈My Dad〉(글 그림 Anthony Browne) 등을 추천합니다.

3단계는 〈유도적 읽기〉 단계로 주도권이 아이에게 넘어갑니다. 여기서는 정독과 다독을 병행하는 것이 필요합니다. 3단계에 추천하고 싶은 책은 《This Is Not My Hat》(글 그림 Jon Klassen), 《Mr. Tiger Goes Wild》(글 그림 Peter Brown), 《Are We There Yet?》(글 그림 Dan Santat), 《Where the Wild Things Are》(글 그림 Maurice Sendak), 《I Don't Want To Be a Frog》(글 Dev Petty, 그림 Mike Boldt) 등이 있습니다.

수학: 5학년까지의 수학을 총정리하고 복습한다

수학 학습이 부족한 5학년 아이들은 기초가 튼튼하지 못한 경우가 많습니다. 따라서 5학년 교과서나 문제집을 풀기보다 3~4학년 문제를 먼저 풀어 보도록 시켜야 합니다. 3~4학년 내용을 완벽하게 숙지한 후에 5학년 교과서와 수학 익힘책을 보며 내용을 다져 나가야 합니다.

초등수학에서는 〈기초 연산〉 영역이 가장 기본으로 중요하며, 수학 실력이 부족하고 자신감이 떨어지는 아이들은 대개 연산 문제를 푸는 데 어려움을 겪는 경우가 많습니다. 이런 아이들도 3~4학년 연산 문제를 반복해 풀면서 확실하게 익혀야 합니다. 틀린 문제를 확인해서 같은 문제를 다시 풀어 보게 해야 합니다. 〈연산〉 영역에서 실수를 많이 한다면 연산 문제집을 반복해서 풀게 해 연산에 자신감을 가질 수 있게 해야 합니다.

방학 기간을 이용하여 이렇게 지난 학년의 내용을 확실하게 공부한 후 지난 학기의 각 단원별 평가지를 공부하고, 수학 실력에 대한 자기 평가를 실시합니다. 수학 익힘책을 공책에 다시 풀어 봐도 되고, 학교에서 시행한 단원평가 문제를 다시 봐도 됩니다. 그 후 본인이 부족한 부분을 방학 기간을 이용하여 집중적으로 보충해야 합니다.

많은 아이들이 〈연산〉 영역을 어려워하고, 빠르고 정확하게 계산하는 데 곤란을 겪습니다. 그 외에 〈도형〉이나 〈측정〉, 〈규칙성〉, 〈자료와 가능성〉 영역을 힘들어하는 아이들도 분명 있습니다. 또한 어느 특정 영역을 유독 어려워하는 경우도 있습니다. 특히 초등학교 수학은 1~4학년은 〈수와 연산〉 영역의 비중이 절대적으로 크지만, 고학년으로 갈수록 〈연산〉 외의 영역 비중이 커지고 그 내용도 어려워집니다. 5학년 때는 〈도형〉 영역의 '직육면체', '합동과 대칭', 〈측정〉 영역의 '다각형의 둘레와 넓이', 〈규칙성〉 영역의 '규칙과 대응', 〈자료와 가능성〉 영역의 '평균과 가능성' 등 각 영역마다 골고루 내용이 나오고, 그 내용도 이전과 비교할 수 없을 정도로 어렵고 깊습니다. 따라서 본인이 부족한 부분을 파악해서 그 부분을 집중적으로 보완해야 6학년이 되었을 때, 그리고 향후 중학교에 진학해서 수학에서 어려움을 겪지 않을 겁니다.

수학 공부의 기본은 항상 수학 교과서와 익힘책입니다. 그 내용을 완벽하게 이해한 후에 수학 문제집으로 복습을 해야 효과적입니다. 결국 수학 실력이 부족한 아이들은 6학년 수학 선행학습보다는 5학년까지 수학 총정리와 복습이 가장 중요합니다.

초등 수학 교과과정 🔍

1학년	1학기	9까지의 수	여러 가지 모양	덧셈과 뺄셈	비교하기	50까지의 수	
	2학기	100까지의 수	덧셈과 뺄셈 (1)	여러 가지 모양	덧셈과 뺄셈 (2)	시계 보기와 규칙 찾기	덧셈과 뺄셈 (3)
2학년	1학기	세 자리의 수	여러 가지 도형	덧셈과 뺄셈	길이 재기	분류하기	곱셈
	2학기	네 자리 수	곱셈구구	길이 재기	시각과 시간	표와 그래프	규칙 찾기
3학년	1학기	덧셈과 뺄셈	평면도형	나눗셈	곱셈	길이와 시간	분수와 소수
	2학기	곱셈	나눗셈	원	분수	들이와 무게	자료의 정리
4학년	1학기	큰 수	각도	곱셈과 나눗셈	평면도형의 이동	막대그래프	규칙 찾기
	2학기	분수의 덧셈과 뺄셈	삼각형	소수의 덧셈과 뺄셈	사각형	꺾은선 그래프	다각형
5학년	1학기	자연수의 혼합계산	약수와 배수	규칙과 대응	약분과 통분	분수의 덧셈과 뺄셈	다각형의 둘레와 넓이
	2학기	수의 범위와 어림하기	분수의 곱셈	합동과 대칭	소수의 곱셈	직육면체	평균과 가능성
6학년	1학기	분수의 나눗셈	각기둥과 각뿔	소수의 나눗셈	비와 비율	여러 가지 그래프	직육면체의 부피와 겉넓이
	2학기	분수의 나눗셈	소수의 나눗셈	공간과 입체	비례식과 비례배분	원의 넓이	원기둥, 원뿔, 구

3장

잘하는 초등 5학년,
그럼 더 발전시켜야죠

사실 초등학교 저학년 아이들 성적은 부모님 실력인 경우가 많습니다. 저학년 때는 집에서 미리 받아쓰기 시험을 반복해서 보고, 구구단을 암기하도록 시킵니다. 부모님 말에 순응하고 잘 따르는 아이는 공부를 잘하게 되고, 그렇지 않거나 부모님의 관심이 부족한 아이는 낮은 성적을 받게 됩니다. 하지만 초등학교 5학년부터는 그렇지 않습니다. 이제 드디어 아이의 진짜 실력이 나오기 시작합니다. 부모님도 5학년 내용은 어려워해서 저학년 때처럼 꼼꼼하게 봐 주기 어렵습니다.

5학년인 우리 아이가 공부를 잘하도록 하기 위해서는 스스로 공부하는 습관을 갖도록 해 주는 것이 가장 중요합니다. 5학년 때 형성된 공부 습관은 앞으로 중고등학교 때까지 유지되고, 성적 역시 그대로 고착되는 경우가 많습니다. 간혹 공부를 잘하는 아이의 부모님이 아이에게 중학교 내용을 선행학습 시키는 경우가 있습니다. 중학교 2학년부터는 중간고사와 기말고사를 보고 석차가 표시되며, 학습 내용도 심하게 어려워진다는 말에 겁을 먹어서 그렇습니다. 하지만 중학교 과목 선행학습보다는 초등 교과과정 전반에 대한 확실한 이해와 심화가 우선입니다. 따라서 교과 내용에 복습과 심화 학습, 풍부한 독서를 강조하셔야 합니다. 이 3가지만 확실하게 한다면 아이는 중학교에 가서도 더욱 발전할 수 있을 것입니다.

초격차 아이들을 위한
학습 제안

5학년 초격차 아이들에게는 더 열심히 꾸준하게 공부하는 습관이 자리 잡게 격려해 줘야 합니다. 가장 추천하고 싶은 습관은 '수업 시작 3분 전 예습, 수업 후 3분 간 복습'입니다. 사실 초격차 아이라 해도 이 습관을 익히기란 쉽지 않습니다. 초등학교 쉬는 시간에 보면 동화책을 읽는 애들도 가끔 있지만, 교실 뒤편이나 운동장에 나가 놀거나 보드게임을 하거나 수다를 떠는 아이들이 대부분입니다. 그런 상황에서 혼자 교과서를 보면서 복습을 하면, 그 아이를 향한 시선이 곱지 않을 것이니까요.

그런데 제가 본 채연이는 달랐습니다. 이 아이도 쉬는 시간에는 친구들과 어울려서 놉니다. 요즘 아이들에게 인기 있고 핫한 "경도(경찰과 도둑)"놀이도 하고, 보드게임도 합니다. 그런데 채연이는 시계를 보고 시간이 되면 수업 시작 전에 놀던 것을 멈추고 자리에 앉아 책을 펴고 그 시간에 배울 내용을 빨리 훑어봅니다. 그 시간은 1~2분 남짓입니다. 다른 아이들은 수업 시작종이 울리고, 교사가 제지할 때까지 계속 놉니다. 수업 준비가 안 되는 거죠. 이렇게 수업이 시작되면 다른 아이들은 교과서 내용을 처음 보기 때문에 교사가 설명을 하면 그냥 멍하게 들을 뿐입니다. 반면, 채연이는 짧은 시간이지만 오늘 배울 내용을 미리 살펴봤기 때문에 어떤 내용이 나온다는 것을 알고 있습니다. 그러니 교사가 질문하는 내용에 대답을 잘하고, 수업 태도도 좋고 몰입감도 다른 아이들에 비해 뛰어납니다. 이렇게 수업 시작 전에 1~2분 먼저 교과서를 살펴보는 것이 실제 수업 시간에 큰 차이를 불러오는 것입니다. 이 습관이 쌓이면 수업 집중도에 결정적으로 영향을 미쳐 큰 교육 격차로 나타납니다. 물론 이런 아이들은 극히 드뭅니다. 하지만 이렇게 드문 아이들이 초격차 아이가 되는 것입니다.

저는 초격차 아이들에게 3단계 복습법을 권하고 싶습니다. 아무래도 실제 공부를 하고 실력을 쌓기에는 예습보다 복습이 훨씬 효과적이기 때문입니다. 3단계 복습법은 다음과 같습니다.

1단계: 당일 저녁 복습

2단계: 일주일 후 복습

3단계: 학기말 복습

3단계 복습법은 에빙하우스의 "망각곡선 이론"에 기초합니다. 그의 이론은 "인간의 기억은 반비례하는 것에 입각하여, 감소하는 기억을 장기 기억으로 영구히 보존하기 위해서는 망각곡선의 주기에 따라서 적절한 시점에 적절한 반복이 중요하다"는 것입니다. 16년 간 기억을 연구했던 그는 여러 실험으로 반복의 효과 즉, 같은 횟수라면 "한 번 종합하여 반복하는 것"보다는 "일정 시간의 범위에 분산 반복"하는 편이 훨씬 더 기억에 효과적이라는 것을 알아냈습니다. 그의 이론에 따르면 학습 후 10분 후부터 망각이 시작되며, 1시간 뒤에는 50퍼센트, 하루 뒤에는 70퍼센트, 한 달 뒤에는 80퍼센트를 망각하게 됩니다. 따라서 아이들이 매일 저녁 그날 학교에서 공부한 내용을 복습하는 것이 가장 좋습니다. 예체능 과목은 제외하고 국어, 영어, 수학, 사회, 과학 등의 주요 교과는 교과서를 집에 한 권 더 준비해서 빠짐없이 그날그날 학교에서 배운 내용을 집에서 복습하는 것입니다. 매주 주말에는 일주일 동안 공부한 것을 다시 집에서 복습합니다. 그 후 학기말에는 한 학기에 공부한 것을 최종 복습합니다. 그러면 3번 반복 학습하는 것이 되는데, 사실 이것은 습관의 문제입니다.

3단계 복습을 생활화하고 습관처럼 반복한다면 어떤 과목이든 학업 성취가 우수할 뿐만 아니라 초격차 아이들의 실력을 지속적으로 유지할 수 있을 것이라고 확신합니다.

국어: 교과서 수록 작품의 원문을 찾아 읽는다

초격차 아이들의 경우 국어 실력을 심화시키는 가장 좋은 방법은 역시 "독서"입니다. 3학년 아이들은 읽는 책의 두께가 아무래도 얇기 때문에 더 많은 책을 읽을 수 있습니다. 반면, 5학년 초격차 아이들이 읽는 책은 두께가 제법 있기 때문에, 하루 30분씩 독서를 하면 일주일에 2권을 읽을 수 있습니다. 그러면 1년이면 100권의 독서가 가능합니다.

초등학생들의 국어 실력은 사실 평소 독서가 좌우하기에 독서는 시간이 남아서 하는 것이 아니라 최대한 시간을 활용해 반드시 해야 하는 것입니다. "아이는 부모의 뒷모습을 보고 자란다"는 말처럼 가정에서 독서 환경을 조성하는 것이 무엇보다 중요합니다. 아울러 정부에서 제공하는 "독서교육종합지원시스템"을 활용하는 것도 추천합니다.

"독서교육종합시스템"은 컴퓨터 등 정보매체에 익숙한 초·중·고등학생들이 자유롭게 책을 읽고 컴퓨터상에서 다양한 독후활동을 할 수 있도록 구성된 컴퓨터 기반 독서활동 온라인 지원 프로그램입니다. 독서교육종합지원시스템은 교육부에서 구축하여 지원하고 있습니다. 전국 17개 시·도교육청에서 운영하고 있으니, 해당 시·도교육청의 독서교육종합시스템에 접속하여 활용하는 것도 좋습니다. 또한 초격차 아이들이라 하더라도 공부의 기본은 교과서이기 때문에 교과서에 실린 작품의 원문을 찾아서 읽어 보는 것도 좋습니다.

5학년 1학기 교과서에 실린 작품 🔍

실린 단원(쪽)	제재 이름	지은이	제목 및 출판사
1단원 (95쪽)	함께 쓰는 우산	박방희	《참 좋은 풍경?》(청개구리)
1단원 (106쪽)	소심 대왕의 깊은 고민	윤태익, 김현태	《어린이를 위한 시크릿: 꿈을 이 루는 일곱 가지 비밀》(살림어린이)
2단원 (127쪽)	반딧불	윤동주	《별을 사랑하는 아이들아》 (푸른책들)
2단원 (132쪽)	출렁출렁	박성우	《난 빨강》(창비)
2단원 (134쪽)	허리 밟기	정완영	《가랑비 가랑가랑 가랑파 가랑가랑》(사계절)
2단원 (138~142쪽)	덕실이가 말을 해요	김우경	《수일이와 수일이》(우리교육)
2단원 (144~145쪽)	꽃	정여민	《마음의 온도는 몇 도일까요?》 (주니어김영사)
3단원 (167쪽)	직업과 옷 색깔	최유성, 박영란	《색깔 속에 숨은 세상 이야기》 (아이세움)
3단원 (177쪽)	광합성과 호흡	봄봄 스토리	《브리태니커 만화 백화: 여러 가 지 식물》(아이세움)
3단원 (177쪽)	공룡은 왜 멸종했을까?	박지은, 한상 호, 이용규	《공룡 대백과》(웅진주니어)
5단원 (220~221쪽)	인공 지능, 인류의 희망 일까 재앙일까?	황연성	〈초등 독서평설〉 7월호(지학사)
6단원 (254~255쪽)	고사리 손으로 교통사 고 대책 마련 눈길	김혜진	〈무등일보〉(2016.11.28)
7단원 (272~274쪽)	돌하르방 어디 감수광	유홍준	《여행자를 위한 나의 문화유산 답 사기 2》(창비)
8단원 (303~305쪽)	자연을 닮은 우리 악기	청동말굽	《바람 소리 물소리 자연을 닮은 우리 악기》(문학동네)
8단원 (309~311쪽)	우리나라의 멸종 위기 동물	백은영	《지켜라! 멸종 위기의 동식물》 (과학동아북스)
10단원 (354~358쪽)	꿈	이은재	《잘못 뽑은 반장》(주니어김영사)

5학년 2학기 교과서에 실린 작품 🔍

실린 단원(쪽)	제재 이름	지은이	제목 및 출판사
1단원 (93쪽)	벽 부수기	박희순	《바다가 튕겨 낸 해님》 (청개구리)
1단원 (113~117쪽)	니 꿈은 뭐이가?	박은정	《니 꿈은 뭐이가?》(웅진주니어)
2단원 (127~128쪽)	줄다리기, 모두 하나 되는 대동 놀이	문화재청 엮음	《어린이 문화재 박물관 2》(사계절)
2단원 (131~133쪽)	조선의 냉장고 '석빙고'의 과학	윤용현	《전통 속에 살아 숨 쉬는 첨단 과학 이야기》(교학사)
3단원 (166쪽)	영국 초등학교 1.6킬로미터 달리기 도입	방승언	〈나우뉴스〉(2016.3.18.)
5단원 (244쪽)	걸어서 만나는 세계적인 생태 천국, 창녕 우포늪	이정화	〈대한민국 구석구석 누리집〉
5단원 (258~260쪽)	마녀사냥	이규희	《악플 전쟁》(별숲)
6단원 (290쪽)	기계를 더 믿어요	한상순	《뻥튀기는 속상해》(푸른책들)
7단원 (303쪽)	존경합니다, 선생님	퍼트리샤 폴라코	《존경합니다, 선생님》 (아이세움)
7단원 (318쪽)	식물의 잎차례	장 앙리 파브르	《파브르 식물 이야기》(사계절)
7단원 (322~324쪽)	한지돌이	이종철	《한지돌이》(보림)
8단원 (338~339쪽)	내 마음	기은서 (학생 작품)	《꿈을 찾아 떠나는 여행》(미래엔 창작 글감 공모전 수상 작품집, 미래엔)

초격차 아이들은 어린이 신문 혹은 어린이 논술 잡지를 구독해도 좋습니다. 〈시사원정대〉(동아일보), 〈초등 독서평설〉(지학사), 〈위즈키즈〉(교원) 등이 유익합니다. 신문이나 잡지 읽기는 국어뿐만 아니라 사회 교

과 공부에도 도움이 되며, 논리적 사고력과 창의력, 글쓰기 능력에도 긍정적인 효과를 제공해 줍니다. 또한 기초 한자 공부를 병행하는 것도 좋습니다. 기초 한자는 어휘력 공부의 기본이 됩니다. 우리말 단어 중 65퍼센트 이상은 한자어가 차지하기 때문에 초격차 아이들의 경우 기초 상용한자를 미리 공부해 두는 것이 좋습니다. 중학교에 진학하면 한자를 정식 교과로 배우지만 미리 익히게 되면, 국어 공부에도 도움이 되고 중학교 때 보다 수월하게 적응할 수 있을 것입니다.

한자 공부를 하며 사자성어, 어린이를 위한 고전 등을 함께 공부하는 것도 좋은데요. 5학년 초격차 아이들에게 유익한 고전으로《지성과 감성이 자라는 어린이 세계 문학 고전 시리즈》(가나출판사),《한국 고전 문학 읽기 시리즈》(주니어김영사) 등이 있습니다.

영어: 영역별로 구분해 공부한다

5학년 초격차 아이들은 영역별로 구분해 공부하는 것이 좋습니다.

읽기

아이 수준에 맞는 영어 동화책을 읽히세요. 영어 원서 읽기로 독서와 영어를 한꺼번에 잡을 수 있기 때문입니다. 가장 중요한 것은 아이에게 맞는 책을 선택하는 것입니다. 국내 원서 전문 사이트로 '애플리스 외국어사(www.eplis.co.kr)', '에듀카코리아(www.educakorea.co.kr)', '웬디북(www.wendybook.com)', '쑥쑥몰(eshopmall.suksuk.co.kr)' 등이 유명합니다.

미국 교과서로 공부하는 것도 괜찮습니다. 미국 초등학교 교과서는 검정 교과서 체제로, 초등학교 교과서를 만드는 대표적인 출판사로는 '스콜라스틱(Scholastic)', '맥그로힐(McGraw Hill)', '스콧 포스맨(Scott Foresman)' 등이 있습니다. 아이들의 읽기와 쓰기를 가르치기 위해서 만든 리터러시(Literacy) 시리즈가 우리나라 국어 교과서에 해당하며, 책과 오디오를 비롯해 복습용 프랙티스 북(practice book)도 함께 나옵니다. 영어 원서 전문 사이트에서 출판사별로 교과서 내용이나 활용 방법 등을 소개하고 있으니 미국 초등학교 교과서를 활용하면 좋습니다.

말하기

영어 동화책 읽기나 암기한 문장을 녹음한 후에 본인의 발음, 억양 등을 듣고 원어민 발음과 비교하며 스스로 교정해 나가는 것입니다. 처음에는 녹음된 자기 목소리를 듣는 것이 부끄럽고 고통스럽겠지만 반복해서 하다 보면 어느새 자연스러운 발음을 하게 됩니다.

듣기

듣기에서는 영어 집중듣기를 권합니다. 가능하면 아침 시간에 영어 흘려듣기로 귀를 뚫어 주면 좋고요. 〈심슨 가족(The Simpsons)〉 같은 영미권 애니메이션을 반복해서 보도록 하는 것도 괜찮습니다.

쓰기

쓰기에서는 영어 받아쓰기(dictation)를 합니다. 길고 복잡한 문장이 아니라 반복해서 집중듣기했던 간단한 문장들을 받아 써 보는 것입니다. 받아쓰기와 더불어, 간단하게라도 영어로 일기쓰기를 해 봅니다. 사실 초격차 학생이라 해도 영어 일기쓰기는 어렵습니다. 처음 영어 일기를 쓸 때는 구글 번역기, 네이버의 파파고 등을 활용하여 짧게라도 영어로 일기를 써 보는 것 자체에 의의를 두는 거죠. 번역기 문장은 직역이라 오류도 있지만, 차츰 영어로 일기를 쓰는 것이 습관이 되면 반복되는 표현이 나오고, 점차 익숙해져서 나중에는 본인이 혼자 영어로 일기를 완성할 수 있게 됩니다.

영어 일기쓰기 외에 주제를 정해서 영어 에세이를 쓰는 것도 좋습니다. 아이들 대부분이 듣기와 말하기는 하는데 쓰기에서 막히는 경우가 비일비재합니다. 간단한 주제를 정해서 그에 관해 글을 써 보면 영어 표현력 및 창의력을 크게 향상시킬 수 있을 것입니다.

어휘

단어장을 구입해서 단어 자체만 기계적으로 외우는 것은 큰 의미가 없습니다. 단어에 하나의 뜻만 존재하는 것이 아니라 수많은 의미로 쓰이기 때문입니다. 그런 점에서 쉬운 문장을 통째로 암기하면서 문장 단위로 어휘를 공부해야 적용력이 높아집니다.

어휘력을 키우기 위해 영영사전을 보는 것도 권하고 싶습니다. 추천하고 싶은 초등학생용 영영사전으로는 《My First Magic Dictionary》 (월드컴에듀), 《Macmillan Dictionary for Children》(Christopher G. Morris 저, Simon & Schuster Books for Young Readers) 등이 있습니다. 앞의 책이 좀 더 쉽고 초등 중학년에 적당하다면, 뒤의 책은 초등 고학년 초격차 아이들에게 유용합니다.

문법

초격차 5학년 아이들은 문법 공부를 시작해도 무방합니다. 문법 공부를 하는 이유는 영어 표현을 보다 정확하게 쓰기 위해서입니다. 문법 공부에서 중요한 것은 반복 학습으로, 쉬운 것부터 차근차근 보는 것이 효과적입니다. 어차피 문법 교재에서 다루는 내용들은 거의 비슷하며, 어휘 수준에서 차이가 있을 뿐입니다. 초격차 아이들의 경우 첫 영문법 책으로 《그래머 인 유즈(Grammar in Use)》 시리즈가 무난하며, 많은 아이들이 이 책을 봅니다. 난이도에 따라 세 단계로 구성되어 있습니다. 그 외에 《그래머 아자르(Grammar Azar)》 시리즈도 많이 보며, 역시 난이도에 따라 세 단계로 구성되어 있습니다.

이 외에 우리나라 외화 번역의 대가 이미도 선생님이 인터뷰에서 언급한 4가지 영어 공부 방법을 소개합니다. 초격차 아이들이라면 충분히 다음 방법들을 익혀서 영어 실력을 향상시킬 수 있을 것입니다.

첫째, 눈으로 읽지 말고 소리 내어 읽어라.

사실 국어 공부에도 적용되는 이야기입니다. 책을 읽을 때 공공장소가 아니라면 묵독보다는 음독이 좋습니다. 특히 영어의 경우, 공부를 하면서 눈으로만 봤다면 그것은 영어 공부를 하지 않았다는 말과도 같습니다. 그만큼 소리 내어 읽는 것이 정말 중요합니다.

둘째, 단어보다는 문장 위주로 공부하라.

앞에서 언급한 바 있습니다. 단어를 따로 외우면 외울 때는 편하고 좋지만, 나중에 일상 회화에서 적용하기 어렵습니다. 단어만 단편적으로 외우는 것이 아니라 문장 위주로 공부해야 합니다.

셋째, 영어 책 읽기를 생활화하라.

본인 수준에 적합한 책을 골라 꾸준하게 읽는 것이 영어 공부의 왕도입니다. 하지만 여러 가지 이유로 이 방법을 지속하는 사람들은 소수입니다. 그렇게 실천하는 소수가 초격차 아이들이고, 중고등학교에서도 영어 실력에서 상위권을 유지합니다.

넷째, 필사를 하라.

이미도 선생님이 가장 강조하는 방법으로, 초등학생의 경우에는 초등학생용 영영사전을 통째로 필사할 것을 권합니다. 영영사전을 규칙적으로 필사하면 다양한 영어 표현을 익혀서 쓸 수 있을 뿐만 아니라 어휘 및 문법 실력을 향상시키는 데 큰 효과가 있을 것입니다. 필사는 국어 공부 방법으로도 유용합니다.

수학: 수학 핵심 개념을 노트에 정리한다

앞서 3학년 초격차 아이들에게 수학 공부에서 가장 중요한 점으로 '어설픈 예습'보다 '제대로 된 복습'을 강조했습니다. 5학년 초격차 아이들의 경우에는 5학년 수학 내용을 완벽히 복습하고 심화 내용을 학습해야 합니다. 아이들이 많이 보는 심화 문제집으로는 《EBS 수학의 자신감》(한국교육방송공사), 《디딤돌 초등수학 응용》(디딤돌), 《문제 해결의 길잡이 심화 수학》(미래엔), 《신사고 SSEN 쎈 초등 수학》(좋은책신사고) 등이 있습니다. 이런 문제집을 큰 어려움 없이 해결할 수 있다면 완전 심화 문제집인 《응용 해결의 법칙 일등 수학》(천재교육), 《최상위 초등 수학》(디딤돌), 《초등 경시대비 최상위 수학》(디딤돌), 《최고수준 수학》(천재교육), 《점프 왕수학》(에듀왕), 《최상위 SSEN 쎈 초등 수학》(좋은책신사고) 등을 풀게 하면 좋습니다.

아무리 초격차 아이들이라 해도 수학은 수학 교과서와 수학 익힘책 공부가 반드시 전제되어야 합니다. 특히 수학은 각 영역별로 핵심 어휘에 대한 공부가 중요하고, 본인만의 수학 핵심 개념 노트 정리가 필요합니다. 5학년 수학 교과서에 나오는 핵심 어휘는 다음과 같습니다.

5학년 1학기 수학 교과서 핵심 어휘

단원	개념	뜻	페이지
2. 약수와 배수	약수	어떤 수를 나누어 떨어지게 하는 수	29쪽
	배수	어떤 수를 1배, 2배, 3배… 한 수	31쪽
	공약수	8과 12의 공통된 약수 1, 2, 4	35쪽
	최대공약수	공약수 중에서 가장 큰 수인 4를 8과 12의 최대공약수라고 함	35쪽
	공배수	2와 3의 공통된 배수 6. 12. 18…	39쪽
	최소공배수	공배수 중에서 가장 작은 수인 6을 2와 3의 최소공배수라고 함	39쪽
4. 약분과 통분	약분	분모와 분자를 공약수로 나누어 간단한 분수로 만드는 것	70쪽
	기약분수	분모와 분자의 공약수가 1뿐인 분수	71쪽
	통분	분수의 분모를 같게 하는 것	73쪽
6. 다각형의 둘레와 넓이	$1cm^2$	넓이를 나타낼 때 한 변의 길이가 1cm인 정사각형의 넓이를 단위로 사용할 수 있는데 이 정사각형의 넓이	115쪽
	$1m^2$	넓이를 나타낼 때 한 변의 길이가 1m인 정사각형의 넓이를 단위로 사용할 수 있는데 이 정사각형의 넓이	118쪽
	$1km^2$	넓이를 나타낼 때 한 변의 길이가 1km인 정사각형의 넓이를 단위로 사용할 수 있는데 이 정사각형의 넓이	120쪽
	밑변	평행사변형에서 평행한 두 변	122쪽
	높이	두 밑변 사이의 거리	122쪽

5학년 2학기 수학 교과서 핵심 어휘

단원	개념	뜻	페이지
1. 수의 범위와 어림하기	이상	70, 71, 73, 75 등과 같이 70과 같거나 큰 수를 70 **이상**인 수라고 함	10쪽
	이하	10.0, 9.5, 8.7 등과 같이 10과 같거나 작은 수를 10 **이하**인 수라고 함	11쪽
	초과	19.4, 20.9, 22.0 등과 같이 19보다 큰 수를 19 **초과**인 수라고 함	12쪽
	미만	139.5, 137.0, 135.8 등과 같이 140보다 작은 수를 140 **미만**인 수라고 함	13쪽
	올림	구하려는 자리의 아래 수를 올려서 나타내는 방법	16쪽
	버림	구하려는 자리의 아래 수를 버려서 나타내는 방법	18쪽
	반올림	구하려는 자리 바로 아래 자리의 숫자가 0, 1, 2, 3, 4이면 버리고, 5, 6, 7, 8, 9이면 올려서 나타내는 방법	21쪽
3. 합동과 대칭	합동	모양과 크기가 같아서 포개었을 때 완전히 겹치는 두 도형	55쪽
	대응점	서로 합동인 두 도형을 포개었을 때 완전히 겹치는 점	57쪽
	대응변	겹치는 변	57쪽
	대응각	겹치는 각	57쪽
	선대칭도형	한 직선을 따라 접었을 때 완전히 겹치는 도형	59쪽
	점대칭도형	한 도형을 어떤 점을 중심으로 180° 돌렸을 때 처음 도형과 완전히 겹치면 이 도형을 점대칭도형이라고 함	65쪽
5. 직육면체	직육면체	직사각형 6개로 둘러싸인 도형	100쪽
	면	직육면체에서 선분으로 둘러싸인 부분	100쪽
	모서리	면과 면이 만나는 선분	100쪽
	꼭짓점	모서리와 모서리가 만나는 점	100쪽
	정육면체	정사각형 6개로 둘러싸인 도형	102쪽
	겨냥도	직육면체 모양을 잘 알 수 있도록 나타낸 그림	107쪽
	전개도	정육면체의 모서리를 잘라서 펼친 그림	109쪽

6. 평균과 가능성	평균	연수네 모둠의 투호 기록 5, 6, 4, 5를 모두 더해 자료의 수 4로 나눈 수 5는 연수네 모둠의 투호 기록을 대표하는 값으로 이 값을 평균이라고 함	125쪽
	가능성	1월 1일 다음 날이 1월 2일일 가능성은 확실하다. 이처럼 가능성은 어떠한 상황에서 특정한 일이 일어나길 기대할 수 있는 정도	133쪽

초격차 아이들이 완전 심화된 문제집도 어려움 없이 해결한다면 6학년 과정을 선행학습 할 수 있습니다. 초등 수학은 5학년과 6학년 내용이 연계되는 부분이 많기에 초등 수학을 완성하고 총정리한다는 의미에서 초격차 아이들에게 6학년 내용까지의 선행학습을 시켜도 괜찮다고 생각합니다.

물론 6학년 수학 선행학습의 전제 조건은 5학년 수학의 심화 내용까지 완벽하게 이해했다는 것입니다. 초격차 아이들 중에서도 상위 1퍼센트 정도가 이에 해당될 수 있을 것입니다.

6학년 수학 교과서 각 단원 명칭 🔍

	1학기	2학기
1단원	분수의 나눗셈	분수의 나눗셈
2단원	각기둥과 각뿔	소수의 나눗셈
3단원	소수의 나눗셈	공간과 입체
4단원	비와 비율	비례식과 비례배분
5단원	여러 가지 그래프	원의 넓이
6단원	직육면체의 부피와 겉넓이	원기둥, 원뿔, 구

사회: 세계사를 미리 공부한다

초격차 아이들의 경우 세계사를 미리 공부시키면 좋습니다. 초등학교 때 세계사 내용을 전혀 배우지 않다가 중학교 때 세계사를 처음 배우게 되면 낯설고 힘들어하기 때문입니다. 한국사 내용을 전혀 모르던 아이들이 5학년 2학기 사회 시간에 멘붕을 겪는 것과 같은 이치입니다.

초격차 아이들이기 때문에 학습만화보다는 줄글로 된 책이 좋습니다. 5학년이 학습만화를 보는 것은 득보다 실이 많습니다. 5학년 초격차 아이들을 위한 세계사 책으로 《초등 통째로 이해되는 세계사》(가나출판사), 《한눈에 쏙 세계사 시리즈》(열다), 《나의 첫 세계사 여행 시리즈》(전국역사교사모임, 휴먼어린이) 등을 추천합니다.

초격차 아이들에게는 사회 전반의 다양한 뉴스를 알려 주고, 자신의 의견을 정리해서 말해 보는 기회를 주는 것이 좋습니다. 제가 초등학생 아이와 실제 하고 있는 방법을 소개하겠습니다.

저는 매일 신문 기사 중 아이에게 유익한 기사 2가지를 골라 A4 1장(양면)에 옮겨 붙여 인쇄를 해서 아이에게 제공합니다. 분량이 많지 않아서 아이도 크게 부담 갖지 않고 재미있어합니다. 아이는 그 기사를 읽고 본인의 생각과 느낌을 요약해서 1분 정도 이야기합니다. 주로 논쟁이 되는 주제가 많기에 저도 아이 의견에 반박하고, 때로는 동의하면서 토론을 합니다. 이 과정에서 아이에게 본인의 생각이나 주장을 말하는 문장 패턴도 알려 줍니다. "저는 ~라고 생각합니다. 왜냐하면 ~이기 때문입니다"처럼 항상 '주장 + 근거'의 형식으로 말하도록 하며, '두괄식으로 말하기'를 강조하여 꾸준히 연습을 시킵니다.

초등 사회과 교과서에서도 신문 기사를 읽기 자료로 수록한 경우가 많습니다. 따라서 아이가 뉴스 기사를 접하며 핵심을 파악해서 본인 의견을 정리하는 것이 상당히 중요합니다. 풍부한 배경지식을 쌓을 수 있을 뿐만 아니라 국어과의 말하기 능력과도 직결되며, 장차 논술이나 면접 등에도 긍정적인 영향을 끼칠 것입니다. 기사 내용은 가능하면 찬반 의견이 엇갈리는 논쟁 문제를 다루는 것이 좋고, 정치, 경제, 사회, 문화, 국제, IT 등 다양한 주제를 다뤄 폭넓게 사고할 수 있는 기회를 제공해 주세요.

다음은 제가 아이와 신문 기사 대화에 활용한 자료 목록입니다.

날짜	제목	분야
2020.5.21	빗물에 떨고 있는 한국 회화 최고의 걸작 '윤두서의 자화상' / 한겨레	문화
2020.5.23	운전자 '졸린 눈' 캐치… 달리던 차 스스로 경보음 울렸다 / 세계일보	IT
2020.5.26	중국군, 홍콩 시위대에 경고… "국가안보 수호할 능력 있어" / 연합뉴스	국제
2020.5.26	코로나19 창궐에 브라질 아마존 파괴는 왜 더 빨라질까 / KBS	환경
2020.5.31	'21층 고양이' 결국 추락사… 소방관 출동 갑론을박 / SBS	사회
2020.6.1	짜파구리 인기 펄펄 끓자 완도 다시마 어민도 웃었다 / 한국경제	경제
2020.6.1	'아이언맨' 화성 이주 프로젝트 실현될까 / 머니투데이	IT
2020.6.3	글을 쓴다는 것, 내가 한 발짝 나아가는 것 / 중앙일보	문화
2020.6.3	대학마다 '시험을 어쩌나'… 온라인 평가, 부정행위 속출 / 한겨레	사회

2020.6.3	제인 구달 "코로나19, 자연에 대한 무례 때문... 큰 변화 필요"/ 연합뉴스	환경
2020.6.4	화훼농가는 꽃 갈아 엎는다는데... 꽃집 가면 왜 비쌀까 / 오마이뉴스	경제
2020.6.6	"연봉 5천만원인데"... 환경미화원 꿈꾸는 20·30대들 / 파이낸셜 뉴스	사회
2020.6.9	"산천어축제 진실 눈감은 검찰... 동물보호에 역주행"/ 한겨레	환경
2020.6.10	옆집에 책 빌려주고 대여료 받기... '공유도서관'도 나왔다 / 머니투데이	과학
2020.6.12	아이 모습을 한 AI에게 아무 영상이나 보여줬더니, "엄마 개짜증나" / 경향신문	IT
2020.6.15	토종기술 있는데... 日 기술로 짓겠다는 삼척 수소생산시설 / 머니투데이	과학
2020.6.15	2030 직장인 3명 중 1명 "자녀 낳을 생각 없다"/ 지디넷 코리아	사회
2020.6.15	동물실험 20건 중 7~8건은 동물에게 심한 고통과 스트레스 안겨 / 경향신문	환경
2020.6.17	지하철 임산부석 앉겠다고 임산부 밀친 노인... 경찰 수사 / news1	사회
2020.6.14	화성도 한때 토성처럼 '고리' 보유... 위성 생성·소멸 반복 거치며 탄생 / 경향신문	과학
2020.6.19	'20만원에 벨루가 등 타고 서핑'... 거제씨월드 동물학대 논란 / 한겨레	환경
2020.6.19	"삼겹살 가격은 휘발유 가격과 같다"... 이건 무슨 얘기? / 경향신문	경제
2020.6.22	국민 10명 중 5명 "코로나 이후 빈부격차 심해질 것" / 머니투데이	사회
2020.6.23	술도 안 마시고 체중도 적당한데 지방간?... "원인은 생활습관" / 한국일보	의학
2020.6.23	"3명 할 일 혼자 하는 우리는 '맥 노예'"/ 경향신문	사회
2020.6.25	유명희 앞세워 한국 세 번째 WTO 사무총장 도전... 첫 여성 총장 나올까 / 노컷뉴스	국제
2020.6.26	우유 남아도는데... 세계 최고 수준으로 치솟는 우유값 / 한국경제	경제
2020.6.26	'백신 민족주의' 대두하나... 개발 막판에 선점 경쟁 불꽃 / 연합뉴스	의학
2020.6.28	'타이완 넘버원' 중국인이 분노하는 진짜 이유 / 머니투데이	국제
2020.6.30	이순재 "갑질 논란 사과... 매니저와 법적 다툼 하고 싶지 않아" / 한겨레	연예
2020.7.1	병상이 딱 하나면 90세, 25세, 3세 중 누구에게? / 중앙일보	사회
2020.7.1	예멘인들, 제주살이 3년차... 평범한 이웃으로 녹아들다 / 한국일보	사회
2020.7.1	'코로나 장발장' 달걀 18개 훔쳐... 18개월 실형 구형 / JTBC	사회

과학: 과학 잡지 및 프로그램을 활용한다

과학 공부는 과학 교과서의 차례를 보며 초격차 아이들 스스로 각 차시의 주제에 대답할 수 있어야 합니다.

5학년 1학기 과학 교과서 차례

단원	단계	차시 제목
1. 과학자는 어떻게 탐구할까요?	과학 탐구	탐구 문제를 정해 볼까요?
		실험을 계획해 볼까요?
		실험을 해 볼까요?
		실험 결과를 정리하고 해석해 볼까요?
		결론을 내려 볼까요?
2. 온도와 열	재미있는 과학	색깔이 변하는 신기한 종이컵
	과학 탐구	차갑거나 따뜻한 정도를 어떻게 표현할까요?
		온도계는 어떻게 사용할까요?
		온도가 다른 두 물질이 접촉하면 두 물질의 온도는 어떻게 변할까요?
		고체에서 열은 어떻게 이동할까요?
		고체 물질의 종류에 따라 열이 이동하는 빠르기는 어떻게 다를까요?
		액체에서 열은 어떻게 이동할까요?
		기체에서 열은 어떻게 이동할까요?
	과학과 생활	단열이 잘되는 집 만들기
	단원 마무리	온도와 열을 정리해 볼까요?

	재미있는 과학	알쏭달쏭 다섯 고개 알아맞히기
3. 태양계와 별	과학 탐구	태양은 우리에게 어떤 영향을 미칠까요?
		태양계에는 어떤 구성원이 있을까요?
		태양계 행성의 크기를 비교해 볼까요?
		태양계 행성은 태양에서 얼마나 떨어져 있을까요?
		별과 별자리를 찾아볼까요?
		밤하늘에서 북극성은 어떻게 찾을까요?
		행성과 별은 어떤 점이 다를까요?
	과학과 생활	우주 교실 꾸미기
	단원 마무리	태양계와 별을 정리해 볼까요?
4. 용해와 용액	재미있는 과학	물을 만난 초콜릿 색소
	과학 탐구	여러 가지 물질을 물에 넣으면 어떻게 될까요?
		물에 용해된 설탕은 어떻게 되었을까요?
		용질마다 물에 용해되는 양이 같을까요?
		물의 온도가 달라지면 용질이 용해되는 양은 어떻게 될까요?
		용액의 진하기를 어떻게 비교할까요?
	과학과 생활	용액의 진하기를 비교할 수 있는 도구 만들기
	단원 마무리	용해와 용액을 정리해 볼까요?
5. 다양한 생물과 우리 생활	재미있는 과학	우리 주변의 다양한 생물 알아보기
	과학 탐구	곰팡이와 버섯에는 어떤 특징이 있을까요?
		짚신벌레와 해캄에는 어떤 특징이 있을까요?
		세균에는 어떤 특징이 있을까요?
		다양한 생물은 우리 생활에 어떤 영향을 미칠까요?
		첨단 생명 과학은 우리 생활에 어떻게 활용될까요?
	과학과 생활	다양한 생물을 알리는 홍보 자료 만들기
	단원 마무리	다양한 생물과 우리 생활을 정리해 볼까요?

5학년 2학기 과학 교과서 차례 🔍

단원	단계	차시 제목
1. 재미있는 나의 탐구	과학 탐구	탐구 문제를 정해 볼까요?
		탐구 계획을 세워 볼까요?
		탐구를 실행해 볼까요?
		탐구 결과를 발표해 볼까요?
		새로운 탐구를 시작해 볼까요?
2. 생물과 환경	재미있는 과학	생태 빙고 놀이 하기
	과학 탐구	생태계란 무엇일까요?
		생물 요소를 어떻게 분류할 수 있을까요?
		생태계를 구성하는 생물은 어떤 먹이 관계를 맺고 있을까요?
		생태계는 어떻게 유지될까요?
		비생물 요소는 생물에 어떤 영향을 줄까요?
		생물은 환경에 어떻게 적응될까요?
		환경 오염은 생물에 어떤 영향을 줄까요?
	과학과 생활	생태계 보전을 위한 캠페인 도구 만들기
	단원 마무리	생물과 환경을 정리해 볼까요?
3. 날씨와 우리 생활	재미있는 과학	날씨와 우리 생활 만화 그리기
	과학 탐구	습도는 우리 생활에 어떤 영향을 미칠까요?
		이슬과 안개는 어떻게 만들어질까요?
		구름, 비, 눈은 어떻게 만들어질까요?
		고기압과 저기압은 무엇일까요?
		지면과 수면의 온도는 하루 동안 어떻게 변할까요?
		바람은 바닷가에서 낮과 밤에 어떻게 불까요?
		우리나라의 계절별 날씨는 어떠할까요?
		날씨는 우리 생활에 어떤 영향을 미칠까요?

	과학과 생활	날씨와 관련된 생활용품 설계하기
	단원 마무리	날씨와 우리 생활을 알아볼까요?
4. 물체의 운동	재미있는 과학	바람으로 움직이는 종이 자동차 경주 하기
	과학 탐구	물체의 운동은 어떻게 나타낼까요?
		여러 가지 물체의 운동은 어떻게 다를까요?
		일정한 거리를 이동한 물체의 빠르기는 어떻게 비교할까요?
		일정한 시간 동안 이동한 물체의 빠르기는 어떻게 비교할까요?
		물체의 속력은 어떻게 나타낼까요?
		속력과 관련된 안전장치와 안전 수칙에는 무엇이 있을까요?
	과학과 생활	스마트 기기를 이용해 우리 학교 안내 지도 만들기
	단원 마무리	물체의 운동을 정리해 볼까요?
5. 산과 염기	재미있는 과학	신나는 염색 놀이하기
	과학 탐구	여러 가지 용액을 어떻게 분류할 수 있을까요?
		지시약을 이용해 여러 가지 용액을 어떻게 분류할 수 있을까요?
		산성 용액과 염기성 용액에 물질을 넣으면 어떻게 될까요?
		산성 용액과 염기성 용액을 섞으면 어떻게 될까요?
		우리 생활에서 산성 용액과 염기성 용액을 어떻게 이용할까요?
	과학과 생활	천연 지시약으로 협동화 그리기
	단원 마무리	산과 염기를 정리해 볼까요?

위의 표는 5학년 1학기, 2학기 과학 교과서 차례입니다. 초격차 아이들은 차시 제목을 보며 질문에 답을 할 수 있는지 꼭 확인해 봐야 합

니다. 그리고〈과학동아〉(동아사이언스), 〈뉴턴〉(뉴턴 코리아) 같은 과학 월간지를 구독해서 읽는 것도 좋습니다. 과학 잡지의 경우 내용과 난이도가 나와 있어서 읽고 싶은 기사를 어떻게 보면 되는지 자세하게 소개되어 있습니다. 또한 월간지 기사들이 대부분 과학 교과서에 실린 내용과 밀접하게 관련되어 있어서 교과서 개념들을 보다 깊이 있고 재미있게 이해할 수 있는 장점이 있습니다.

그 외에 한생연(HLSI) 프로그램을 활용하는 것도 추천합니다. 한생연(HLSI)은 1993년 10월 창립된 청소년 전문 과학교육 기업으로, 청소년들이 과학에 흥미를 갖고 탐구력을 키워 미래 인재로 발돋움할 수 있는 발판을 마련하고자 노력하며, 6대 테마 과학박물관도 운영하고 있습니다. 학년별로 교육 프로그램과 캠프 프로그램, 관람 및 체험 프로그램도 다양하게 구비되어 있어서 아이의 흥미와 적성에 따라 선택이 가능합니다. 저희 아이도 한생연 프로그램을 해 봤는데 만족도가 상당히 높았습니다. 과학 교육의 경우, 아무래도 실제 체험하고 탐구하며 관찰하는 경험이 중요하기 때문에 책으로만 공부하는 것에는 한계가 있습니다. 이러한 프로그램을 통해 아이의 지적 욕구를 충족시켜 주고, 과학적 사고력과 탐구력을 향상시킬 수 있다고 생각합니다.

스스로 공부하는 습관을
길러 주는 3가지 방법

○
○

      아이 스스로 공부하는 습관을 들이는 것, 모든 학부모님들의 간절한 소망일 것입니다. 부모가 시키지 않아도 아이가 스스로 공부를 하면 얼마나 예쁘고 좋겠습니까? 그 방법을 3가지 측면에서 정리해 보겠습니다.

첫째, 아이 스스로 공부해야 한다는 것을 납득해야 합니다

공부를 잘하면 본인이 꿈꾸는 것을 이룰 수 있는 힘이 생깁니다. 그래서 아이가 스스로 '공부를 해야겠구나'라고 마음먹는 것이 중요합니다. 즉, 이유가 있어야 목적의식을 가지고 꾸준하게 공부할 수 있습니다. 아이의 꿈이 과학자라면 카이스트(KAIST)에도 직접 견학을 가 보고, 유명한 과학자들의 위인전도 읽게 하며, 과학과 관련된 전시회나

근처에 있는 과학관에도 함께 가서 다양한 체험을 하면 좋습니다. 아이가 막연하게 꿈을 꾸는 것이 아니라 그 꿈을 이루기 위해 어떻게 해야 하는지를 늘 생각하고, 그 꿈에 조금씩 다가설 수 있게 옆에서 도와주셔야 합니다.

둘째, 일정한 루틴을 반복해 공부하는 것이 매우 중요합니다

루틴(routine)은 '습관적 반복 행동'을 의미합니다. 운동선수들도 매일 반복되는 일상이 있다고 하죠. 류현진 선수의 전담 트레이너였던 김용일 씨는 "메이저리그는 세계에서 가장 야구 잘한다는 선수들이 루틴에 미친 듯이 집착하는 곳이다"라고 이야기했습니다. 류현진 선수도 선발 등판하는 날에는 분과 초 단위 루틴을 지켰는데, 등판 전날에는 '감자탕 먹기', 경기 당일에는 5시간 전부터 〈'투수코치와 전력 분석' → '온탕에 몸을 녹이고 1시간 이상 전신 마사지와 스트레칭' → '웨이트 트레이닝장에서 골반 근육과 내전근 풀어주기' → '불펜 피칭하고 마운드에 오르기'〉가 그의 루틴이었다고 합니다. 경기가 끝나면 어깨, 팔꿈치 보강 운동과 러닝 등 빼곡한 훈련 루틴이 반복되었다고 합니다. 경기에 이기든 지든 그 결과에 기분이 좌우되지 않고, 그저 한 경기 한 경기 최선을 다하면서 다음 게임을 기다리며 준비하는 것입니다. 이처럼 아이들도 매일 반복되는 일상이 있고, 그 안에 공부가 자리 잡아야 합니다. 언제나 〈계획 – 실천 – 반성〉의 순서를 반복해야 하며, 이 루틴이 가장 중요합니다.

계획은 연간 계획, 1학기 계획, 월간 계획, 주간 계획, 하루 계획으로 세분화합니다. 큰 계획은 부모님이 옆에서 도와주시면 좋고, 하루 계획은 아이가 스스로 세우게 하세요. 즉, 하루에 일어나서 밤에 자기 전까지의 생활 계획을 세우는 것입니다. 절대 무리하지 않고, 실천 가능하게 세우는 것이 중요합니다. 계획을 세워서 계획 공책이나 연습장, 또는 포스트잇에 하루 계획을 써서 책상에 붙이는 것입니다. 여기에는 보드게임이나 TV 시청, 간식을 먹는 휴식 시간도 포함됩니다.

아이가 세운 계획을 실천할 때는 부모님의 협조가 필수적입니다. 예를 들어, 점심과 저녁은 몇 시에 먹을 것인지, 간식은 몇 시에 무엇을 먹을 것인지 등은 미리 결정해야 하고, 그대로 지켜 주셔야 합니다. 그후 밤에 잠자기 전 책상에 앉아서 본인이 아침에 세운 계획을 다시 보면서 오늘 하루 얼마나 잘 실천했는지 스스로 점검하고 반성하는 것입니다. 하루 계획을 포스트잇에 써서 본인 책상에 붙였다가 잠자기 전 반성을 하며, 하나씩 지워 나가는 등 꼭 확인하는 절차를 거쳐야 합니다.

〈계획 - 실천 - 반성〉의 공부 습관이 몸에 배이면 나중에 중고등학교에 진학해서도 큰 성과를 이룰 수 있습니다. 실제로 임용고사 수험생과 공무원 수험생들도 대부분 이런 식으로 공부를 많이 합니다.

공부를 할 때는 '매일, 조금씩' 꾸준하게 하는 것도 중요합니다. 기분이 좋고 공부가 잘될 때는 많이 했다가 기분 나쁘면 아예 책을 안 보는 것이 아니라, 기복 없이 꾸준하게 해야 합니다. 아이가 꾸준히 공부하기 위해 마음을 다잡을 수 있도록 부모님께서 옆에서 많이 도와주셔야 합니다.

아이를 도와줄 때는 아이와 끊임없는 대화가 필요합니다. 아이가 계획을 세우는 데 어려운 점은 없는지, 실천할 때 어떤 점이 힘든지, 본인 스스로 계획을 세워서 공부해 보니 어떤 생각이 드는지 등을 묻고 조언해 주시면 좋습니다. 즉, 부모님은 아이의 계획에 간섭하는 것이 아니라 격려하고 지지해 주는 역할을 하셔야 합니다.

셋째, 부모님이 솔선수범해야 합니다

아이가 자기 방이나 거실에서 공부할 때 부모님 역시 거실에서 책을 읽으셔야 합니다. 가족이 모두 독서하는 집안 환경을 조성하면 아이에게 잔소리하지 않아도 아이 스스로 책 읽는 부모님 옆에 앉아서 함께 독서를 하며, 공부를 할 것입니다. 그런데 사실 이게 쉽지 않죠? 봐야 할 것도 많고, 게다가 일을 하시는 분들은 집에 와서 피곤하니 좀 편하게 쉬어야 하는데 그런 상황에서 책을 봐야 하다니 막막할 수도 있습니다. 그런데요, 아이 교육은 학교나 학원에서 전적으로 책임지는 것이 아니라 부모님이 함께 협력해서 이뤄 나가야 하는 것입니다. 부모님이 피곤하고 힘들더라도 독서하는 모범을 보이면, 아이는 아주 크게 긍정적인 영향을 받을 것입니다. 우리나라 성인 40퍼센트가 1년에 책 1권도 읽지 않는다는 조사 결과가 있습니다. 성인의 70퍼센트가 본인의 독서량이 부족하다고 느끼며, 책을 읽지 못하는 이유로는 '책 읽는 습관이 들지 않아서', '책 읽을 시간이 부족해서', '마음의 여유가 없어서' 등의 대답을 했다고 합니다. 독서는 시간이 남아서 하는 것이 아니라 시간을 활용해서 하는 것이고 독서를 하면 결과적으로 자기 자신에게 가장 좋습니다.

아이 스스로 목적의식을 가지고 공부하게 하고, 공부는 일정한 루틴, 〈계획 - 실천 - 반성〉을 반복하게 하며, 부모님이 솔선수범하신다면, 스스로 공부하는 습관이 길러지고, 나중에 중고등학교에 진학해서도 지속적으로 유지될 수 있을 것입니다.

초격차 아이들을 위한
교과 외 활동 제안

3가지 쓰기 습관 갖기

초격차 아이들에게 교과 외 활동으로 3가지 쓰기(Three 쓰기)를 추천합니다. 꾸준히 실천하면 교과 공부에도 도움이 되는 생활 습관입니다.

첫째, 일기쓰기

일기쓰기의 장점은 아주 많습니다. 먼저 하루 생활을 되돌아볼 수 있지요. 일기를 쓰면서 마음을 가다듬고, 하루를 반성하는 기회를 갖게 됩니다. 일기를 쓰는 과정에서 고민이 자연스럽게 해결되기도 합니다. 낮에 친구들과 싸우고 심각하게 고민하던 문제였는데, 시간이 지나서 생각해 보니 의외로 큰 문제가 아니고, 원만하게 해결된 경우도 있습니다. 본인을 객관적으로 돌아볼 수 있는 기회도 제공해 줍니다. 일기를 쓰려면 하루에 있던 일들을 다시 생각하기 때문에 관찰하고 분석하는 힘도 자연스럽게 생깁니다. 물론 글쓰기 능력이 향상되는 효과도 있고요.

요즘 초등학생들은 대부분의 선생님들이 수업 참고 자료를 동영상이나 PPT 등으로 만들거나 찾아서 대형 TV 화면에 띄워 제시하기에 연필을 잡고 실제 글을 쓸 기회가 거의 없습니다. 수업 중에도 필기를 할 일이 없으니 아이들의 글씨는 갈수록 엉망입니다. 일기는 직접 손으로 쓰니까 글씨체 교정을 위해서도 필요합니다. 일기를 쓰면서 맞춤법 공부도 하게 됩니다. 물론 교사들이 아이의 일기를 보며 예전처럼 빨간펜으로 맞춤법을 일일이 잡아 주지는 않습니다. 아이들이 솔직하게 표현하는 것을 저해할 수 있기 때문입니다. 하지만 자꾸 글을 쓰다 보면 자연스럽게 맞춤법과 띄어쓰기에 신경을 쓰게 되고, 점진적으로 발전해 나갑니다. 《전쟁과 평화》, 《안나 카레니나》 등을 쓴 러시아 출신의 세계적인 작가 톨스토이(Tolstoy)에게도 일기쓰기는 작품의 원천이 되었다고 합니다. 그는 좋은 가문에서 태어났지만 불운하게 성장하며 많은 방황을 했습니다. 그것을 극복할 수 있었던 게 일기였다는 것입니다. 일기를 통해 자신을 반성하며 끊임없이 성찰을 거듭해 커다란 문학적 성과를 만들어 낸 것입니다. 사실 일기쓰기는 성인들도 습관을 들이면 많은 도움이 됩니다. 저는 일기를 쓰지는 않지만 다이어리에 그날 할 일과 어떤 일이 있었는지 꼼꼼하게 기록하는 편입니다. 일기를 쓰는 성인이라면 그동안 쓴 일기가 자신의 일대기가 되고, 자신이 살아온 발자취가 되니까 소중한 자산이 될 것입니다.

둘째, 독서기록장 쓰기

저는 담임을 맡으면 몇 학년이든 일주일에 2권 책을 읽고 "행복한 책 읽기"라는 과제를 내줍니다. "행복한 책 읽기"는 책 읽는 행위 자체가 행복하고 즐거운 일이라는 것을 아이들에게 알려 주기 위해 제가 지었습니다. 아이들이 일주일에 2권 이상 책을 읽고, 책을 읽은 날짜, 책 제목, 책 내용 3줄 이상, 책을 읽은 후 느낀 점이나 소감 3줄 이상을 공책에 써 오는 것입니다. 매주 금요일 과제로 행복한 책 읽기를 내주면 2편 이상 써서 월요일 등교할 때 제출합니다. 초등학생뿐만 아니라 나중에 중고등학생이 되어서도 본인이 읽은 책을 정리하는 습관은 꼭 필요하기에 많은 도움이 됩니다. 사실 아이들이 책을 빨리 읽기 때문에 나중에는 어떤 책을 읽었는지 기억하지 못하는 경우가 많습니다. 독서기록장을 작성하면 본인이 읽은 책이 정리되어 있어서 본인만의 독서 흐름 즉, 어느 시기에 주로 어떤 책을 읽었는지를 알 수 있습니다.

초등학생의 경우에는 독서기록장 쓰기가 너무 부담으로 다가오지 않도록 조심해야 합니다. 아이들 대부분이 책을 읽은 후 내용을 3줄로 요약하는 것을 힘들어합니다. 어떤 아이들은 책의 줄거리가 아니라 특정 부분을 그대로 3줄 옮겨 쓰는 경우도 있습니다. 중고등학생의 경우에는 책을 읽은 날짜, 책 제목, 책을 읽은 후 본인의 생각이나 느낌을 한 줄로 요약해서 쓰는 것도 좋습니다.

여담으로, 부모님들 중에는 아이들의 독서 편식을 걱정하는 분들도 많습니다. 그런데 이 독서 편식은 대부분 일정 시기가 지나면 자연스럽게 해소됩니다. 아이들의 흥미가 계속 변하기 때문이지요.

제 아이는 4학년 때부터 독서기록장을 작성해서 매주 제가 확인하고 있습니다. 그런데 약간 방식을 바꿔서 책을 읽은 날짜와 책의 제목을 쓰고, 그 책의 장르를 씁니다. 예를 들어, 역사, 과학, 문학, 사회 등으로 구분하며, 책의 줄거리나 읽은 후 생각이나 느낌은 따로 쓰지 않습니다. 아이 입장에서는 그런 부분을 쓰지 않으니까 독서기록장을 작성할 때 큰 부담이 없습니다. 일주일에 5권 이상 읽고, 읽은 날짜와 책 제목, 장르만 쓰도록 시킵니다. 그렇게 간단하게 작성한 독서기록장을 보고 제가 주말에 5권 읽은 책 중 3권에 대해서 물어봅니다. "네가 읽은《나는 일기 마법사》책 내용을 1분 이내로 소개해 줄래?" 그러면 아이는 설명을 합니다. 물론 시간을 엄격하게 재는 것은 아니지만 너무 길어지지 않도록 합니다. 설명을 하고서 그 책을 읽은 후의 생각이나 느낌을 또 1분 이내에 이야기하도록 합니다. 그 후에 제가 아이의 설명을 듣고 궁금한 점이나 이해가 안 되는 점을 물어봅니다. 그러면 아이는 그 질문에 대답을 하고 그렇게 서로 질문하고 대답하면서 대화가 이어집니다. 일종의 독서토론을 하는 것입니다. 가끔은 아이가 읽은 책을 저도 함께 읽고 보다 심도 있는 토론을 하기도 합니다. 그러면 아이는 책을 읽을 때 더 꼼꼼하게 생각하면서 읽게 됩니다.

부모님들이 이 방법을 활용하기에는 시간상 부담이 될 수도 있습니다. 하지만 최소한 아이들이 독서기록장을 꾸준하게 쓰는 습관을 갖게 되면 학업에도 많은 도움이 될 것입니다. 시간이 될 때 아이가 읽은 책에 대해 내용이 무엇이었는지, 어떤 생각이 들었는지 물어보고 대답도 들어봐야 합니다. 읽은 것을 머릿속으로 소화해서 구조화한 후 본인 입으로 말해 보는 것은 상당히 의미 있고 중요한 일입니다.

셋째, 용돈 기입장 쓰기

용돈 기입장 작성은 초등학교 5학년 실과 시간에 배웁니다. 실과는 개별 출판사에서 만드는 검정 교과서 체제여서 금성출판사 교과서로 그 예를 들겠습니다. 금성출판사 5학년 실과 수업에서는 3단원 「생활 자원의 관리」 중 첫 번째 중단원 '시간, 용돈 관리'에서 4~6차시에 걸쳐 "용돈 관리와 합리적 소비 생활은 왜 중요할까요?"를 배우게 됩니다. 교과서에서는 용돈 기입장을 작성하여 자신의 소비 습관을 파악하고, 불필요한 지출을 줄이는 것이 합리적 소비 생활이라고 강조합니다. 실과 시간인데도 도화지와 색종이, 색연필 등을 활용해서 나만의 용돈 기입장을 직접 만드는 활동도 합니다. 용돈 기입장도 초등학교 고학년 때만 작성하고 끝내는 것이 아니라 나중에 중고등학생 때도 꾸준히 계속 쓰도록 해 주세요. 자연스럽게 아이의 경제 교육, 돈의 소중함, 계획적인 소비 교육도 동시에 될 것입니다.

교학사의 5학년 실과 교과서에서는 '스마트한 용돈 관리'라고 해서 스마트폰 앱으로 용돈 관리하는 방법도 소개하고 있습니다. 그 부분을 잠시 소개하겠습니다.

"스마트폰 용돈 관리": 컴퓨터의 용돈 관리 프로그램이나 스마트폰 애플리케이션을 이용하여 나의 용돈을 관리할 수 있습니다. 그래서 용돈 관리 프로그램의 예로 금융감독원 홈페이지의 금융교육센터에 있는 용돈 기입장 자료를 제시하거나 용돈 기입장 앱 중 하나의 예시 사진만 보여주고 있습니다.

교학사 교과서에서는 용돈 기입장을 쓰면 좋은 점으로 4가지를 듭니다.

첫째, 수입과 지출을 쉽게 파악할 수 있다.

둘째, 충동구매를 예방하고 줄일 수 있다.

셋째, 저축을 하는 데 도움이 된다.

넷째, 합리적인 소비 생활을 할 수 있다.

초등학생 때 용돈 기입장을 작성하며 계획적인 소비 생활을 했던 아이들은 성장해서도 돈을 쓸 때 바람직한 소비 습관이 자리 잡을 것입니다. 성인 역시 가계부를 쓴다거나 차계부를 쓰며, 돈 관리 앱 등을 활용해서 지속적으로 실천하면 많은 도움이 됩니다.

아이들이 초등학교 고학년 때부터 꾸준하게 이 3가지 쓰기를 실천해서 생활 습관으로 자리 잡는다면 국어뿐만 아니라 다른 교과목에도 많은 부분에서 긍정적인 영향을 끼칠 것입니다. 일기쓰기와 용돈 기입장 작성은 어른들에게도 도움이 되는 부분입니다. 부모님이 솔선수범해서 모범이 된다면 아이들도 자연스럽게 보고 배울 것입니다.

소프트웨어 교육

2015 개정 교육과정에서는 코딩을 강조합니다. 5~6학년 실과 과목에 코딩 내용이 추가되었습니다. 코딩(coding)이란 주어진 명령을 컴퓨터가 이해할 수 있는 언어로 입력하는 것을 말합니다. 좀 더 넓은 의미에서는 프로그램을 만든다는 뜻의 '프로그래밍'과 동일한 개념으로 쓰입니다. 이러한 프로그래밍 언어 중 하나인 엔트리(entry)가 스크래치(Scratch)와 함께 소프트웨어 교육에서 많이 쓰입니다.(스크래치는 아이들에게 그래픽 환경을 통해 컴퓨터 코딩에 관한 경험을 쌓게 하기 위한 목적으로 설계된 교육용 프로그래밍 언어 및 환경이다.)

엔트리 사이트에 접속해서 아이들이 직접 코딩을 접해 보도록 하는 것이 좋습니다. '엔트리'는 네이버 커넥트 재단에서 비영리로 운영하고 있는 교육용 소프트웨어입니다. 네이버나 다음, 구글 검색에서 "엔트리" 또는 "엔트리 코딩"이라고 치면 사이트가 나오고 쉽게 접근할 수 있습니다. 특히 홈페이지 커뮤니티에서 엔트리 유저들과 다양하게 소통할 수도 있습니다. 엔트리 사이트뿐만 아니라 네이버 TV, 유튜브 채널, 블로그 등을 통해서도 관련 소식과 학습 방법 등을 확인할 수 있는 등 엔트리 관련 정보들은 넘쳐납니다. 여유 시간을 활용해서 엔트리 사이트에 접속해서 코딩을 직접 해 보는 것도 좋습니다.

엔트리 홈페이지(https://playentry.org)에 접속하면 '학습하기, 만들기, 공유하기, 커뮤니티'로 구분되며, 학년별로 '따라 하기, 도전하기, 퀴즈풀기, 자유롭게 만들기' 등 4가지 유형으로 나뉘어져 있습니다. 따라서 본인의 수준에 따라 다양하게 즐길 수 있습니다.

초격차 아이들은 코딩을 익히며 논리적 사고력과 과학적 절차 등을 익힐 수 있습니다. 그중 뛰어난 아이들은 본인이 프로그래밍 언어를 활용해서 실제로 다양하게 프로그램을 만들 수도 있습니다.

아이들이 실제로 엔트리나 스크래치로 코딩을 즐기는 것뿐만 아니라 이론적인 공부도 병행하면 좋기 때문에 적절한 코딩 관련 책을 읽도록 권장하는 것도 필요합니다. 추천하고 싶은 초등 코딩 관련 도서로는 《초등 코딩 엔트리 무작정 따라하기》(길벗), 《초등 코딩 스크래치 무작정 따라하기》(길벗), 《초등학생이 알아야 할 숫자, 컴퓨터와 코딩 100가지》(어스본코리아), 《Maps 코딩》(북오름), 《놀이와 함께 온 코딩》(지식과감성#) 등입니다.

초격차 아이들을 대하는
부모님의 태도

5학년 초격차 아이들은 시한폭탄과 같습니다. 지금은 잘하고 있지만 앞으로 사춘기가 왔을 때 어떻게 변할지 아무도 모르기 때문입니다. 시한폭탄이 조용히 지나가서 중학교에 진학해서도 꾸준하게 공부한다면 높은 학업 성취를 이룰 수 있겠지만, 시한폭탄이 터져서 사춘기에 방황한다면 모든 것이 물거품이 될 수도 있습니다. 따라서 초등학교 5학년은 아이들의 향후 인생에서 결정적으로 중요한 시기입니다. 특히 초격차 아이들은 보다 세심하고 면밀하게 살펴보고 격려해 주어야 합니다. 지나친 간섭과 참견보다는 아이들이 알아서 스스로 할 수 있도록 따뜻하게 조언해 주고, 지지해 줄 필요가 있습니다.

아무리 공부를 잘하고 초격차 수준에 있다 하더라도 아직은 초등학교 5학년, 12살밖에 안 된 아이일 뿐입니다. 가장 바람직한 부모님의 자세와 태도는 평소에 아이와 수시로 대화해서 아이의 어려움과 고민 등을 함께 나눌 수 있어야 한다는 점입니다. 의외로 초격차 아이들이 친구 관계의 폭이 좁고, 고민이 있더라도 혼자 생각하고 속으로 숙고하는 경향이 강합니다. 부모님께서는 우리 아이의 성향을 잘 파악해서 아이가 먼저 다가와 고민을 나누고, 명쾌한 해결 방법은 제시하지 못하더라도 함께 생각을 나누고 다양한 방법을 알려 줘야 합니다. 그렇게 하기 위해서는 평소 부모님이 말과 행동에 모범을 보이고, 아이가 믿고 따를 수 있어야 합니다.

공부 잘하는 아이들의
4가지 공부 습관

공부 잘하는 아이들에게는 4가지 공부 습관이 있습니다.

첫째, 수업 시간에 반드시 집중합니다

수업 시간에 집중하는 것은 당연한 일인데도 이 당연한 학습 태도를 지키지 못하는 아이들이 의외로 많습니다. 하지만 공부 잘하는 아이들은 수업 시간에 무서우리만큼 집중합니다. 또한 교사에게 질문을 많이 합니다. 수업 시간뿐만 아니라 쉬는 시간에도 질문을 합니다. 사실 담임 선생님이 가장 좋은 과외 선생님이니 최대한 활용해야죠. 전혀 쓸데없는 질문이나 다른 아이들을 웃기기 위한 엉뚱한 질문이 아니라 수업과 관련되는 질문이면 교사들은 언제든 환영합니다. 그래서 아이들이 수업과 관련한 질문을 많이 하고, 본인이 모르는 부분이 있으면 질문을 통해 완벽하게 해결합니다.

이렇게 수업 시간에 집중하는 아이들은 교과서를 중요하게 생각합니다. 이 이야기를 제가 다른 곳에서도 강조한 적이 있는데, 아이들 공부의 기본은 바로 교과서입니다. 아무리 좋은 교재나 문제집도 교과서를 뛰어넘을 수 없습니다. 교과서의 내용을 완벽하게 이해한 후 다른 교재를 보는 것이 맞는데, 일부 학부모님과 아이들이 교과서는 너무 쉬운 책이나 그냥 지나쳐도 되는 책으로 여기고, 반복해서 보기에는 교과서가 쉬워서 좀 더 어려운 심화 교재를 봐야 할 것처럼 생각하는 경우도 있습니다. 이렇게 생각하신다면 정말 오산입니다.

수업 시간에 집중하는 아이들은 백지 학습을 활용하기도 합니다. 백지 학습이란 말 그대로 본인이 배운 내용을 백지에 써 보는 겁니다. 수업을 들을 땐 누구나 이해가 가며, 다 아는 것 같습니다. 하지만 그것은 본인이 100퍼센트 아는 것이 아니라 교사의 설명을 듣고 고개를 끄덕일 뿐입니다. 즉, 배운 내용을 본인 손으로 백지에 쓰지 못하면 그것은 정확하게 아는 것이 아닙니다. 학교에서 공부한 내용을 집에 와서 백지에 직접 쓰면서 정리해 보는 것입니다. 당연히 처음에는 잘 안 써지고, 기억이 안 납니다. 그럴 수밖에 없죠. 하지만 계속 백지에 써 보는 연습을 하고 습관으로 자리 잡으면 아이들의 머릿속에 공부한 내용이 구조화되고 유의미하게 장기 기억으로 남을 것입니다.

대부분의 아이들은 수업에 집중하지 못합니다. 아이들의 집중력은 40분을 버티지 못해서 공부를 잘하는 아이들도 수업 중 종종 딴짓을 하는 경우가 있지요. 어떤 아이들은 선행학습을 해서 학교 수업 내용을 다 안다고 생각해서인지 수업 시간에 딴짓을 하는 경우도 있습니다. 그런데 지금 당장은 선행학습을 통해 수업 내용을 다 안다고 생각하겠지만 그런 잘못된 습관에 익숙해지면 그 아이는 계속해서 학교 수업보다 사교육에 의존할 수밖에 없습니다. 초등학교 때는 그런 학습이 가능하지만 중고등학교에 진학하면 공부할 분량이 폭발적으로 늘어나기 때문에 사교육에 의존한 공부는 분명 한계에 봉착할 수밖에 없습니다.

둘째, 꼼꼼하게 공부합니다

대충 대충 얼렁뚱땅 공부하는 아이치고 공부 잘하는 아이를 보지 못했습니다. 방 정리를 하거나 다른 일은 대충 하더라도 공부 잘하는 아이들은 공통적으로 꼼꼼하게 공부를 합니다. 그런 아이들은 공부를 할 때 목차부터 봅니다. 목차 공부법이라고도 하는데, 목차를 보면서 본인 머릿속에 책의 내용을 구조화하는 것입니다. 앞서 이야기한 백지 학습과 일맥상통하지만 약간 다릅니다. 그리고 교과서를 구석구석 꼼꼼하게 봅니다. 초등학교는 일제고사가 폐지되고, 3학년부터 6학년까지 학기 초에 기초 학력 진단평가가 있을 뿐입니다. 아이들은 시험에 큰 부담을 느끼지 않고, 그 차이도 드러나지 않습니다. 그러다 중학교 2학년부터는 아이들이 중간고사와 기말고사를 준비해야 합니다. 중고등학교 시험에서는 교과서가 가장 중요합니다. 선생님 입장에서는 아이들의 성적을 변별하기 위해서 교과서 구석에 있는 부분에서도 꼭 문제를 출제합니다. 본인이 강조한 중요한 내용들만 문제를 내면 너무 쉽게 다 고득점을 올려서 변별이 되지 않기 때문에 그렇습니다. 그런데 중간·기말고사 문제를 출제할 때는 근거가 명확해야 하기 때문에 교과서 밖의 자료에서 출제하기는 또 쉽지 않습니다. 가장 좋은 출제 근거인 교과서 구석 부분에서 문제를 내고, 그런 문제에서 아이들 성적이 좌우됩니다.

공부를 꼼꼼하게 하는 아이들은 교과서의 구석구석, 그림의 설명이나 말풍선까지 반복해서 다 봅니다. 그런 점에서 아이들에게 초등학교 때부터 교과서에 있는 글자, 그림, 자료 등을 꼼꼼하게 다 보도록 강조해야 합니다. 이 학습법은 어릴 때부터 습관화되어야 하는 부분입니다. 아이들이 중학교에 진학한다고 해서 책을 꼼꼼하게 읽지는 않습니다.

셋째, 규칙적인 공부를 합니다

공부를 잘하려면 당연히 공부를 해야 합니다. 그것도 매일 규칙적으로 공부 시간을 확보해서 꾸준하게 해야 합니다. 초등학생이 매일 어느 정도 공부를 해야 하는지는 사실 정답이 없고 의견이 분분합니다. 제 생각에, 1학년 때는 20분, 2학년 40분, 그리고 학년이 올라가면서 20분씩 계속 늘려가야 한다고 봅니다. 그러면 3학년 때는 60분, 4학년 80분, 5학년 100분, 6학년 120분, 즉 2시간입니다. 여기서 말하는 공부 시간은 학교나 학원 숙제, 온라인 강의를 보는 시간을 제외하고, 순수하게 본인이 공부하는 시간을 뜻합니다. 학원에서 보내는 시간도 제외하고 독서 시간도 제외합니다. 독서는 공부가 아니라 일상생활에서 지속해야 하는 당연한 활동이니까요. 그러면 공부 시간에는 무엇을 해야 할까요?

본인이 오늘 학교에서 배운 내용을 집에 와서 책상에 앉아 교과서나 문제집을 통해서 정리하고 풀어봐야 합니다. 그런데 아이들과 이야기해 보면 매일 꾸준히 공부하는 아이들이 많지 않습니다. 이 책을 보는 부모님께서는 한번 우리 아이의 하루 일과를 생각해 보시기 바랍니다. 아침에 학교에 갔다가 점심 급식을 먹고 2시 정도 방과후 교실 수업을 듣거나 학원에 갑니다. 오후 늦게 귀가해서 저녁 먹고 TV를 시청하고, 휴대폰으로 유튜브를 보거나 게임을 하고 잠을 잡니다. 그러니까 실제로 매일 꾸준하게 공부하는 아이는 손에 꼽을 정도입니다.

어떤 분들은 "공부는 양보다는 질"이라고 말씀하실 수도 있습니다. 그 말씀도 맞지만, 일단 최소한의 양부터 채운 후 질을 고민해야 합니다. 요즘 아이들은 공부를 너무 하지 않습니다. 바른 자세로 오랫동안 앉아 있는 것도 힘들어합니다. 가만히 보면, 공부 잘하는 아이들은 또래에 비해 월등하게 잘하고, 못하는 아이들은 초등 3학년인데 벌써부터 공부를 포기한 것처럼 무기력한 아이들도 많습니다. 우리 아이는 과연 하루에 얼마나 순수하게 공부를 하는지 한번 생각해 보시기 바라며, 반드시 최소한의 공부 시간을 확보해야 합니다.

마지막 넷째, 풍부한 독서입니다

사실 이 습관은 조금 식상할 수도 있고, 이럴 거라고 예상하신 분들도 많을 것 같습니다. 그런데 아무리 생각해도 공부 잘하는 아이들은 평소에 독서를 많이 합니다. 이 점은 정말 확실합니다. 우리 아이가 나중에 중고등학교에 가서도 공부 잘하기를 원하신다면 책을 많이 읽도록 시키세요. 독서가 중요하다는 것은 몇 번을 강조해도 모자랍니다. 《공부머리 독서법》(책구루)이라는 책이 2019년 100쇄를 돌파하고 슈퍼 베스트셀러가 되었습니다. 요즘에도 독서법에 관한 책들이 계속 쏟아져 나옵니다. 이 현상은 현실을 반증하는 것입니다. 그만큼 요즘 아이들이 책을 많이 읽지 않아서 독서에 관심이 큰 것입니다.

학교에서 아이들을 봐도 갈수록 책을 읽지 않습니다. 게다가 아이들이 보는 책은 기껏해야 학습만화입니다. 사실 말이 좋아 학습만화이지, 일부 유익한 책 소수를 제외하고는 그다지 도움이 되지 않는 책들이 대부분입니다. 초등학교 때 책을 읽지 않던 아이들이 나중에 중고등학교에 간다고 책을 많이 읽지는 않을 것입니다. 오히려 책 읽을 시간이 부족해서 갈수록 책을 덜 읽게 됩니다.

독서는 아이들의 생활 습관으로 자리잡혀야 합니다. 그렇다고 너무 강요해서 부담으로 작용하면 안 되기 때문에 제가 생각하는 가장 좋은 독서 교육 방법은 여러 번 누차 강조했던 부모님의 솔선수범입니다. 부모님이 저녁 시간에 TV를 시청하거나 휴대폰을 보는 대신 거실에서 책을 보는 것입니다. 그러면 아이는 엄마 아빠가 책을 보니까 어떤 책을 보는지 궁금하게 생각하고, 옆에 와서 자연스럽게 함께 책을 볼 것입니다. 부모님은 거실에서 책을 보고 있는데, 아이가 거실 소파에 누워 TV를 보는 것은 상상할 수 없는 그림이죠. 아이에게 하루 15분 정도 잠자기 전에 책을 읽어 주는 것도 참 좋습니다. 또한 아이는 부모님에게, 부모님은 아이에게 본인이 읽은 책을 간단하게 소개해 주는 것도 좋습니다. 그렇게 말을 하면서 아이는 머릿속으로 다시 한 번 본인이 읽은 책을 자연스럽게 정리하게 됩니다. 사실 책을 많이 읽어도 지금 당장 가시적인 성과가 보이지는 않습니다.

어떤 부모님은 초등 고학년인 아이가 영어와 수학 공부를 더 하면 좋을 것 같은데 책만 본다고 걱정하기도 합니다. 괜찮습니다. 초등학교 시기는 아이가 마음껏 책을 읽을 수 있는 거의 유일한 시기입니다. 그 효과가 눈에 나타나지 않더라도 하늘로 사라지는 것이 아니라, 아이의 배경지식으로 남게 됩니다. 그것이 나중에 중고등학교에 가서 국어 실력을 비롯해 논리적 사고력과 상상력, 창의력 등에 큰 효과를 발휘할 것입니다.

과연 우리 아이는 공부 잘하는 아이들의 4가지 공부 습관 중 몇 개를 갖추고 있는지 대화를 해서 알아보시고, 그러한 습관을 들일 수 있도록 부모님이 관심을 갖고 조언해 주셔야 합니다.

맺음말

↑
┊
┊

　어릴 때부터 글을 잘 쓴다고 자부했지만 막상 하나의 주제를 가지고 글을 써서 책으로 펴내는 것은 정말 쉽지 않은 일이었습니다. 특히 예기치 못한 코로나19 상황에서 책 쓰는 일에 집중하기가 힘들었습니다. 그럼에도 불구하고, 많은 분들의 도움으로 책이 나오게 되었습니다. 참 뿌듯하고, 또 많은 책임감을 느낍니다.

　초등학교 1학년부터 6학년까지 중요하지 않은 학년이 없고, 모든 아이들은 나름의 존재 이유가 있기에 소중하고 귀합니다. 그런 아이들이 이른 시기에 공부를 포기하거나 무기력한 모습을 보이면 교사로서 마땅하게 해 줄 수 있는 것이 별로 없어 안타깝습니다. 모든 아이들이 공부를 잘할 수 없고, 열심히 했는데도 안 되면 그것은 어쩔 수 없습니다. 하지만 제대로 해보지도 않고 스스로 포기하는 아이들이 너무 많습니다. 그런 아이들에게 이 말을 꼭 전해 주고 싶습니다.

"He can do!" "그는 할 수 있어!"

"She can do!" "그녀도 할 수 있어!"

"Why not me?" "왜 나는 안 돼?"

"I can do. Just do it." "나도 할 수 있어. 그냥 해!"

아직 늦지 않았습니다. 부모님들도 우리 아이를 보다 더 객관적으로 바라보며, 평소 많은 대화를 통해 학교 생활을 잘하고 있는지, 학습에 어려움은 없는지 파악하고 도움을 주시길 간절히 부탁드립니다.

3학년, 5학년
추천 도서 목록

부록

3학년, 5학년 추천 도서 목록

3학년 국어

창작동화 📖

제목	저자	출판사	책 소개
만복이네 떡집	김리리	비룡소	욕쟁이, 심술쟁이, 싸움꾼 만복이가 신비한 떡집을 만나 겪는 따뜻하고 달콤한 성장 이야기
장군이네 떡집	김리리	비룡소	복 없는 장군이에게 행복과 자존감을 안겨 준 신비한 떡집 이야기
프린들 주세요	앤드루 클레먼츠	사계절	창의력 풍부한 한 아이를 교실에서 훌륭하게 성장시키는 선생님의 푸근한 이야기
찰리와 초콜릿 공장	로알드 달	시공 주니어	세상에 단 다섯 장뿐인 황금빛 초대장을 찾은 어린이들이 소문만 무성한 초콜릿 공장을 견학하는 이야기
마법의 설탕 두 조각	미하엘 엔데	한길사	부모와 자녀 사이의 갈등이라는 고전적 테마를 유머스럽게 다룬 작품
어른이 되고 싶지 않은 아이 삐삐	아스트리드 린드그렌	시공 주니어	아빠 에프레임 롱스타킹의 초대로 쿠르쿠르두트 섬에 가게 된 삐삐와 토미, 아니카의 이야기
잘못 뽑은 반장	이은재	주니어 김영사	반장이 되기 위해 고군분투하는 아이들의 모습을 재미있게 표현한 작품
편의점 도난 사건	박그루	밝은미래	낯선 동네에 이사 온 은수가 엄마가 일하는 편의점에 도둑이 들게 된 것을 보게 되고, 엄마가 누명을 쓸지도 모르는 위기를 이겨내기 위해 범인을 잡으려는 이야기
소리 질러, 운동장	진형민	창비	야구부에서 쫓겨난 김동해와 야구부에 들어가지 못한 공희주가 막야구부를 만들어 즐겁게 야구하는 모습을 그린 책

소음 모으는 아파트	제성은	예림당	성주네 집을 둘러싼 층간 소음에 관한 이야기
117층 나무 집	앤디 그리피스	시공 주니어	13층 더 높이 올라간 117층 나무 집의 기발한 방 이야기
나는 3학년 2반 7번 애벌레	김원아	창비	배추흰나비 애벌레의 특별한 모험을 담은 동화
나만 잘하는 게 없어	이승민	풀빛	요즘 어린이들의 마음을 유쾌하게 그린 동화
수상한 화장실	박현숙	북멘토	학교 화장실에서 시작된 무시무시한 소문의 진실을 파헤치는 고군분투 이야기
아드님, 진지 드세요	강민경	좋은책 어린이	아이들이 언제나 예쁜 말만 사용하기를 바라는 엄마, 아빠의 마음을 담은 동화
빨강 연필	신수현	비룡소	요술과도 같은 빨강 연필 때문에 비밀과 거짓말 사이에서 고민하는 민호의 성장 일기
오월의 달리기	김해원	푸른숲 주니어	국가대표가 되어 아버지에게 인정받고 싶었던 한 소년의 달리기를 멈추게 한 5·18 민주화 운동의 진실과 비극에 대한 이야기
바삭바삭 갈매기	전민걸	한림 출판사	바위섬에서 물고기를 먹으며 살던 갈매기가 바삭바삭 맛있는 과자가 좋아 바다를 버리고 사람들 곁으로 나오는 이야기
유튜브 전쟁	양은진	M&Kids	누군가는 새로운 친구를 만나고, 누군가는 꿈을 찾는 유튜브 세상에 대한 동화
칠판에 딱 붙은 아이들	최은옥	비룡소	칠판에 손바닥이 철썩 붙어 버린 세 아이의 흥미진진하고 기묘한 사건을 담은 동화
젓가락 달인	유타루	바람의 아이들	초등학교 2학년 학급에서 벌어지는 '젓가락 달인 대회'에 관한 이야기

동요/동시 📖

제목	저자	출판사	책 소개
팝콘교실	문현식	창비	아이들의 활기찬 모습을 경쾌하고 유머러스한 필치로 담아내는 한편, 학교라는 공간에 갇혀 움츠린 아이들의 내면을 사실적으로 그려 낸 책
Z교시	신민규	문학동네	초등학생들이 창의적인 생각을 할 수 있고, 시가 어렵지 않다는 것을 알려주는 책
콩, 너는 죽었다	김용택	문학동네	통통 튀어오르고 떼구르르 굴러가는 콩을 따라 이리저리 뛰는 아이처럼 우리 몸도 함께 들썩이는 동시집
손바닥 동시	유강희	창비	시인이 오랜 탐구로 정립한 새로운 시 형식인 '손바닥 동시' 100편을 담은 동시집
마음의 온도는 몇 도일까요?	정여민	주니어 김영사	<SBS 영재 발굴단>에서 문학 영재로 소개된 14살 정여민이 쓴 43편의 아름다운 시
쉬는 시간 언제 오냐	초등학교 93명 아이들	휴먼 어린이	전국 곳곳의 아이들이 특정 주제로 활동을 하며 쓴 것, 시 맛보기 공책에 쓴 것, 일기장에 쓴 것들을 모아 만든 책
마음이 예뻐지는 동시, 따라 쓰는 꽃 동시	이상교	어린이 나무생각	벚꽃, 목련꽃, 개나리꽃부터 발밑에 너무나 작게 피어 있어 지나치고 마는 풀꽃들까지, 다양한 꽃 동시와 그림이 가득한 책
짝 바꾸는 날	이일숙	도토리숲	27년 동안 초등학교 선생님으로 아이들과 함께 생활해 온 이일숙 선생님의 동시조 모음 책
쉬는 시간에 똥 싸기 싫어	김개미	토토북	어린이가 읽어도 재밌고 어른이 읽어도 재밌는, 무엇을 쓰든 재미있는 김개미 시인의 동시집
뭘 그렇게 재니?	유미희	위즈덤 하우스	자연과 일상에서 건져 올린 54편의 다채로운 동시를 담은 책
냠냠	안도현	비룡소	다양한 음식과 음식 관련 소재들을 유머와 재치 넘치는 상상력으로 풀어낸 책
우리 마음의 동시	김승규	아테나	초등학생들이 꼭 읽어야 할 동시와 전래 동요, 옛 시조를 모아서 엮은 책

3학년 영어

영어 동화 📖

제목	저자	출판사	책 소개
사자와 생쥐 (The Lion and the Mouse)	이솝/ 유아비전	글송이	아이들이 재미있게 공부할 수 있는 이솝우화
흥부와 놀부 (Heungbu and Nolbu)	유아비전	글송이	어린이들에게 친근한 전래동화
금도끼 은도끼 (The Golden Ax and the Silver Ax)	편집부	지니큐브	우리의 전래동화가 담고 있는 권선징악적 메시지를 잘 표현하고 있는 책
라푼젤 (Rapunzel)	그림 형제	글송이	영어 문법과 단어를 한 번에 익히는 명작 동화
피노키오 (Pinocchio)	카를로 콜로디	글송이	아이들에게 익숙하고 좋아하는 명작 동화
브레멘 음악대 (The Bremen Town Musicians)	그림 형제	글송이	유럽에서 가장 널리 알려진 그림 형제의 대표작
별주부전 (Tales of Zara)	이종진 편 저	L&J Books	한국 전통 이야기로서 다양한 메시지는 독자들마다 각기 다르게 이해될 책
Let me through, Mumu!	김희연	브와포레	편견 없는 시선으로 상대를 바라보며 진정한 소통을 위한 책
The Black Marble Shop	Sunny Seo Dunphy	북페리타	아이들의 창의력, 상상력을 키워주는 스토리
In Search of the Ten Longevity Symbols	최향랑	창비	<십장생을 찾아서>의 영어 그림책으로, 병든 할아버지를 위해 십장생을 하나하나 모으는 손녀의 이야기

제목	저자	출판사	책 소개
나비야 나비야 (Nabiya Nabiya)	고은별	JJBooks	동화작가 고은별 씨가 아이들을 위해 쓴 영어 그림 동화책
코알라 브라더스 (The Koala Brothers)	편집부	한국 가우스	EBS TV는 물론 전 세계 64개국에 동시 방영된 이야기
욕심 많은 해오라기	권대원	양서원	욕심 많은 해오라기의 이야기를 통해 슬기로움에 대해 생각해 볼 수 있는 책
백조의 호수 (Swan Lake)	안순모	한국 톨스토이	고전 <백조의 호수> 이야기
행복한 왕자 (The Happy Prince)	오스카 와일드	한국 톨스토이	자신의 몸을 돌보지 않고 남을 돕는 왕자, 제비의 감동적인 이야기

3학년 수학

수학동화

제목	저자	출판사	책 소개
피타고라스 구출작전	김성수	주니어 김영사	혜지, 세민, 주철이가 어려운 수학 문제를 풀며 조금씩 성숙해 가는 수학 동화
시계와 시간	로지 호어	어스본 코리아	125개가 넘는 플랩을 열면 초등 수학 '시간과 시계 보기'를 완성하는 책
초등학생을 위한 멘사 수학퍼즐	해럴드 게일	멘사 코리아	영국 멘사의 핵심 멤버가 만든 수학 퍼즐 책
탈레스 박사와 수학영재들의 미로게임	김성수	주니어 김영사	문제 해결력을 키워 주는 수학 동화
나눗셈 비법	강미선	하우매쓰 앤컴퍼니	자연수 계산의 기본 원리를 바탕으로, 초등 교과서에 나오는 나눗셈 계산 방법에 대한 책

숫자도깨비!	리차드 에반 슈바르츠	지양 어린이	1부터 100까지의 숫자에 관한 이야기
그래서 이런 수학이 생겼대요	우리누리	길벗스쿨	이야기로 배우는 수학의 역사
피타고라스, 수의 세계를 열다	안지은	천개의 바람	학자로서 파란만장했던 피타고라스의 삶을 추적하는 이야기
분수와 소수가 우리 집으로 들어왔다!	황혜진	생각하는 아이지	초등생 자매 현서와 현진이가 익숙한 집을 배경으로 분수와 소수를 알아가는 수학 동화
분수의 변신	에드워드 아인혼	키다리	사라진 분수 모형을 찾기 위해 약분기구를 발명하여 되찾아오는 주인공 팩터의 이야기
로로로 초등 수학 3학년	윤병무	국수	초등 수학 교과서의 핵심 개념을 '동시'와 '수필'로 흥미롭게 풀어낸 책
수학 왕 따라잡기	최재희	가문비 어린이	일상생활 속에 숨어 있는 수학의 원리 찾기
이것이 수학이다!	카리나 루아르	베틀북	세상 속에 숨어 있는 101가지 수학 이야기
수학이 재밌어지는 3학년 맞춤 수학	이혜옥	거인	여러 가지 직업을 통해 수 연산, 도형, 들이와 무게, 여러 가지 수, 분수와 소수 등의 수학 개념을 재미있게 공부할 수 있도록 꾸민 책
다면체 종이접기	후세 도모코	경향비피	색종이로 다면체를 접으면서 깨치는 수학의 원리
원	캐서린 셸드릭 로스	비룡소	삼각형, 사각형과 더불어 기본 도형인 원에 대한 수학적 지식을 재미있는 실험과 이야기를 통해 배우는 학습책
미스터리 박물관 사건	데이비드 글러버	주니어 RHK	독자가 주인공이 되어 마치 추리게임을 하듯 수학 문제를 풀며 이야기를 이어 나가는 책

3학년 사회

역사(한국사, 세계사)

제목	저자	출판사	책 소개
서찰을 전하는 아이	한윤섭	푸른숲 주니어	동학 농민 운동으로 온 나라가 시끌시끌했던 1894년, 중요하고 비밀스러운 서찰을 전하기 위해 홀로 길을 떠난 열세 살 아이의 이야기
조선왕실의 보물, 의궤	유지현	토토북	2007년 유네스코 세계기록유산으로 지정된 의궤를 어린이들의 눈높이에 맞춰 소개하고 있는 책
수원화성	이미지	국민서관	유네스코 세계문화유산으로 지정된 역사 유적지를 살펴보며 역사를 생생하게 배우도록 도와주는 책
이선비, 한양에 가다	세계로	미래엔 아이세움	조선 시대 엉뚱 발랄 이선비의 좌충우돌 한양 상경기를 통해 옛 사람들이 교통과 통신을 어떻게 발달시켰는지를 알려주는 책
벽화로 보는 고구려 이야기	이소정	리젬	고구려의 역사는 물론 벽화를 통해 그들의 이상과 생활상을 소개하는 책
엄마의 역사 편지	박은봉	책과함께 어린이	방대한 역사를 35개 주제로 집약했을 뿐만 아니라 세계사에서 알아야 할 주요 내용을 빠짐없이 담고 있는 책
아하! 그땐 이렇게 살았군요	이혁	주니어 김영사	우리나라 사람들은 옛날부터 오늘날까지 어떻게 살아 왔을까요? 어떻게 먹고, 입고, 일하고, 약속하고 생활해 왔을까요? 이러한 옛 생활에 대한 궁금증과 호기심을 재미있게 풀어 주는 책
이순신의 마음속 기록, 난중일기	이진이	책과함께 어린이	일기를 한 구절 한 구절 함께 읽으면서, 7년 전쟁 동안 이순신의 생애를 한 부분씩 살펴보는 책
조선통신사	강응천	토토북	200년간 평화를 지켜 낸 조선의 문화 사절단 조선통신사의 파란만장 일본 여행기
길에서 만나는 인물 이야기	김은의	꿈꾸는 초승달	우리나라의 역사를 빛낸 도로명으로 남은 역사 인물들의 이야기

지리 📖

제목	저자	출판사	책 소개
지도는 보는 게 아니야, 읽는 거지!	김향금	토토북	실제로 '지도를 펼쳐서 정보를 읽을 수 있는 능력=독도법'에 대해 친절하고 재미있게 소개하는 책
한눈에 펼쳐보는 우리나라 지도 그림책	민병준	진선아이	우리나라 각 지방의 특징을 자세한 지도와 재미있는 그림으로 보여주어 아이들이 지도와 더 가까워지고, 지리를 좀 더 흥미롭게 배울 수 있는 책
한눈에 펼쳐보는 세계지도 그림책	최선웅	진선아이	자세한 그림 지도를 통해 아이들이 세계지도와 좀 더 친숙해지고 세계 여러 나라의 역사와 문화를 이해할 수 있게 돕는 책
대한민국 도시 탐험	한화주	미래엔 아이세움	대한민국을 대표하는 도시 13곳의 이야기를 통해 쉽고 재미있게 들려주는 우리나라의 발전사
지도로 볼 수 없는 우리 땅을 알려 줄게	홍민정	해와나무	우리나라에 대해 알아야 할 지식 정보뿐만 아니라 우리나라 땅을 구성하고 있는 자연환경, 생활환경, 생태적 관점, 문화적 가치 등에 대해 종합적인 가치를 알게 해 주는 책
그래서 이런 지명이 생겼대요	우리누리	길벗스쿨	조상들의 지혜와 생활 모습, 역사와 지리 정보가 모두 담긴 지명 이야기
어린이를 위한 세계 지도책	신지혜	미래엔 아이세움	그림 지도 한 장으로 떠나는 아빠와 수호의 아기자기한 세계 여행 이야기
어린이를 위한 우리나라 지도책	이형권	미래엔 아이세움	까불이 수호가 삼촌과 함께 지도를 들고 전국 일주를 떠난 이야기. 수호의 여행담과 각 지방의 지리와 문화 그리고 산업을 담은 그림 지도가 실려 있는 책
세계 지도 그림책	테즈카 아케미	길벗스쿨	세계 곳곳과 여행에 대한 호기심으로 펼쳐 보기 시작해 나아가 세계 지리와 문화까지 꼼꼼하게 배우도록 도와주는 책
놀라운 세계 여행	엘리자베트 뒤몽-르 코르네크	주니어 RHK	동식물과 함께하는 지구에서 가장 멋진 20가지 풍경 이야기

경제 📖

제목	저자	출판사	책 소개
경제의 핏줄 화폐	김성호	미래아이 (미래M&B)	돈에 대해 아이들이 가질 만한 궁금증과 호기심에서부터 뉴스에 많이 나오는 시사적인 문제까지 흥미진진하게 연결한 책
천원은 너무해!	전은지	책읽는곰	천 원으로 일주일을 버텨야 하는 열 살 수아의 용돈 아껴 쓰기 대작전을 그린 책
레몬으로 돈 버는 법	루이스 암스트롱	비룡소	어린이들에게 경제에 대해 쉽게 알려 주고 있는 유익한 경제 그림책
워렌 버핏 경제학교	김현태	국일아이	어릴 때부터 확실한 경제 마인드를 가지고 있던 세계 최고의 행복한 부자 워렌 버핏의 5가지 경제 마인드를 어린이들에게 소개한 책
아하! 그렇구나 경제의 모든 것	오주영	채우리	세상을 행복하게 살아가는 데 가장 중요한 학문인 '경제'를 제대로 이해할 수 있도록 도와주는 길잡이가 되는 책
신통방통 플러스 시장과 경제	황근기	좋은책 어린이	초등학생의 생활에 밀접한 경제 관련 소재들로 이야기를 풀어가는 사회 학습 동화
여기는 따로섬 경제를 배웁니다	원예지	천개의 바람	따로섬 사람들이 부딪히는 문제와 해결 과정을 통해 우리 사회를 운영하는 경제 원리를 배우는 책
어린이를 위한 무역의 모든 것	서지원	풀과바람	우리 주변에서 자주 일어나는 일들을 경제와 연관 지어 어린이들이 자연스럽게 경제와 무역을 접하게 만드는 책
그래서 이런 경제 가 생겼대요	우리누리	길벗스쿨	선사 시대부터 자본주의 시대까지, 경제의 역사를 알려주는 책
내 로봇 천 원에 팔아요!	김영미	키위북스 (아동)	용돈으로 배우는 경제 이야기 책

3학년 과학 📖

제목	저자	출판사	책 소개
이유가 있어서 멸종 했습니다	마루야마 다카시	위즈덤 하우스	70종의 멸종 동물이 멸종 이유를 설명해 주는 세상에서 가장 재미있는 멸종 동물 도감
무지개 도시를 만드는 초록 슈퍼맨	김영숙	위즈덤 하우스	무지개 도시를 만드는 초록 슈퍼맨의 이야기
생명, 알면 사랑하게 되지요	최재천	더큰아이	세계에서 손꼽히는 동물학자가 들려주는 신기한 동물 이야기
미래가 온다, 바이러스	김성화, 권수진	와이즈 만북스	바이러스의 세계를 초등학생도 쉽게 이해할 수 있도록 서술한 국내 최초의 초등용 해설서
인공지능 로봇이 전학을 온다면?	김정환 역	아름다운 사람들	현재는 물론 미래에 AI와 함께 살아갈 아이들을 위해, 인공지능이란 무엇인지 알려주는 책
심장은 왜 뛸까?	야규 겐이치로	비룡소	심장이 무엇이고 심장이 뛰는 것이 왜 중요한지를 몸속 피의 순환과 연관 지어 알기 쉽게 설명한 책
플랑크톤의 비밀	김종문	예림당	무척 흔하면서도 베일에 싸여 있는 생물 플랑크톤, 그 비밀스러운 이야기
곰팡이 수지	레오노라 라이틀	위즈덤 하우스	곰팡이의 면면을 살펴보면서, 우리가 그동안 곰팡이에 대해 가졌던 오해와 편견을 깨뜨리는 기회를 제공해 주는 책
오르락내리락 온도를 바꾸는 열	임수현	웅진 주니어	'열'이 만들어 내는 다양한 현상과 성질, 법칙 등 열의 모든 것을 알려 주는 책!
별똥별 아줌마가 들려주는 우주 이야기	이지유	창비	우주와 관련해 다양한 정보와 지식을 배우고, 나아가 우주 질서를 파악하는 힘을 길러 주는 어린이 천문학 교양서
개구쟁이 수달은 무얼하며 놀까요?	왕입분	재능교육	우리나라의 '산과 계곡'에 사는 동물들과 곤충들 이야기

귀여운데 오싹해 심해 생물	소니시 겐지	아울북	사진이나 표본만으로는 절대 알 수 없는 심해 생물들의 비밀을 귀여운 4컷 만화와 일러스트레이션으로 알기 쉽게 소개한 책
우리 집에 온 노벨상	임숙영	토토북	지금껏 우리가 좋아하고 익숙하게 사용했던 것들에 놀라운 과학의 비밀이 숨겨져 있고, 그게 사실은 노벨상을 받은 과학 기술로 만든 물건임을 알려주는 책
누에야 뽕잎 줄게 비단실 다오	권혁도	보리	작가가 직접 누에를 치면서 한살이를 관찰하여 쓰고 그린 일기
봄, 여름, 가을, 겨울 나무도감	윤주복	진선아이	주변에서 만날 수 있는 대표적인 나무 56종의 사계절 모습을 관찰한 책
사소한 구별법	김은정	한권의책	자연 속 작은 차이를 발견하는 과학 지식 책
우리아이 과학영재로 키우는 똑똑한 호기심백과	정재은	글송이	아이들이 생활 속에서 느끼는 궁금증에 신기하고 재밌는 과학 원리가 들어 있는 책
척척 곤충도감	카를로 피노	다산 어린이	친구, 가족과 함께 퀴즈를 풀며 곤충을 알아 가는 신개념 도감
나무들이 재잘거리는 숲 이야기	김남길	풀과바람	숲의 생성과 파괴의 모습을 보여줌으로써 자연의 소중함을 느끼게 하고 무분별한 개발의 문제점도 생각해 보게 하는 책
명절 속에 숨은 우리 과학	오주영	시공 주니어	1월부터 12월까지, 매달마다 대표적인 우리 전통 명절을 골라서 유래와 의미, 세시 풍속을 자세히 알아보고, 그 속에서 과학 원리를 찾아본 책

3학년 전집 📖

제목	저자	출판사	책 소개
별에서 온 초능력 수학쌤	멍샤오더	하늘을나는 코끼리	총 6권 / 수학 개념이나 공식을 담고 있지는 않지만 초능력 수학쌤과 함께 아이들의 신나는 학교생활 이야기로 가득한 수학의 길잡이
생각학교 초등 경제 교과서	김상규	사람in	총 5권 / 주변에서 일어나는 소소한 이야기들을 통해서 어린이들에게 쉽고 재미있게 경제를 알려 주는 책
말놀이 동시집	최승호	비룡소	총 5권 / 모음, 동물, 자음, 비유, 리듬 총 5권으로, 그간 우리말의 다양한 영역과 특성을 아이들이 쉽고 재밌게 배울 수 있는 교본
나의 첫 역사책	이현	휴먼 어린이	총 15권 / 그림책으로 읽는 한국사 통사 시리즈
선생님도 놀란 과학 뒤집기 기본편	정민경	성우 주니어	총 40권 / 중요 과학 개념과 원리를 한눈에 쏙쏙 짚어 주는 과학 필독서
디즈니 그림 명작 세트	신동운 외	계몽사	총 60권 / 1982년 국내에 처음 소개되어, 절판되었다가 끊임없는 복간 요청으로 2019년 12월 새롭게 복간된 디즈니 이야기
사계절 중학년 문고 베스트	앤드루 클레먼츠	사계절	총 7권 / 프린들주세요, 깡딱지 등 7권의 재미있는 동화 시리즈
창비 아동문고 베스트 10	아스트리드 린드그렌 외	창비	총 10권 / 똘배가 보고 온 달나라, 괴상한 녀석 등 10권의 재미있는 동화 시리즈
꼬마 파스칼 철학동화		통큰세상	총 61권 / 개정 교과서와 평가 방식에 맞춘 우리 아이 첫 철학 이야기
어린이 지식 e	EBS 지식 채널 e	지식채널	총 5권 / 생각하는 힘을 키워주는 감성 지식 창고
NEW 브리태니커 키즈라이브러리	김주연 외	한국브래 니커회사	총 32권 / 240년 전통의 브리태니커에서 펴낸, 어린이의 미래를 향한 열린 도서관

New 세상을 움직인 위대한 인물 150	편집부	베틀북	총 57권 / 21세기 어린이 교양을 위한 최고의 인물 다큐멘터리
어린이 경제동화	편집부	훈민 출판사	총 40권 / 생활 속에서 접하는 경제와 관련된 개념을 쉽고 재미있게 풀어내어 어린이에게 기초적인 경제습관, 경제 원리를 알려 주는 책
오십 빛깔 우리 것 우리 얘기	우리누리	주니어 중앙	총 50권 / 학교 공부가 저절로 되는 우리 역사, 우리 문화 이야기
처음으로 만나는 한국사 세트	전국역사 교사모임	녹색 지팡이	총 5권 / 역사 공부에 첫발을 내딛는 초등 중학년을 위한 우리 역사 이야기

5학년 국어

창작동화 📖

제목	저자	출판사	책 소개
스무고개 탐정과 마술사	허교범	비룡소	초등학교 5학년 문양이가 스무고개 탐정과 마술사를 만나면서 벌어지는 짜릿한 사건
꼴뚜기	진형민	창비	꼴뚜기라는 별명으로 불리지 않으려는 아이들의 눈물겨운 노력을 유쾌하게 그린 작품
푸른 사자 와니니	이현	창비	무리를 위해 냉정하게 판단하고 행동하는 마디바와 부족한 힘이나마 한데 모아서 어려움을 헤쳐 나가려는 와니니의 모습을 나란히 보여주며, '함께'라는 말의 의미가 무엇인지 곰곰이 생각하게 하는 책
내 꿈은 슈퍼마켓 주인!	쉐르민 야샤르	위즈덤하 우스	터키에서 발간되자마자 베스트셀러에 진입, 2년 동안 14만 부가 판매된 동화책
불량한 자전거 여행	김남중	창비	주인공인 호진이가 자전거를 타고 성장하는 이야기를 담은 동화
아름다운 아이	R.J 팔라 시오	책과 콩나무	선천적 안면기형으로 태어난 열 살 소년 어거스트 풀먼이 처음으로 학교에 들어간 뒤 벌어지는 일 년 동안의 일을 다루는 책

초등학생을 위한 나의 라임 오렌지나무	J.M. 바스 콘셀로스	동녘	가난과 무관심 속에서 순수한 영혼을 간직한 사랑스런 꼬마 악동 제제의 슬프고 아름다운 이야기
갈매기에게 나는 법을 가르쳐 준 고양이	루이스 세뿔베다	바다 출판사	갈매기와 고양이가 주인공으로, 낯선 존재들이 약속을 지켜 나가는 과정을 통해 하나의 존재로 화합해 가는 여정을 그린 책
샬롯의 거미줄	엘윈 브룩스 화이트	시공 주니어	작은 시골 농장에서 태어난 아기 돼지 윌버와 거미 샬롯을 비롯한 동물들을 주인공으로 한 이야기
몽실 언니	권정생	창비	전쟁과 가난으로 얼룩진 세상에서 부모를 잃고 동생들을 돌보면서도 끝내 좌절하지 않고 꿋꿋이 삶을 개척한 '몽실'의 이야기
일수의 탄생	유은실	비룡소	있는 듯 없는 듯, 완벽하게 보통인 아이 일수의 이야기
술술 립스틱	이명희	책고래 출판사	수줍음 많은 여자아이에게 일어난 마법 같은 이야기
5학년 5반 아이들	윤숙희	푸른책들	부모와 형제, 친구와 성적 등 서로 다른 고민을 가진 일곱 아이가 자신만의 방법으로 고민을 풀어 나가면서 성장하는 과정을 그린 책
시간가게	이나영	문학동네	미래의 행복을 위해 "지금"의 삶을 유예시킨 아이들의 이야기
복제인간 윤봉구	임은하	비룡소	자신이 복제인간이라는 사실을 알게 된 한 소년이 겪는 가슴 찡한 성장을 담은 작품으로, '복제인간'을 다룬 국내 최초의 SF 성장소설
해리엇	한윤섭	문학동네	동화의 시공간을 확장한 스케일 큰 작품으로, 어린 원숭이 찰리와 그 곁을 묵묵히 지켜 주는 늙은 거북 해리엇의 이야기
핑스	이유리	비룡소	낯선 행성에서 생존하기 위한 재이와 론타의 분투기

동요/동시 📖

제목	저자	출판사	책 소개
김용택 선생님이 챙겨 주신 고학년 책가방 동시	김용택	파랑새 어린이	고학년 아이들에게 읽히고 싶은 시 150여 편을 선정하고 모은 시집
착한 마녀의 일기	송현섭	문학동네	매해 단단한 개성을 지닌 수상작을 내며 우리 동시의 위상을 다져 온 문학동네 동시문학상의 6회 수상작 모음
엄마가 봄이었어요	나태주	문학 세계사	나태주 시인(75세)이 등단 50주년을 맞아 낸 첫 창작 동시집으로 대부분 다른 지면에 발표되지 않은 신작 작품 모음
내 마음의 동시 6학년	유경환 외	계림북스	다양한 사물을 보고 풀어낸 시, 사람들의 감정을 소재로 한 시, 독립 운동가였던 한용운, 이육사, 윤동주 시인의 시가 담겨 있는 시집
산새알 물새알	박목월	푸른책들	박목월 시인이 생전에 펴냈던 동시집의 제목을 그대로 사용하여 우리말의 아름다움과 리듬감이 가진 본연의 내음을 느끼게 하는 시집
말모이	김미영	가문비 어린이	정겨운 순우리말로 정성껏 빚은 48편의 동시가 담겨 있는 시집
바다가 튕겨낸 해님	박희순	청개구리	박희순 시인이 오래 전에 출간했던 첫 동시집을 좀 더 다듬고, 제주어로 번역한 동시도 추가하여 새롭게 낸 개정판
무지개가 뀐 방이봉방방	김창완	문학동네	1977년 산울림으로 데뷔한 김창완이 쓴 51편의 작품을 모아 낸 첫 번째 동시집
레고 나라의 여왕	김개미	창비	현실과 환상의 경계를 자유롭게 넘나들며 아픔을 다독여 주는 동시집
초록 토끼를 만났다	송찬호	문학동네	초록 토끼를 만나, 숨겨 두었던 동화적 상상력을 펼쳐 내는 동시집

5학년 영어

영어 동화 📖

제목	저자	출판사	책 소개
The Fox Who Ate Books	프란치스카 비어만	주니어 김영사	어린이들의 영원한 베스트셀러 『책 먹는 여우』의 영어 버전
해와 달 (THE SUN AND THE MOON)	편집부	지니큐브	언제 봐도 재미있는 전래동화
Because I am a Girl	임현정	지안출판사	네팔 한 마을의 꿈 많은 소녀 '차야'를 주인공으로 현실을 담은 동화
Thanks 오늘도 고마워 내일도 고마워	Fulliche Kim	아트블루	엄마가 아이에게 고마운 마음을 전하는 이야기로 구성된 책
밑줄 따라 말하는 영어 동화	양태석 원작	주니어 김영사	영어 동화 한 권을 제대로 읽고 말하기 위한 노하우가 '함께' 담긴 영어책!
Travel By Train In March	엄기원	아동문학 세상	저자의 「Travel By Train In March」의 영문판 동시집
Multicutural chilren's Stories	이윤선 편	열린생각	전 세계 여러 문화권의 할머니 할아버지들이 어떻게 지혜를 모아 왔는지, 그 지혜를 어떻게 손자와 손녀들에게 나누어 주었는지를 알려주는 책
Greek Mythology	열린기획 편	열린생각	단순히 영어 학습을 위해서뿐만 아니라 세계를 내다볼 때 꼭 알아야 할 서구 문명의 가치관과 열린 생각의 기초를 쌓는 디딤돌
마법사 엄지	호머 헐버트	코러스	한국 최초의 영어 교사였던 헐버트(H.B Hulbert)가 우리 옛날이야기 12편을 영어로 소개한 책인 『Omjee the Wizard』를 번역한 책
Peace Story 평화이야기	수잔 거베이	나미북스	전쟁 속에 살아가는 온 세계 지구촌 사람들의 내면에는 '평화'를 사랑하고 꿈꾼다는 이야기

Pirates of Bikini Bottom	배리 골드버그	고릴라 박스 (비룡소)	현재·과거·미래형 등 기본적인 문법 구조뿐만 아니라 실생활에 사용하는 구어·축약 등의 다양한 문장 구사를 익힐 수 있는 스폰지밥 챕터북 시리즈
The Adventures of Tom Sawyer 톰 소여의 모험	마크 트웨인	가나 출판사	친구들과 해적 놀이를 하고, 보물을 찾아 동굴을 탐험하기도 하며, 살인 사건에 휘말려 범인을 잡는 데 결정적인 역할을 하는 소년 톰의 이야기
Snow White 백설공주	그림 형제	가나 출판사	전 세계 어린이들이 좋아하는 백설공주 이야기
Little Women 작은 아씨들	SAM기획	영진닷컴	루이자 메이 올코트(Louisa May Alcott)가 1868년에 발표한 작품으로 작가 본인의 어린 시절을 비탕으로 쓰여진 가정 소설이자 성장 소설
Daddy Long Legs 키다리 아저씨	SAM기획	영진닷컴	진 웹스터(Jean Webster)가 1912년 출간한 작품으로 전 세계 소녀들에게 많은 사랑을 받아온 작품
영어 동화	박혜수	지경사	세계 각지의 명작 12편을 모아 만들어진 그림책
Jumong 주몽	김성은	서울 셀렉션	고구려 시조 주몽의 탄생부터 고구려 건국, 발전 과정 등을 아름다운 일러스트와 함께 실감나게 그려낸 영어책
Peter Pan 피터 팬	제임스 매튜 배리	가나 출판사	12살의 소녀 웬디와 동생들이 피터 팬이 살고 있는 환상의 나라, 네버랜드에서 겪는 모험을 담고 있는 작품
생활동화	황선하	홍익미디어플러스	친근한 동화를 통해 즐겁게 영어 기초를 만들어 주는 Reading 교재
엄지공주	안데르센	살림 어린이	1835년 12월 16일 안데르센이 《장난꾸러기 소년》, 《길동무》와 함께 발표했으며 안데르센의 고향인 오덴세의 전원 풍경을 배경으로 한 작품

5학년 수학

수학 동화 📖

제목	저자	출판사	책 소개
수학 귀신	한스 마그 누스 엔첸 스베르거	비룡소	수학을 싫어하는 한 소년이 수학의 원리를 깨우치기까지의 이야기
수학 대소동	코라 리, 길리언 오릴리	다산 어린이	수학 천재와 수학 꼴찌의 수학 구출 대작전
비주얼 수학	캐롤 보더먼	청어람 아이	수학의 개념, 기법, 절차를 아주 흥미진진하고 시각적인 방법으로 설명해 주는 책
초등학생이 딱 알아야 할 수학 상식 이야기	김성삼	파란정원	초등학생이 알아야 할 100가지 수학 상식을 다섯 개 영역으로 나누어 재미있게 그림과 함께 설명한 책
과학공화국 수학법정 1	정완상	자음과 모음	수학의 개념을 딱딱하지 않게 법정의 재판을 통해 소개한 책
기적의 암산법	미즈노 준	좋은날들	6시간 만에 끝내는 초간단 암산 비결
리틀 수학 천재가 꼭 알아야 할 수학 이야기	신경애	함께자람	다양한 형식의 이야기를 통해 수학을 쉽고 재미있게 접하게 함으로써 미래의 수학 천재를 꿈꿀 수 있게 해 주는 책
빅아이디어 수학언어	차오름	지혜의숲	수학이 좋아지는 11가지 이야기
분수, 넌 내 밥이야!	강미선	북멘토	궁금하지만 교과서에는 나오지 않는 분수의 모든 것을 속속들이 설명한 책
수학이 수군수군	샤르탄 포스키트	주니어 김영사	수학의 기초부터 계산기에 대한 이해, 직각, 속셈법 등을 소개한 책
신비숲으로 날아간 수학	박현정	파란 자전거	세상에 숨겨진 다양한 수학의 개념을 찾아가는 책

세상 밖으로 날아간 수학	이시하라 기요타카	파란 자전거	일본 초등교사가 수학 때문에 골머리를 앓지 않는 학생들을 위해 수학의 개념을 밝혀 주는 5가지 이야기로 구성한 책
그러니까 수학이 필요해	로뱅 자메	노란상상	수학은 어떤 학문이며 수학은 어떤 쓸모가 있는지를 이야기해주는 책
수학 귀신의 집	김선희	살림 어린이	딱딱한 수학 문제를 해결하기 위해 할머니의 옛집을 수학 귀신의 집이라는 이야기 공간으로 설정하여, 그 속에서 만나는 우리 전통 토종 신들은 물론 초자연적인 존재와 인간적인 거래를 하는 주인공의 이야기
수학이 정말 우리 세상 곳곳에 있다고?	후안 사비아	찰리북	마르코스와 함께 우리 세상 곳곳에 가득한 수학을 발견하다 보면 수학이 재미있고, 어렵지 않다는 사실을 알게 되는 책
선생님도 몰래보는 어린이 인도 베다수학	손호성	봄봄스쿨	덧셈부터 시작해서 복잡한 계산에 이르기까지 차근차근 익히면서 여러 개념이 서로 맞물려 있음을 이해할 수 있도록 구성된 책
조선 수학의 신, 홍정하	강미선	휴먼 어린이	조선 시대 대표적인 수학자 홍정하가 쓴 「구일집」에 담긴 문제를 이야기로 재구성한 수학 동화
수학 박사 야구 천재	윤승옥	고즈원	수학이라면 몸서리를 치던 수달이 야구 경기를 구경하면서 수학 박사가 되는 이야기
초등 수학 코딩 : 엔트리 도형편	임해경,강순자,이상경	길벗 어린이	코딩으로 수학 개념을 꿰뚫는 융합 교육 도서
약수와 배수로 유령 선장을 이긴 15소년	정영훈	뭉치	고전 <15소년 표류기> 속 주인공인 15소년이 무인도에서 탈출하기 위해 유령 선장의 수학 문제를 푸는 과정을 그린 책
쌓기나무, 널 쓰러뜨리마!	강미선	북멘토	가까운 곳에서 수학의 원리를 발견해 주는 책
재미있는 수학 이야기	김정하, 권현직	가나 출판사	수학을 어려워하는 어린이들이 수학에 흥미를 가질 수 있도록 초등학교 교과서 속 30개의 수학 원리를 일상생활 속에서 찾아 알기 쉽게 설명한 책

5학년 사회

역사(한국사, 세계사) 📖

제목	저자	출판사	책 소개
박지원이 들려주는 열하일기	이규희	세상 모든책	박지원이 어떻게 '실학'이라는 학문에 관심을 갖게 되었고 그에 대한 열정이 얼마나 컸는지, 박지원이라는 인물로부터 직접 들어 볼 수 있는 책
정약용 아저씨의 책 읽는 밥상	김선희	주니어 김영사	곧은 삶을 살았던 정약용 선생님의 인생을 들여다보고, 좋은 점을 배울 수 있는 책
오월의 달리기	김해원	푸른숲 주니어	5.18 민주화 운동의 핏빛 상처를 강조하기보다 당시를 살았던 한 아이의 삶을 보여 주는 데 힘을 쏟은 동화
10대들을 위한 나의문화유산 답사기	유홍준	창비	우리나라 역사와 문화유산에 대한 넓고 깊은 안목과 빼어난 미적 감각. 문화유산을 아끼는 사람들에 대한 애정 어린 시선을 갖게 만들 책
우리 근대사의 작은 불꽃들	고진숙	한겨레 아이들	어지러운 국제 정세 속에서 암흑처럼 깜깜하던 근대 조선. 희생과 헌신으로 나라의 앞날을 연 근대사 속 숨은 인물에 대한 책
조선의 다섯 궁궐	황은주	그린북	조선의 지도자로 나라를 이끌어 온 왕과 함께 조선의 다섯 궁궐을 구석구석 돌아보는 책
초등학생이 알아야 할 세계사 100가지	알렉스 프리스, 제롬 마틴, 페데리코 마리아니, 로라 코완, 파르코 폴로, 앤 밀러드	어스본 코리아	놀라운 세계사 이야기가 가득한 흥미로운 어린이 교양서
딜쿠샤의 추억	김세미, 이미진	찰리북	서울의 근현대 역사를 모두 지켜본 아흔다섯 살 집 딜쿠샤가 들려주는 사람과 서울 이야기

대한 독립 만세	홍은아	노란돼지	독립운동가들의 행적과 삶을 들여다보면서, 이미 알고 있던 독립운동가들에 대해서는 더 자세히 알게 되고 그동안 몰랐던 독립운동가들에 대해서도 새로이 알게 될 책
어린이 이슬람 바로 알기	이희수	청솔 출판사	이슬람 세계를 이해할 수 있게 38개의 질문에 대한 답을 쉽고 재미있게 풀어 쓴 책
어린이와 청소년을 위한 열하일기	박지원	보물창고	단순히 청나라라는 이국의 풍경을 묘사하는 데 그치지 않고 난생 처음 접한 새로운 문물에 대한 깊은 사유와 반성, 종교와 사회 제도에 대한 편견 없는 통찰까지 엿볼 수 있는 최고의 여행기
징비록, 임진왜란을 낱낱이 기록하다	강창훈	사계절	다소 어렵게 느껴질 수 있는 『징비록』의 내용을 이야기로 풀어, 아이들이 동화처럼 한 번에 읽어 나갈 수 있게 만든 책
딱 한마디 한국사	이보림	천개의 바람	우리 역사 속 한마디에 얽힌 이야기를 하나하나 따라가다 보면, 우리 역사는 어떻게 흘러왔고 현재를 살아가는 우리의 삶과 어떻게 이어져 있는지 알 수 있는 책
어린이를 위한 한국 근현대사	이광희	풀빛	풍부한 사진 자료와 알기 쉬운 설명으로 복잡한 한국 근현대사를 한눈에 파악하게 해 주는 책
문화재는 왜 다른 나라에 갔을까	서해경	풀빛 미디어	약탈당한 세계 유명 문화재 열 점의 사연을 이야기와 설명 형식으로 구성한 책
임진왜란 3대 대첩	이광희	그린북	임진왜란 당시 이순신이 큰 승리를 이끈 한산, 명량, 노량에서의 3대 대첩 이야기

지리 📖

제목	저자	출판사	책 소개
초등학생을 위한 개념 한국지리 150	고은애 외	바이킹	책장을 넘기다 보면 대한민국을 구석구석 여행하듯이 우리나라의 다양한 자연환경과 사람들이 사는 여러 모습을 이해할 수 있는 책
손으로 그려 봐야 우리 땅을 잘 알지	구혜경, 정은주	토토북	직접 따라 그리고 색칠하고 스티커도 붙여 보며 지도를 갖고 다양한 방법으로 놀 수 있도록 구성된 책
Capitals 와글와글 세계의 수도	타라네가짜 르제르벤	그린북	전 세계 가장 흥미로운 수도를 여행하면서 놀라운 역사와 유적, 풍경을 생생하고 매력적인 삽화와 함께 만나 보는 책
한입에 꿀꺽! 맛있는 세계지리	류현아	토토북	소년조선일보에 연재되어 큰 인기를 끌었던 [아하! 그렇구나 세계지리]의 기획물을 다듬어 모은 책
방방곡곡 한국지리 여행	김은하	봄나무	한반도의 독특한 지형과 그 지형의 생성 원인, 지리적 특징, 생활 문화를 재미있는 이야기로 풀어낸 한국지리 책
방방곡곡 세계 지리 여행	김은하	봄나무	초등학교 사회 시간에 배우는 세계·기후·지형·산·강·바다의 여섯 개념들을 자세하게 소개한 책
National Geographic 세계의 국기지식 백과	페데리코 샬베스트리	봄봄스쿨	국기를 통해 만나는 세계의 역사로 7대륙 197개 나라의 국기를 수록하며, 45개국의 상세한 국기 역사와 국기가 담고 있는 것들에 대한 이야기를 담은 책
오천 년 우리 도읍지	우리누리	주니어중앙	재미있는 옛이야기를 통해 옛날 각 나라의 도읍지와 관련된 숨은 이야기들을 알려 주는 책
세계사를 한눈에 꿰뚫는 대단한 지리	팀 마샬	비룡소	전 세계에서 100만 부 넘게 판매된 베스트셀러 『지리의 힘 Prisoners of Geography』의 어린이판
재미있는 세계 지리 이야기	김영	가나출판사	세계 지리에 관한 기초 지식을 제공할 뿐만 아니라 초등학생이 각 나라의 자연은 물론 역사, 문화, 경제에 대한 정보를 익혀 세계를 바라보는 눈을 키울 수 있도록 구성된 책

경제 📖

제목	저자	출판사	책 소개
열두 살에 부자가 된 키라	보도 섀퍼	을파소	주인공 키라가, 말하는 개 머니의 도움을 받아 스스로의 힘으로 미래를 설계하고, 자신감을 키우며, 어른 못지않은 '경제박사'가 되어 가는 과정을 자연스럽게 그린 책
주식회사 6학년 2반	석혜원	다섯수레	재미있는 이야기를 따라가면서 자연스럽게 경제 원리를 익히고 경제 개념을 정리할 수 있게 구성된 책
토끼 사냥에서 시작하는 넉넉한 경제 교실	자코모 바차 고마르코보 소네토	길벗 어린이	인류의 경제가 발전해 온 결정적 국면들을 선정하고, 그 장면들을 이 책에 등장하는 할아버지와 그의 손주들이 직접 겪는 이야기
우리 동네 경제 한 바퀴	이고르 마르티나슈	책속 물고기	아이들이 어렵게 여기는 경제를 '우리 동네'라는 친근한 생활 속으로 끌어들여 경제를 쉽고 재미있게 이해할 수 있도록 도와주는 책
좋은 돈, 나쁜 돈, 이상한 돈	권재원	창비	어린이가 공감할 만한 캐릭터인 재원이가 두통 씨와 나누는 흥미진진한 대화를 통해 돈의 본질에 대해 생각하도록 이끄는 책
이해력이 쑥쑥 교과서 사회 경제 용어 100	조시영	아주 좋은날	초등 교과서에 등장하는 사회·경제 용어 중 아이들이 꼭 알고 넘어가야 할 100가지 용어를 엄선한 책
신문이 보이고 뉴스가 들리는 재미있는 경제 이야기	이연주	가나 출판사	나와 우리 가족의 경제 활동부터 기업. 은행. 정부의 경제 활동까지 우리 생활과 뗄 수 없는 경제의 모든 것을 알려 주는 책
10대를 위한 경제학 수첩 플러스	이완배	아르볼	이제 막 경제학의 기초를 배운 청소년들이 한 걸음 더 나아갈 수 있게 도와주는 경제 교양서
세상의 모든 돈이 내 거라면	빌 브리튼	보물창고	아이들에게 기초적인 경제 개념을 심어 줄 수 있도록 도움을 주는 책

5학년 과학 📖

제목	저자	출판사	책 소개
식물 도감: 세밀화로 그린 보리 어린이 도감	전의식 외	보리	초등학교 전 학년, 전 과목 교과서에 나오는 160가지 식물을 담고 있는 세밀화 도감
초등학생이 알아야 할 과학 100가지	알렉스 프리스 외	어스본 코리아	과학 전반, 우리 몸, 우주 등 아이들이 좋아하는 대 주제를 보다 폭넓게 탐구할 수 있도록 중요한 기본 개념부터 최신 이슈까지 100가지 토픽을 뽑아 한 권에 담은 책
초등학생을 위한 과학실험 380	E.리처드 처칠, 루이스 V.뢰슈니그, 뮤리엘맨델	바이킹	교과 단원 연계와 심화 학습까지 다루는 책으로 학교 수업을 더욱 친숙하고 재미있게 느낄 수 있는 획기적인 책
초등학생을 위한 개념 과학 150	정윤선	바이킹	익숙한 현상에 숨은 과학 원리를 깨우치면서 자연스럽게 교과서 속 핵심 개념을 파악할 수 있는 책
의외로 유쾌한 생물도감	누마가사 와타리	주니어 김영사	짧은 문장과 생물의 특징을 한눈에 볼 수 있는, 비주얼 중심의 완전 새로운 생물 도감!
재미있는 미래 과학 이야기	김수병	가나 출판사	우리의 미래를 열어 줄 과학을 세 가지 분야로 나누어 설명하고 있는 책
생태 돋보기로 다시 읽는 세계 속담	국립생태원	국립 생태원	세계 각국의 속담을 풀어낸 동화와 그 속에 등장하는 동식물의 생태 정보를 함께 읽을 수 있도록 국립생태원 연구원들이 심혈을 기울여 집필한 새로운 관점의 이야기 정보책
알고 보니 내 생활이 다 과학!	김해보, 정원선	예림당	자연, 음식, 식생활, 첨단 과학 등 총 36가지 생활 속 과학 원리를 담아 재미있게 풀어낸 책
초등학생이 알아야 할 지구 100가지	제롬마틴, 대런스토바트, 앨리스제임스, 톰멈브레이	어스본 코리아	'지구'의 형성 과정부터 지구의 중력, 태양, 태양풍, 지진, 오존층, 환경 문제에 이르기까지 지구와 관련된 여러 가지 신기하고 재밌는 정보가 담겨 있는 책

재미있는 날씨와 기후 변화 이야기	김병춘, 박일환	가나 출판사	날씨가 무엇인지, 왜 무지개가 나타나는지, 일기 예보는 어떻게 만들어지는지 등 어린이들의 호기심을 불러일으킬 수 있는 주제들을 재미있게 풀어놓은 책
인체 탐구	리처드 워커	비룡소	우리 몸 구조를 보여주는 해부학 팝업북
미생물은 힘이 세! 세균과 바이러스	김희정	아르볼	우리에게 도움이 되거나 해로운 세균, 신종 코로나바이러스 같은 다양한 미생물의 세계를 다루고 있는 책
미래가 온다, 인공 지능	김성화, 권수진	와이즈만 북스	인공 지능의 ABC를 초등학생도 쉽게 이해할 수 있도록 서술한 국내 최초의 초등용 해설서
공학은 세상을 어떻게 바꾸었을까?	황진규	나무생각	설명한 공학이 무엇인지에 대해 초등학생 눈높이에 맞춰 알기 쉽게 풀어낸 책
이상하게 재밌는 지구과학	존 판던	라이카미	복잡한 지식이 한눈에 들어오는 펼침면과 지구의 움직임을 표현한 만화 같은 그림으로 지구과학과 가까워지는 특별한 지식책
와이즈만 과학사전	김형진 외	와이즈만 북스	학생들의 갈증과 불편함을 해소하고 진정한 학습 효과를 꾀하기 위하여 용어의 핵심을 짚어 간결하게 설명하고 있는 책
초등 과학 실험 대백과	편집부	뜨인돌 어린이	일상생활 속에서 해 볼 수 있는 200여 가지가 넘는 다양한 실험이 실려 있는 책
DK 미래 과학자를 위한 즐거운 실험실	잭 챌로너	꿈결	온가족이 함께할 수 있는 쉽고 재미있는 실험 책
식물이 좋아지는 식물책	김진옥	궁리출판	씨앗부터 나무까지, 식물과 친해지고 싶을 때 필요한 72가지 질문에 대한 책
우리 집 구석구석 원소를 찾아라!	마이크 바필드	원더박스	실험실이 아니라 집과 주변에서 원소를 찾아내는 방법을 '과학 수사'라는 스토리텔링 기법과 기발한 구성으로 이해하기 쉽고 재밌게 알려 주는 책

5학년 전집 📖

제목	저자	출판사	책 소개
수학자가 들려주는 수학 이야기	차용욱 등 저	자음과 모음	총 88권 / 수학자들이 자신이 연구한 이론과 업적을 아이들에게 설명하는 형식으로 아이들의 수학 이해를 돕는 시리즈
초등 스토리텔링 수학	계영희 외	살림 어린이	총 5권 / 수학을 재미있게 접할 수 있는 전문가들이 쓴 스토리텔링 수학 이야기
고양이가 알려주는 수학의 비법	김용성, 최희선, 추아롬 공저	생능 출판사	총 5권 / 다양한 셈법을 수의 기본적인 원리와 수 사이의 관계를 파악하면서 따라 하며 배우는 책
용선생의 시끌벅적 한국사	금현진 외	사회평론	총 10권 / 초등 한국사 시장의 패러다임을 한순간에 바꿔 버린 책
전국역사교사모임 선생님이 쓴 제대로 한국사	전국역사 교사모임	휴먼 어린이	총 10권 / 역사 사료를 생생한 이야기로 재구성해 사극보다 더 재미있는 역사책
한국사 편지	박은봉	책과함께 어린이	총 5권 / 300만 부 판매를 기록한, 어린이 역사책의 고전《한국사 편지》
어린이 세계의 명작 세트	편집부	계몽사	총 15권 / 1983년 출간되었다가 절판된 '어린이 세계의 명작'복간 시리즈
어린이 자기계발 시리즈	조신영, 박현찬	위즈덤 하우스	총 5권 / 어린이를 위한 경청, 끈기, 화해, 배려, 좋은 습관에 대한 이야기
안데르센 수상 고학년 창작 모음	로알드달 외	챠일드 365 기획	총 30권 / 전 세계에서 많은 사랑을 받은 안데르센 수상작과 창작 동화 모음
집에서 배우는 과학 실험	재니스 롭	다섯수레	총 15권 / 재미있는 과학과 관련한 이야기 시리즈
교과서 한국문학 시리즈	이청준 원작	휴이넘	총 10권 / 한국 대표 작가들의 교과서 수록 작품만을 간추려 서울대 교수진이 논술을 집필하고 감수한 통합 논술 프로젝트

참고문헌

고갑주	<교과서 읽기의 힘> 살림		이신애	<잠수네 아이들의 소문난 영어 공부법> RHK 코리아
교원 교육연구소	<12명의 서울대생이 공개하는 서울대 리얼 초등 공부법> 교원		이신애	<잠수네 초등 3, 4학년 공부법> RHK 코리아
			이신애	<잠수네 초등 5, 6학년 공부법> RHK 코리아
김강일 외	<New 평생성적, 초등 4학년에 결정된다> 지엠에듀		이은경	<초등 매일 공부의 힘> 가나출판사
김명미	<초등 과목별 교과서 읽기 능력> 경향에듀		이은경 외	<초등 6년이 아이의 인생을 결정한다> 가나출판사
김지나	<초등 5학년 공부 사춘기> 북하우스		이지은	<초등 4학년부터 시작하는 자기주도 학습법> 팜파스
김태훈	<공부 자존감> 다산북스		장희윤	<사춘기 부모 수업> 보랏빛소
남효경	<엄마표 영어교육 10년 플랜> 책비		전위성	<초등 6년이 자녀교육의 전부다> 오리진하우스
문주호 외	<유초등 생활백서> 서울문화사		정정혜	<혼자서 원서 읽기가 되는 영어 그림책 공부법> 북하우스
박인수	<오늘 공부법> 성안당			
박철범	<박철범의 공부특강> 북스토리		중앙일보 열려라 공부팀	<전교 1등의 책상> 문학수첩
박철범	<박철범의 하루 공부법> 다산북스		최근주	<생각머리 영어 독서법> 라온북
서상민 외	<공부에 맛들이는 공부법 엄마손에 달렸다> 랜덤하우스		최승필	<공부머리 독서법> 책구루
			한진희	<엄마표 영어 이제 시작합니다> 청림Life
서상훈	<공부 고민 50문 50답> 경향BP		교육부	<초등학교 국어 3-1, 3-2 교사용 지도서> 교육부
송재환	<초등 2학년 평생 공부 습관을 완성하라> 예담		교육부	<초등학교 사회 3-1, 3-2 교사용 지도서> 교육부
송재환	<초등 3학년 늘어난 교과 공부, 어휘력으로 잡아라> 위즈덤하우스		교육부	<초등학교 수학 3-1, 3-2 교사용 지도서> 교육부
			교육부	<초등학교 과학 3-1, 3-2 교사용 지도서> 교육부
송재환	<초등 5학년 공부법> 글담출판사		김혜리 외	<초등학교 영어 3학년 교사용 지도서> YBM
송재환	<한 권으로 끝내는 초등공부 대백과> 21세기북스		교육부	<초등학교 국어 5-1, 5-2 교사용 지도서> 교육부
오치규	<성적 역전 몸 공부법> 예담		교육부	<초등학교 사회 5-1, 5-2 교사용 지도서> 교육부
이명신	<하루 20분 영어 그림책의 힘> 조선앤북		교육부	<초등학교 수학 5-1, 5-2 교사용 지도서> 교육부
이병훈 외	<공부 나이> 북오션		교육부	<초등학교 과학 5-1, 5-2 교사용 지도서> 교육부
이상화	<초등 영어, 독서가 답이다!> 푸른육아		김혜리 외	<초등학교 영어 5학년 교사용 지도서> YBM
이서윤	<초등 방학 공부법> 글담출판